U0931095

高等职业教育“十二五”电子商务专业规划教材

网络营销项目教程

主　编　芦　阳
副主编　王宏伟　张媛媛
参　编　刘丽霞

机　械　工　业　出　版　社

本书是以完成一次典型的网络营销全程活动为导向、以网络营销活动的基本流程为主线、以培养学生的营销观念为基础、以提高网络营销实践技能为核心的项目教程。本书共分为 8 个项目，主要内容包括认识网络营销、了解网络营销环境、开展网络市场调研、分析网络市场与网络消费者、制订网络营销战略与计划、实施网络营销组合策略、实施网络营销站点推广策略和管理网络营销活动。本书力争实现网络营销理论学习与工作实践的有机结合，达到“在学习中实践，在实践中学习，在学习和实践中提高”的目的。

本书可作为高职高专院校电子商务、市场营销等相关专业的教材，也可作为在职人员的培训用书，还可作为成人高校学生的自学用书。

为方便教学，本书配备了电子课件等教学资源。凡选用本书作为教材的教师均可登录机械工业出版社教材服务网 www.cmpedu.com 免费下载电子课件。如有问题请致信 cmpgaozhi@sina.com，或致电 010-88379375 联系营销人员。

图书在版编目（CIP）数据

网络营销项目教程/芦阳主编. —北京：机械工业出版社，2012.7
高等职业教育“十二五”电子商务专业规划教材
ISBN 978-7-111-38229-4

Ⅰ.①网… Ⅱ.①芦… Ⅲ.①网络营销—高等职业教育—教材
Ⅳ.①F713.36

中国版本图书馆 CIP 数据核字（2012）第 150777 号

机械工业出版社（北京市百万庄大街 22 号 邮政编码 100037）
策划编辑：徐春涛 责任编辑：徐春涛 陈 洁
封面设计：鞠 杨 责任印制：张 楠
北京振兴源印务有限公司印刷
2012 年 8 月第 1 版第 1 次印刷
184mm×260mm · 13.75印张 · 335千字
0001－3000 册
标准书号：ISBN 978-7-111-38229-4
定价：28.00 元

凡购本书，如有缺页、倒页、脱页，由本社发行部调换

电话服务	网络服务
社服务中心：（010）88361066	
销售一部：（010）68326294	门户网：http：//www.cmpbook.com
销售二部：（010）88379649	教材网：http：//www.cmpedu.com
读者购书热线：（010）88379203	**封面无防伪标均为盗版**

前　言

网络是一种有效的营销工具。基于网络的营销活动，已经深入地渗透进了社会生产、生活的各个方面，给商业活动带来了前所未有的冲击和震撼。

网络营销是一门实践性很强的课程。长期以来，网络营销教学都是将重点放在理论知识方面，在对学生职业能力的塑造、实践技能的培养等方面存在一定的缺失，造成了学生在面对具体的网络营销工作时，缺乏对网络营销流程的清晰认识和开展网络营销业务所需的操作技能。为了改变这种状况，编者在研究国内外优秀教材及教学方法的基础上，结合教育部对高职高专人才培养目标的要求，将多年来参与和指导网络营销实践的经验进行总结，编写了本书。

本书以网络营销全程活动为导向，以完成一次典型的网络营销活动的基本流程为主线，以营销职业能力的培养为重点，围绕着网络营销各项工作的具体要求，按照“知识理论实践一体化”的原则，设计课程思路。根据网络营销工作流程，本书内容被划分为8个项目：认识网络营销、了解网络营销环境、开展网络市场调研、分析网络市场与网络消费者、制订网络营销战略与计划、实施网络营销组合策略、实施网络营销站点推广策略、管理网络营销活动。每个项目都由知识目标、实训目标、问题导入、知识基础、项目小结和课后练习等模块组成，其中还穿插了“应用实例”、“阅读资料”、“动手动脑”等栏目，将网络营销实践技能的培养融入网络营销业务实践当中，通过构造真实的网络营销项目来培养学生的网络营销技能。本书整体结构设计科学，业务流程清晰，内容丰满，形式灵活，让学生边学、边做、边总结，从而达到“在学习中实践，在实践中学习，在学习和实践中提高”的目的。

本书的特色突出体现在以下两个方面：一是基于工作过程要素构建“项目—任务”的课程结构。本书以项目为依托，基于网络营销工作过程要素，将学习内容转化为学习性工作任务，每个项目均根据网络营销业务流程设置具体的工作任务，每个工作任务以相应的知识基础为铺垫，从而将网络营销理论知识、方法与技能融入工作任务的完成过程中，实现教、学、做的一体化；二是采取团队化实训模式，重点提升学生自主学习能力。本书中的各项任务模拟网络营销实践，以项目小组（团队）方式开展实训，充分发挥学生的自主性、积极性，将本书从教师的授课参考书转化为教师指导与服务学生的系统方案，使学生在自主完成各项任务的过程中掌握技能，提升综合能力。

本书由中州大学芦阳老师任主编，王宏伟、张媛媛任副主编，刘丽霞参加编写。具体编写分工如下：项目一、项目六、项目八由芦阳编写；项目二由王宏伟编写；项目三、项目四和项目七由张媛媛编写；项目五由刘丽霞编写；全书由芦阳总纂定稿。

在编写过程中，编者借鉴了大量文献资料，在此对相关作者表示感谢。由于编者水平有限，不妥之处敬请广大读者批评、指正，并请广大读者对本书提出宝贵的修改意见。

编　者

教 学 说 明

一、课程的性质和目标

本课程是电子商务、市场营销等专业的必修课程之一，具有营销学、计算机以及网络技术等交叉学科的典型特征。本课程以对网络环境下消费者的需求和行为分析为基础，研究企业在互联网上的营销活动以及新的营销手段与方法的运用。

通过对本课程的学习，学生要达到如下目标：

(1) 使学生在现代市场营销学的基础上，进一步了解网络经济下的消费者行为的特征，掌握网络营销的基本原理和基本理论。

(2) 使学生熟悉网络经济下的企业网络营销活动的运作过程，了解企业开展网络营销的主要策略和手段。

(3) 培养学生认识问题、分析问题的能力，使学生在具体的营销实践活动中能够运用网络营销技能来分析和解决所遇到的问题。

二、课程对象

本课程主要为电子商务、市场营销专业的学生开设。随着网络经济的不断发展和市场竞争的不断加剧，网络营销工作正在由专业营销向全员营销和社会营销转变，本课程也可作为其他经济管理类专业学生的选修课程或必修课程。

三、知识和能力结构

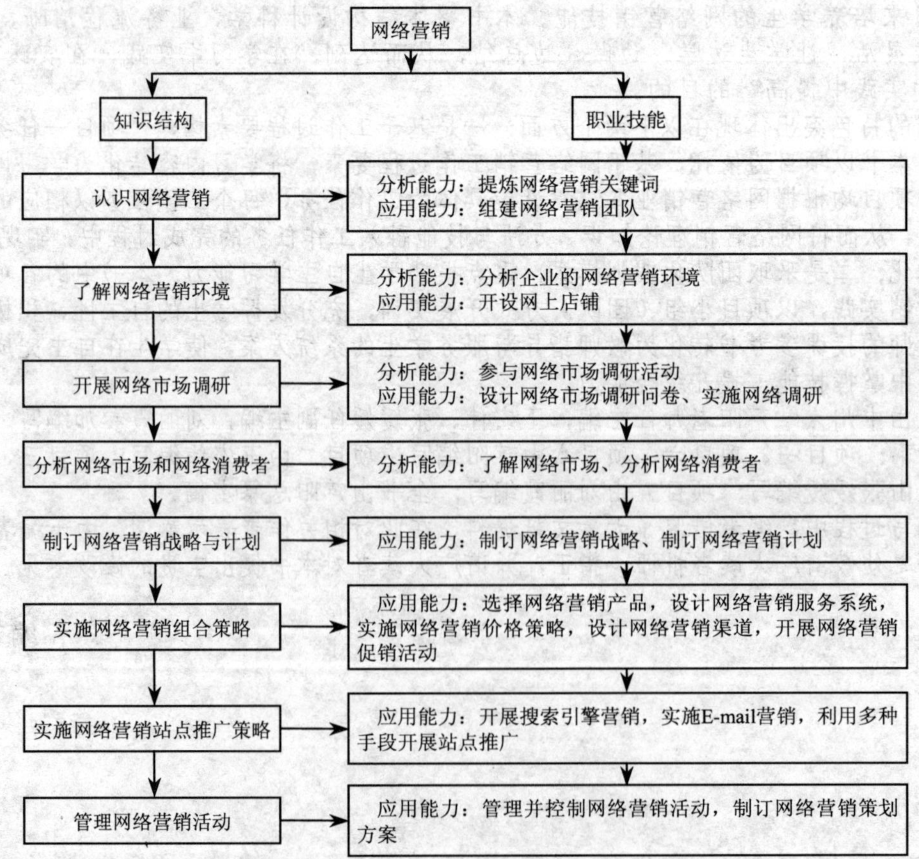

四、教学起点

为保证本课程的教学效果，教学起点应为大学二年级学生。前导课程包括“经济数学”、“电子商务概论”、“市场营销”、“消费心理与消费行为”、“计算机及应用”、“财务会计”等。

五、课程大纲

本课程总学时建议为 54 学时，其中：理论教学学时为 24 学时，实践教学学时为 30 学时，课外实践根据需要安排，具体如下表所示。

“网络营销”课程课时分配表

内　　容	理论教学学时	实践教学学时	重点教学内容
项目一　认识网络营销	3	1	网络营销产生的基础，网络营销的含义、特点和功能，网络营销的主要内容和基础理论，网络营销与传统营销的整合
项目二　了解网络营销环境	3	3	网络营销宏观环境、网络营销微观环境、网络营销管理系统
项目三　开展网络市场调研	3	4	网络市场调研的含义和特点、网络市场调研的方法和过程、网络调研报告
项目四　分析网络市场与网络消费者	3	4	网络市场的含义、分类和特征，网络消费者的类型及特征，网络消费者的购买行为
项目五　制订网络营销战略与计划	3	1	网络营销战略的含义和作用、网络营销战略管理过程、网络营销过程、网络营销计划的内容
项目六　实施网络营销组合策略	4	6	适合网络营销的产品类别、域名品牌策略、网络营销服务策略、网络营销定价策略、网络促销的形式、网络广告
项目七　实施网络营销站点推广策略	4	6	搜索引擎营销、E-mail 营销的过程、交换链接、网络社区、病毒性营销、微博营销、新闻组
项目八　管理网络营销活动	1	5	网络营销实施分析、网络营销实施的投资决策、网络营销效益评估、网络营销策划书的编制原则和步骤、网络营销策划书的格式和内容
合　　计	24	30	54

六、课程教学的基本要求

教学要求：结合网络营销的应用实践，建议使用多种教学媒体、采用多种教学形式组织教学。在课堂讲授过程中，通过多媒体演示教学课件，展示相关的网络营销案例，对重点、难点问题进行详细的讲解和说明；在实践教学环节，充分利用网络资源，结合企业网络营销的实际运作，培养学生分析问题、解决问题的能力和实际动手操作的能力。

作业要求：应巩固课堂教学的效果，加强对学生操作能力的培养，以必要的案例分析、上网查询、实践操作、课堂作业等方式辅助教学，鼓励学生收集相关的资料。

考核要求：本课程将考试与课堂讨论、作业（课后练习）及每一项目的完成情况和相应的书面报告等相结合，通过多种途径综合考查学生对教学内容的掌握情况，突出对学生技能的考核，从而使学生养成良好的学习习惯。

目　录

项目一　认识网络营销

知识目标

- 了解网络营销的产生与发展
- 掌握网络营销的基本含义、特点和功能
- 掌握网络营销基本理论的核心思想

实训目标

- 能够对网络营销与传统营销的优点和缺点进行分析
- 能够分析某一网站的网络营销应用

问题导入

凡客诚品的网络营销

成立于2007年10月的VANCL——凡客诚品，是国内近几年服装B2C（Business-to-Customer，商家对顾客）行业备受瞩目的互联网公司。凡客诚品以坚持国际一线品质和中产阶级合理价位、提倡简单得体的生活方式，成为以互联网成就服饰、家居及时尚用品的品牌。对时尚服装而言，其要想在一个新市场当中抢得一席之地，即使投入大量的营销费用，也未必完全可以实现目标。而凡客诚品在这一领域从零做起，到2010年，实现营业收入约20亿元，2011年的营业收入约为35亿元，其成功之处就在于凡客诚品的网络营销策略完全符合市场切入的需要。

凡客诚品的目标市场定位于白领一族，以男装为主。相对于女装来说，男装更容易进行大批量、标准化的生产与供应，只需要提供适当的参照标准，顾客就可凭个人喜好选定商品；同时，男士并不专注于逛街购物，他们更喜欢一种简单的生活方式。正是把握住了这些细节，凡客诚品推出了以男衬衫与POLO衫为主的产品体系，并为顾客提供简单易选的购物体验。凡客诚品的购物系统提供了快速定位产品及预览产品的通道，一个商品子目录下是几个系列，系列下就是可选的有限款式，消费者只需要通过系列进入商品货架，就可以直接选定衣服的款式、颜色与尺寸。

凡客诚品采取了网络直销的模式，网络平台上的零售量占其总销售量的80%，其他订单则来自于目录邮购。24小时不间断营业的凡客诚品大卖场展示了3万多种不同的商品，相对于传统的服装企业，这个网上店面可以毫无成本地无限延伸自己的货架，同时在高效的配送系统的支持下，为顾客提供高品质的服装产品与服务保障。由于减少了中间环节，产品的成本得以有效控制，从而保证了公司的利润。

在品牌推广过程中，凡客诚品采用了网络广告联盟的方式，将广告遍布大大小小的网站。大面积的网络广告投放带来了订单量的激增，产生了远胜于传统媒体的营销效果。签约韩寒、王珞丹作为代言人，在新浪注册“VANCL 粉丝团”开展微博营销，这些都使凡客诚品以极低的成本获得了极高的网络关注度；同时，会员制营销的开展也使顾客在第一次购物体验后就能够获赠 DM（直邮广告）杂志，提高了顾客的归属感，拉近了凡客诚品与顾客之间的距离。

【问题】

（1）凡客诚品与传统的服装企业的不同点有哪些？

（2）作为一家服装类电子商务公司，凡客诚品成功的关键因素有哪些？

【点评】本案例中凡客诚品的成功离不开一个重要的因素——网络营销。全新的客户体验、有效的成本控制、直接面向客户需求的设计与生产、精准而范围空前巨大的广告宣传，这些都使得凡客诚品的营销活动比传统营销活动更加高效。在网络经济环境下，经营者必须掌握一定的网络营销技能，才能在激烈的竞争中获得更多的优势。

任务一　组建网络营销团队

知识基础　网络营销的基本含义

完成本任务所需要的知识基础包括网络营销的产生、网络营销的含义、网络营销的特点和功能、网络营销的主要内容和网络营销基础理论等。

一、网络营销的产生

网络营销是网络经济下的一种新的营销方式，是计算机和网络通信技术的发展、消费者价值观变革、商业竞争等多种因素综合作用的结果。

1．计算机和网络通信技术的发展是网络营销产生的技术基础

网络营销以互联网为基础。互联网的前身是美国国防部为支持美国国防研究项目，于 20 世纪 60 年代末、70 年代初建成的阿帕网（ARPANet）。自 20 世纪 80 年代以后，网络的商业价值被挖掘，阿帕网转变为军、民两用，并逐步发展为全球最大的计算机网络系统，即互联网。互联网是指通过现代通信技术将世界各地的各种广域网和局域网连接起来，从而形成一个跨越国界的互联互通的网络，其随着通信技术的发展与应用不断扩大。

任何人都可以加入互联网，共享网络上的各种信息。企业看到互联网中蕴藏着巨大的商业价值，纷纷利用互联网展示产品和企业形象、提供信息服务、拓展企业的业务范围并按照网络经济的特点调整企业内部组织结构和营销方式与方法，网络营销也因此应运而生。

2．消费者价值观的变革是网络营销产生的观念基础

企业要想以消费者的需求为中心开展营销活动，首先必须了解消费者需求的特征和变化趋势。目前，市场上的商品的种类日益丰富，消费者面对纷繁复杂的商品可以随意挑选，故消费者需求同时也呈现出以下特征和变化趋势：

（1）个性化消费成为主流　在工业时代，工业化和标准化的生产方式使消费者的个性要求被淹没于大量低成本、单一化的产品洪流之中；同时，在短期经济近乎垄断的市场中，可供消费者挑选的商品很少，故消费者的个性化需求不得不被压抑。随着市场经济的发展，市场从卖方市场转变为买方市场，可供挑选的商品的种类日益丰富，消费者完全能够以个人的心理愿望为基础挑选和购买商品和服务，故消费者需求的多样化和差异性开始显现，并且消费者需求变化的速度也越来越快。从理论上说，每个消费者都能成为一个细分市场，个性化消费也已经成为消费的主流。消费者在以个人心理愿望为基础选购商品和服务时，其心理上的认同感是做出购买决策的先决条件，而以商品供应多样化为基础的单独享有成为了一种社会潮流。

（2）理性购买意识增强　随着商品种类的日益丰富，消费者购买的风险逐渐增加，对风险的感知也随着选择的增多而增强。追求个性化使得消费者愿意通过各种方式主动获取与商品或服务有关的信息，并对信息进行比较和分析，从而做出理性的购买决策，降低购买风险。网络时代商品信息获取的方便性，使消费者有条件主动通过各种途径获取与商品有关的信息。通过分析和比较这些信息，消费者能够获得心理上的满足感，产生对产品及品牌的信任，也在一定程度上消除了使用产品后产生后悔感的可能性。

（3）追求购买的方便性　信息技术发展带来的高效率生产造就了一批工作压力大、生活节奏快的消费者，他们多以购买的便利性需求为主，在购买活动中追求时间和精力的节省。

（4）价格对消费者心理有着重要的影响　对于每种商品，消费者在心理上都有一个价格上限，超过这个界限，消费者就会倾向于放弃购买。在互联网发展的初期，人们习惯于免费的产品或服务；随着互联网的广泛应用，消费者接受了付费产品或服务，但对网上销售的产品和服务存有低价格的心理预期。消费者的价值评价与市场价格的差异仍然对消费者行为有着重要的影响。

以上这些新的消费者价值观念，是人们普遍接受网络营销的观念基础。

动手动脑

网络营销能否适应消费者需求变化的趋势与特征？

3. 日趋激烈的市场竞争是网络营销产生的现实基础

在激烈的市场竞争中，企业为了获得竞争优势，不仅要不断应用新的营销手段来吸引更多的消费者，还要不断地寻求变革，尽可能地降低商品生产和销售过程中所产生的成本和费用，缩短生产销售周期，提高企业的盈利能力。网络营销的产生给企业带来了机遇。开展网络营销不仅无需支付大量的店面租金，而且通过与顾客的及时沟通，使企业能够根据顾客的需求进行个性化定制，减少企业库存，提高企业的市场应变能力，从根本上增强企业的竞争优势。

应用实例

五金小店的网络营销

在深圳一个以五金产品为主的市场内，小王是其中一家店的老板，面对激烈的市场竞争，小王必须寻求更大的市场空间，这样才能盈利。小王的朋友小李给其出了个主意：何不做一个网站开展网络营销？小王对此一无所知，但他善于接受新事物，于是两个人很快达成协议：小李免费为小王做一个网站；小王则以付费方式请小李先以E-mail形式在网络上进行推广。鉴于盲目群发会有发垃圾邮件之嫌，所以采用有针对性的个性化发送。

此次营销活动针对中国香港地区，小王从客户资源库的16万客户中选择3.7万个客户，在其中又精选了 5000 个客户，再由小李公司自制的邮件群发软件分三次发送。个性化发送E-mail后的第一天，公司就接到了几十个电话，并且网站的浏览量明显上升。更让人意想不到的是，经过这一次网络推广，销售额有了明显的增加，来光顾的香港客户比原来多了好几倍。

【问题】是什么原因促使这家五金小店在网上开展营销活动？

二、网络营销的基本含义

关于网络营销，迄今还没有形成一个公认的和较为规范、完善的定义。拥有不同知识背景的专家学者从不同的角度去认识网络营销，对网络营销的研究方法和研究内容都有不同的解释。比如，有一些专家学者侧重于研究如何通过网络实现企业的营销目标；有一些专家学者强调网站的推广技巧；还有一些专家学者把网络营销视为网上直销或网上销售。

从“营销”的角度出发，综合各专家学者对其研究后得出的观点，我们对网络营销进行了以下定义：网络营销是指企业为适应和满足消费者的需求，以网络环境为基础，运用现代通信技术，系统地使用各类电子工具，以实现企业的营销目标为目的，对产品或服务所进行的一系列经营活动。

阅读资料

与网络营销概念相关的几个英文术语

Web Marketing: World Wide Web译为万维网，简称WWW。Web Marketing强调的是基于网站的营销。

Internet marketing: Internet Marketing是指在互联网上开展的营销活动。它比Web Marketing范围要广。

Online Marketing: Online Marketing是指在线营销，与网下营销相对应。通常在一些调查统计、行业分析之类的文章中才会看到用这一词汇来表示网络营销相关领域的某些指标。

Cyber Marketing: Cyber是指计算机虚拟空间，Cyber Marketing旨在说明网络营销是在虚拟的计算机空间进行运作的。

Network Marketing: Network Marketing泛指利用各种网络资源开展的营销活动。这里的网络资源包括互联网、企业内部网（Intranet）、增值网络（VAN）等。

E-marketing: E-marketing是常用的网络营销的英译名称。“E”即Electronic，表示电子化、信息化、网络化的含义。E-marketing与电子商务（E-business）、电子虚拟市场（E-market）、电子邮件（E-mail）等约定俗成的翻译相对应。

Cyber Marketing和Net Marketing应用较少，但有时为了使写作中的词汇不至于过于单调，人们会采用多种不同的表达方式。

在“网络营销”的众多英译名称中建立一个英文与中文术语的一一对应关系其实并不重要，只要不引起混淆就可以了，更多的只在于个人的习惯。

网络营销是一种新型的营销模式，具有很强的实践性。网络营销的真正意义和目的旨在通过利用各种互联网工具为企业营销活动提供有效的支持。为了更好地认识网络营销，有必要对以下问题进行说明：

1. 网络营销不是孤立存在的

网络营销是企业整体营销战略的组成部分，它一方面包括传统营销活动在网络环境下的应用和实现过程，另一方面包括网络环境下特有的、以数字化形式的产品及无形服务为核心内容的各种营销活动。网络营销与传统市场营销并存，两者同时在营销实践中得到应用与发展，共同为实现企业的营销目标而努力。

2．网络营销不是网上销售

网上销售是企业在网络平台上与消费者开展网上交易的过程。而网络营销则贯穿于企业进行网上经营的整个过程，包括网站推广、信息发布、顾客服务、网上调研、销售促进和网上销售等内容。网上销售只是网络营销的环节之一。

3．网络营销不等于电子商务

网络营销与电子商务存在密切的联系，但两者也有一定的区别。网络营销是一种营销模式，注重通过开展借助网络平台的营销活动来促进商品交易、提升企业的品牌价值、加强与顾客的沟通及改善对顾客的服务等。电子商务的内涵很广，其核心是基于网络的交易方式和交易过程，比如网上支付、网上交易的安全与法律等，而这些不是网络营销重点研究的内容。因此，两者的侧重点是不同的。

4．网络营销不只是建立企业网站

谈到网络营销，许多人会想到建立网站。一般来说，建立网站是很多企业开始进行网络营销的第一步，而不是网络营销的全部。

5．网络营销不是万能的

互联网已经成为公认的“第五媒体”，并且应用越来越广泛，但就像电视媒体不能取代广播、报纸、杂志媒体一样，网络也不能最终取代电视、杂志、广播等传统营销媒体。各种营销方式覆盖的人群及目标客户各有侧重。它们之间可进行优势互补。

三、网络营销的特点和功能

1．网络营销的特点

互联网是开展网络营销的基础，互联网的某些特性使得网络营销呈现出以下特点：

（1）跨时空　互联网具有跨越时间和空间来进行信息交换的特点。基于互联网的网络营销也不再受时间和空间的限制，它使跨时空交易成为可能。借助互联网，企业可以全天候地向世界各地的消费者提供产品和服务。

（2）多媒体　通过互联网传递的信息不仅仅是文字，人们利用多媒体技术还可以传递声音、图像、动画等。这些信息通过多媒体被有机地融为一体，以超文本的形式生动地展现给顾客，从而提高网络营销对顾客的影响力。

（3）成长性　随着经济的快速发展，居民的收入水平及消费水平也不断提高，越来越多的居民开始使用互联网；与此同时，越来越多的企业建立了自己的网站，开始尝试通过网络开展营销活动。网络营销的成长性得到广泛认可。

（4）整合性　网络营销从消费者需求出发，根据消费者需求设计产品或服务并将产品送达消费者。开展网络营销需要企业对营销活动进行统一的规划和协调，有效整合企业内部及外部资源，以统一的传播资讯向消费者传达信息，满足消费者需求。

（5）技术性　网络营销以网络平台为基础，而搭建网络营销平台需要通信技术的支撑。企业要想开展网络营销必须要有相应的技术投入和技术支持，同时还需要拥有营销知识、掌握网络通信技术的复合型人才。

2．网络营销的功能

网络营销作为一种新的营销模式，其基本功能表现在以下几个方面：

（1）网络品牌的建立　品牌在很大程度上代表着企业的实力和形象，网络营销的重要功能之一就是在互联网上建立并推广企业的品牌，并利用互联网推动和促进企业品牌的拓展和扩散，提升企业的整体形象。

（2）网站推广　对互联网上的产品或服务来说，要想让更多的顾客从互联网的海量信息中获得相关信息并产生购买动机和行为是非常困难的，网站推广的重要性正在于此。为使企业的产品和服务信息被顾客关注并浏览，企业必须做好网站推广工作，让更多的顾客知道并访问企业网站，为网络营销的成功奠定基础。

（3）信息发布　不管是哪种营销模式，都要将特定信息传递给目标群体。互联网为企业发布信息创造了优越的条件，网站是企业发布信息的重要平台。此外，企业还可以利用BBS、新闻组、E-mail 等工具或其他网络服务提供商发布信息。

（4）网络调研　网络调研是企业获取信息、提升经营能力的重要手段。企业可以利用多种搜索方法主动获取有用的市场信息，研究市场变化趋势，分析消费者的心理和行为，研究竞争对手的营销目标和策略，以提高企业对市场的快速反应能力，为企业制订网络营销策略提供依据。

（5）开拓销售渠道　企业传统的销售渠道是指产品从生产商到批发商，然后通过零售商送达消费者手中的过程。网上销售是企业新的销售渠道，企业通过建立具有网上交易功能的网站开展销售活动或利用电子商务综合平台上的网上商店开展销售活动。

（6）销售促进　网络营销的另一个功能是通过使用各种针对性强的网上促销手段来实现增加销售的目的，比如有奖促销、拍卖促销、免费促销等。这些促销方法和手段并不限于对网上销售的支持，它对促进互联网下的销售同样很有价值。

（7）顾客服务　在网络营销过程中，企业通过常见问题解答、电子邮件、论坛和各种即时通信工具等为顾客提供各种服务，提高顾客的满意度，增进自己与顾客的关系。这些服务包括无假日的紧急需要服务、信息跟踪、信息定制、信息转移等。

网络营销的各个功能之间是相互联系、相互促进的，其最终目的是充分协调和发挥各种功能，以更好、更及时地满足顾客的需求，实现网络营销的整体效益最大化。

四、网络营销基础理论

网络营销区别于传统营销的根本之处在于网络本身的特性和对消费者个性化需求的有效满足。企业开展网络营销活动的理论基础主要有目标市场营销理论、直复营销理论、关系营销理论、软营销理论、整合营销理论和定制营销理论等。

1．目标市场营销理论

目标市场营销是指企业通过市场细分，选择一个或几个细分市场作为自己的目标市场，专门研究其需求特点，并有针对性地设计适当的产品、制定适当的价格、选择合适的渠道和促销手段来开展市场营销活动，集中力量为目标市场服务，满足目标市场的需要。

目标市场营销的核心是市场细分（Segmenting）、目标市场选择（Targeting）和市场定位（Positioning），又称 STP 营销。

（1）市场细分　所谓市场细分，是指企业根据市场需求的多样性和购买行为的差异性，把市场划分为若干个具有某种相似特征的顾客群，即细分市场或子市场，以便选择确定自己的目标对象。市场细分可使各细分市场之间具有较为明显的差异性，而属于同一细分市场的顾客则具有相同或相似的需求特征和要求。

市场细分的主要依据有两点：一是购买者之间的需求存在着广泛的差异，这些差异是受购买者所处的不同的地理环境及千差万别的文化、社会、个人和心理特征的影响而形成的；二是企业资源的有限性，即任何一家企业都不可能满足所有消费者的所有需求。消费者市场的细分方法有地理细分、人口细分、心理细分和行为细分四大类。

在市场细分的基础上，企业通过评估每个细分市场的吸引力，根据企业自身的优势和能力，选择一个或若干个细分市场作为自己的目标市场，并针对目标市场的特点展开营销活动，以期待在满足顾客需求的同时获取更大的利润。

（2）目标市场选择　目标市场选择是指企业在市场细分后，评估每个细分市场的吸引力程度，并选择进入一个或多个细分市场。目标市场选择策略包括无差异性目标市场营销策略、差异性市场营销策略和集中性目标市场营销策略三种。无差异性目标市场策略是指企业把整个市场作为一个大目标开展营销，强调顾客的共同需要并忽视其差异性的营销策略。采用这一策略的企业，一般都具有较强的实力来进行大规模生产，同时又有广泛而可靠的分销渠道以及统一的广告宣传方式和内容。差异性目标市场策略通常是指企业把整体市场划分为若干细分市场以作为目标市场，针对不同目标市场的特点分别制订出不同的营销计划，再按计划生产目标市场所需要的商品，从而满足不同顾客的需要的营销策略。集中性目标市场策略是指企业选择一个或几个细分的专门市场作为营销目标，集中优势力量，对某细分市场采取攻势，以取得市场优势地位的营销策略。这 3 种目标市场选择策略各有优点、缺点及适用的范围和条件。企业应根据自身资源、产品同质性、市场同质性、产品所处的生命周期阶段、竞争对手的目标市场战略等具体情况来选择相应的目标市场选择策略。

（3）市场定位　企业应在市场细分的基础上，确定市场定位。市场定位是指企业针对选定的目标市场，根据自身的优势、劣势和竞争对手的情况，为产品在顾客心目中建立一个有利的竞争位置，从而树立一个鲜明的品牌形象，以吸引更多的顾客，提高产品的市场竞争力，实现企业既定的营销目标。有效的市场定位可使顾客对企业的产品或品牌产生深刻、独特的印象和好感，从而形成习惯性购买，提高企业的市场竞争力。

市场定位的基础是差异化，没有差异化就不存在定位问题。差异化主要包括产品差异化、服务差异化、人员差异化、企业形象差异化等方面。

应用实例

北京八佰拜的目标市场营销

北京八佰拜互动技术有限公司建立了以 20～35 岁比较成功的年轻人士为目标市场，销售名牌钻石、翡翠和铂金等顶级珠宝饰品的电子商务网站——“八佰拜”（www.800buy.com）。

八佰拜之所以选择在网上销售名贵珠宝和手表，“在我看来，中国的市场非常大，只要有自己的特色就能取得一定的地位。”八佰拜 CEO 张女士解释道，“在中国的互联网发展过程中，一些先驱用户是以学生为主体的，伴随着最近 5～7 年互联网的发展以及经济的发展，这部分人群已经进入了他们收入的鼎盛时期。这部分中产阶级的快速成长，说明中国电子商务的高端消费时代已经到来。”

【问题】

（1）八佰拜市场细分的变量是什么？其选定的目标市场是什么？八佰拜的市场定位是什么？

（2）假如你是八佰拜的 CEO，下一步你将采取何种营销策略？

2. 直复营销理论

直复营销（Direct Marketing）是指不通过中间商，企业直接与顾客“面对面”的营销活动。“直复”即直接回复，是指顾客对企业的营销努力有一个明确而直接的回复，企业可以通过对回复的统计，做出对营销效果的评价。

传统的直复营销形式有以下 4 种：

（1）直接邮购营销　直接邮购营销是指企业自己或委托广告公司制作宣传信函，并将信函分发给目标顾客以引起顾客对产品的兴趣，同时通过信函或其他媒体进行订货和发货，最终完成销售的营销过程。

（2）目录营销　目录营销是指企业编制商品目录，并将商品目录通过一定的途径分发到顾客手中，实现订货及发货的销售行为。目录营销实际上是从邮购营销演化而来的，两者的最大区别在于目录营销适用于经营一条或多条完整产品线的企业。

（3）电话营销　电话营销是指企业通过电话向顾客提供产品和服务信息，顾客再借助电话提出交易要求的营销活动。

（4）电视营销　电视营销是指企业通过购买电视的某个时段来播放有关产品的信息，包括产品功能、价格等，以促使顾客产生购买意向并最终达成交易行为的营销活动。其实质是电视广告的延伸。

直复营销的指导思想是坚持以顾客需要为导向，强调以比竞争者更有效的方式传递目标市场所期待的产品与服务。直复营销具有以下 3 个特点：

（1）互动性　直复营销活动是互动性的，营销者和顾客之间可以进行双向的沟通，即营销者通过某些或特定的媒介向目标顾客或准顾客传递产品或者服务信息，顾客通过邮件、电话、在线等方式对企业的活动进行回应。

（2）可衡量性　直复营销的效果更易于衡量。顾客对企业直复营销活动的回应与否，都与每个目录邮件、每次的直接反应、电视广告、广播或每个直邮直接相关。

（3）空间上的广泛性　直复营销活动可以发生在任何地点。在互联网的支持下，只要是网络所能达到的地区，都可以进行直复营销。

借助互联网的高效性，顾客可以直接通过网络订货和付款，企业则通过网络接受订单、安排生产，并直接将产品送至顾客。互联网也就成为直复营销的最佳工具。

应用实例

网络直复营销商

上海麦考林国际邮购有限公司是中国第一批获得政府批准的从事邮购业务的三资企业，以销售时尚服装、时尚配饰、家居用品、健康美容用品、宠物用品等产品为主，业务覆盖全国。2000 年 3 月，麦考林推出电子商务网站“麦网”（www.m18.com），开展在线销售，提供全国快递送货服务和多种便捷的网上直接支付方式，服务数百万的用户。互联网使一家传统的直复营销公司的业务延伸到了网上，成为一个网络直复营销公司。

目前，麦考林通过传统的邮购目录，再配合杂志广告、互联网等媒体向顾客全面传递产品信息。优秀的产品质量、富有竞争力的价格、良好的顾客服务使它获得了直复营销行业领导者的地位。

【问题】上海麦考林国际邮购有限公司的直复营销形式有哪些？

3．关系营销理论

关系营销（Relationship Marketing）倡导企业应积极主动地与其相关利益群体，比如顾客、公众、供应商、营销中介等建立并保持一种友好合作的关系，以形成长期稳定的关系网络，保持企业有利的市场竞争位置，实现企业的营销目标。

关系营销的核心是维护顾客关系，在与顾客保持长期关系的基础上开展营销活动，为顾客提供使其高度满意的产品和服务。有关调查显示，一个满意的顾客会影响 8 笔潜在的生意，其中至少有一笔会成交；一个不满意的顾客会影响 25 个潜在顾客的购买意愿；争取一位新顾客所花费的成本是保住一位老顾客的 6 倍。建立并维护良好的顾客关系，有利于提高顾客的忠诚度，并为企业带来长远利益。

互联网的普及使企业与顾客之间有条件实现低成本的沟通和交流，并且为企业与顾客之间建立长期稳定的关系提供了有效保障。企业利用互联网获得顾客需求信息并了解市场需求，可有效地进行市场细分和目标市场选择并锁定市场，最大限度地降低营销费用，提高自身对市场的反应速度，更好地为顾客提供服务，实现双赢。

4．软营销理论

软营销也称为柔性营销，是针对工业经济时代以大规模生产为主要特征的强势营销提出的新理论。它强调企业在进行营销活动的同时，必须尊重顾客的感受和体验，通过一系列人性化的营销活动让顾客能心甘情愿地接受企业的产品和服务。

相对于以广告和人员推销等为主要促销手段的强势营销，软营销强调通过有效的沟通，让顾客主动接受企业提供的产品或服务。借助于互联网，企业实现了自身与顾客之间自由、平等、开放和交互的信息交流，从而使软营销理论得以实践。

网络社区（Network Community）和网络礼仪（Netiquette）是实施网络软营销的基本保障。

网络社区是指那些具有相同兴趣或目的、经常相互交流、互利互惠、能给成员以安全感的互联网上的单位或个人所组成的团体。在网上，人们利用网络论坛、新闻组等工具，就共同感兴趣的话题展开讨论，形成如摄影爱好者、某游戏玩家或某球星的球迷等社区。

网络礼仪是互联网自诞生以来所逐步形成并不断完善的一套良好的、不成文的网络行为规范。在互联网上开展软营销活动，特别是促销活动，必须遵循一定的网络礼仪。比如在利用电子邮件进行网络营销时，我们必须谨记两个“必须”与一个“不要”，即公司或者个人在收到电子邮件后，必须及时礼貌地给予答复；每一封寄出的电子邮件，必须表述清楚、简洁，并且有一定价值；不要给别人发送不受欢迎或被明确表示拒绝接收的电子邮件。

✍ 动手动脑

国外有一家 DIY 家装连锁店，每个员工的职责都是告诉顾客采用哪些装修材料、工具既能满足他们的要求，又最省钱。有一位顾客为了解决一个难题，欲购买一套价值 5000 美元的工具，该连锁店的一名员工为其提供了一个简单的解决方案，只花了 5 美元，顾客非常感动。有些人说这样的商店太傻了，应该让顾客尽量多花钱，才是快速致富之本，你认为呢？

5. 整合营销理论

整合营销（Integrated Marketing）是一种对各种营销工具和手段进行系统化结合，根据营销环境的变化进行即时的动态修正，以使交易双方在交互中实现价值增值的营销理念与方法。整合营销要求企业以顾客为中心，综合利用企业自身所有可利用的资源，实现企业的高度一体化营销。整合既包括企业营销过程、营销方式以及营销管理等方面的整合，也包括对企业内部和外部的资金流、物流及信息流的整合。在网络经济时代，整合营销要特别注重对网络营销的整合，发挥网络优势，实现企业既定的营销目标。

整合营销强调协调与统一，一方面要整体配置企业所有的资源，另一方面要使企业内各层次、各部门和各岗位以及总公司、分公司、产品供应商、经销商及相关合作伙伴协调行动，并且追求企业与外部环境的协调一致，形成竞争优势。

阅读资料

钻石小鸟："线下体验+线上营销"的整合

"钻石小鸟"是国内最早从事网络钻石销售的专业珠宝品牌。2004 年，凭借着 100%好评，钻石小鸟荣获了"易趣诚信最佳卖家"称号。但是，1 年多的网络销售使公司发现，虽然其低廉的价格和诚实守信的钻石品质吸引了很多顾客，但有相当一部分顾客仍在犹豫不决。于是，2004 年 10 月，钻石小鸟在上海城隍庙开设了第一家落地的"钻石体验中心"，当月的销售额就翻了 5 番。钻石小鸟并没有把体验店做成传统的店铺，而是主要用来让顾客体验，满足顾客眼见为实的心理需求，其推广和销售还是依靠网络。

钻石小鸟的"线下体验+线上营销"的商业模式，被誉为"鼠标+水泥"的网络钻石销售传奇。通过这种模式，钻石小鸟一方面利用互联网这个购销和推广平台来减少房租成本、人力成本、流动资金占用成本、传统媒体市场推广成本；另一方面通过线下体验中心，将服务精细化，提供一对一的线下顾问式服务，为顾客量身定制钻饰，从而节省了很多传统钻石行业的中间环节和经营费用，消除了顾客购买的风险感。

6. 定制营销理论

定制营销理论使企业视每一位顾客为一个单独的细分市场，根据每个人的特定需求来安排营销组合策略。定制营销是人们在规模化生产不能满足顾客多样化、个性化需求的情况下提出的营销理论。在市场需求多样化的今天，定制营销能极大地满足消费者的个性化需求，提高企业的竞争力。在定制营销中，顾客可直接参与产品的设计，同时，企业参考顾客的意见改进产品，其不仅与顾客的需求保持一致，更能实现产品、技术等方面的创新。

顾客数据库是企业实施定制营销的依据。企业将与顾客的每一次交易都记录下来，包括顾客购买的数量、价格、采购条件、特定需要、性别、年龄等。通过数据分析，了解新老顾客的需求状况，从而制定针对性更强的营销策略。

应用实例

淘宝网的设计师定制平台

2011 年 5 月，淘宝网推出了设计师定制平台。在该平台上，设计师直接面向消费者，通过设计草图等阐述并传达自己的设计理念，并且直接聆听消费者的意向和需求；而另一端的消费者一改以往被动接受已有商品的弱势，尝试与大牌设计师互动。以往，定制服务由于充分考虑到个性化需求，不能大批量制作，因此制作成本一般比较高，价格也高，而具备同样个性化需求的顾客往往较为分散，企业很难完全满足所有此类顾客的需求。如今，网络聚合了原本零星分散的定制需求，从总体上发挥规模效应，降低了定制服务的成本。

【问题】

（1）淘宝网的设计师定制平台在营销中有哪些优势？

（2）还有哪些产品或服务可以通过网络实现“量身定做”？

任务描述

本工作任务要求学生自由组合建立网络营销团队，制定营销团队激励与约束机制，通过团队的分工与协作，完成本课程的其他工作任务。

任务情景

为什么要组建团队？——如果你想走得更快，那就一个人走；如果你想走得更远，那么就和你的团队一起走。

团队是一个具有共同的价值观、为最终的使命而共同奋斗的一个联合体。组建团队就是要整合团队成员资源，实现一个自己想要达成而又凭借自己的力量无法达成的目标。这就要求团队成员有共同的理想和价值观，成员间能够协调配合，各有所长且能够取长补短。

任务实施

1. 组建团队

团队成员通过自愿组合建立团队，团队人数为4～6人，男生、女生要合理搭配。团队成员能力要协调互补，特别是沟通能力、协调能力、文字处理能力和组织能力。团队成员通过自荐或推荐的方式选出队长，负责团队所有活动的组织、安排、协调工作，带头完成分配给自己的项目工作，监督、帮助其他成员完成相应的工作。

2. 确定团队的营销目标，设计标志

团队的网络营销目标是团队通过网络营销实践要达到的目的或要实现的营销业绩。

团队标志主要包括队名、队徽、口号等。

团队的重要决策要通过民主集中制来确定。

3. 团队的构成

团队的目标决定团队成员的构成。注意以下几点：一是网络营销团队成员应遵守基本的网络营销道德规范要求；二是网络营销团队成员必须互相信任，每个成员都有足够的意愿来达成团队的使命；三是要注重成员之间能力和优势的互补，各成员必须不断调整自己在团队中的角色，以使自己的能力得到最合适的发挥；四是网络营销团队的领导者要明确各成员的优点和缺点，充分考量他们的能力及在完成团队赋予其任务时所需要的协助，保证每个成员的信心。

4．团队的协作与分工

网络营销团队组建完成后，由队长根据成员能力和工作意愿协调分工，让合适的人做适合他做的事情。

5．团队内部的激励与约束机制

网络营销团队成员应当互相信任、互相谅解、互相帮助。每个团队都应根据本团队的情况，制定团队激励与约束制度，以便督促成员完成其确定的工作目标。

6．团队工作绩效考评

编制团队成员绩效考评表。在每项工作任务完成后，队长负责主持召开会议以讨论工作目标的实现程度、工作的得失，总结经验，汲取教训。队长还应根据各成员表现情况，通过民主评议为个人进行考评，考评标准可设为优秀、良好、称职和不称职4个等级。

任务要求

（1）以书面报告形式提交网络营销团队资料，包括团队名称、团队简介、团队目标和口号、队长和成员的姓名、团队成员的特长等。

（2）以书面形式编制“××网络营销团队成员绩效考评表”（见表1-1），由队长保存，并在每次工作任务完成之后由队长进行记录。

（3）召开一次团队会，帮助团队成员互相了解，同时进行会议记录。

表1-1 ××网络营销团队成员绩效考评表

姓名	工作任务1-1		工作任务1-2		工作任务1-3		工作任务2-1		……	
	分工	得分	分工	得分	分工	得分	分工	得分	分工	得分

任务二　提炼网络营销关键词

知识基础　网络营销与传统营销

完成本任务所需的基础知识包括网络营销与传统营销的比较、网络营销的优势与劣势、网络营销与传统营销的整合及发展等。

一、网络营销与传统营销的比较

网络营销作为一种新的营销模式和手段，与传统营销同属现代市场营销理论，两者既有相同点，又存在明显的区别。有效地整合网络营销与传统营销策略和手段，更好地唤起顾客对产品的注意，满足顾客需要，是企业营销人员必须研究的重要课题。

1．网络营销与传统营销的相同点

（1）两者的主要目标相同　作为现代市场营销理论的重要组成部分，网络营销和传统营销的目标都是通过发现需求并满足需求来实现销售和创造利润的。

（2）两者的活动范畴相同　网络营销和传统营销的活动范畴都包括消费者需求调查、产品设计开发、产品定价、销售、促销、了解消费者的评价及反馈等，涵盖从产品研发到消费结束的全过程。

（3）两者都需要通过整合发挥功能　企业营销目标的实现需要各项营销活动的协调与配合，在这一过程中，企业需要整合各种资源以保证各项营销活动的顺利实施，也需要协调其他职能部门来配合营销部门开展工作。

（4）两者都以顾客的需求为中心　企业最终是通过满足顾客的需求达到盈利的目的。网络营销和传统营销都是以满足顾客需求为中心，通过市场调查，发现、唤醒、引导、激发顾客的真正需求，然后有针对性地去满足这些需求。

2．网络营销与传统营销的区别

网络营销是以互联网为基础展开的营销活动，它与传统营销的区别主要表现在以下 4 个方面：

（1）营销环境不同　市场营销以工业经济为基础，而网络营销以工业经济和网络经济为基础，在网络通信技术的支持下，通过互联网和企业内部网络实现企业营销活动的信息化、自动化与全球化，消除了传统营销的时间和空间限制。

（2）目标市场不同　在传统的营销中，目标市场的选择是针对某一特定消费群体的。网络营销的目标市场则更多的是个性需求者。企业通过网络搜集信息，了解不同顾客的不同需求，从每一个顾客身上寻找商机，并且针对每一个顾客制订相应的营销策略，为其提供个性化的产品或服务。

（3）营销策略不同　首先，在产品策略方面，传统营销对所售产品没有什么限制；在网络营销中，由于顾客不能触摸到产品实体，因此，企业利用多媒体技术将产品的外形、性能、特点、品质以及为用户提供的服务展示出来，从理论上讲，一般产品和服务都可以在网络上销售，比如电子产品、音像制品、书籍等，但是也有不适合网络营销的产品，比如收藏品、易过期的食品等。其次，在价格策略方面，在传统营销中，企业在制订产品价格时重点考虑产品成本和企业目标利润；在网络营销中，企业可以借助互联网的双向沟通渠道，采取双赢的定价策略对产品或服务进行定价，即一方面要考虑顾客的接受能力，另一方面要利用互联网降低成本与费用，与顾客分享因成本降低带来的价值增值。再次，在渠道策略方面，传统营销的销售渠道策略取决于营销各主体间的空间距离及交通条件，而产品销售通过库存和中间环节（分销商）的迂回模式来实现；在网络营销中，企业利用互联网与顾客直接沟通并实现销售，再借助第三方物流减少对库存和中间环节的依赖，降低流通费用和交易费用，而大量的无形产品可以直接通过网络进行配送，因此，渠道建设更注重与顾客建立直接的联系。最后，在促销策略方面，传统营销运用广告、人员推销、公共关系、销售促进等各种促销手段实现销售；在网络营销中，人员推销作为直销的手段难以被采用，网络广告成为网上促销的主要手段，促销的内涵和实现方式更为丰富。

（4）沟通方式不同　传统营销中，买卖双方往往以面对面的方式接洽。在网络营销中，买卖双方通过网站、电子邮件、BBS 等进行信息交流，使传统的单向信息沟通转变为交互式信息沟通，提高了顾客的参与度和积极性。

二、网络营销的优势与劣势

1．网络营销的优势

网络营销具有许多明显的优势，主要表现在以下 4 个方面：

（1）市场竞争的公平性　在网络营销中，没有时间、空间的限制，减少了市场壁垒和市场扩展的障碍。所有的企业不受自身规模的约束，可在覆盖全球的网络市场中公平竞争。每个企业都可以拥有自己的网站，通过网络随时传递产品信息、寻找贸易伙伴、创造交易机会。

（2）产品和服务贴近顾客　在网络技术的支持下，一方面，顾客可以根据自己的需求与偏好在全球范围内快速找到自己想要的产品；另一方面，企业可以通过在线讨论、E-mail 等方式与顾客进行沟通，以极低的成本即时获取顾客的意见和要求，实现与顾客的“一对一”营销，体现“以顾客为中心”的营销理念。

（3）营销成本低　企业通过网上采购，将原材料采购与产品制造有机结合起来，形成一体化的信息传递和处理体系，降低了采购成本；企业在网上发布信息，减少与顾客沟通的成本，节省了促销费用；企业直接面对顾客，减少了批发商、零售商等中间环节和产品库存，节省大量的店铺运作成本和人工成本。以上各项费用的降低会最终反映为产品价格的降低，从而为企业开展低成本经营奠定基础。

（4）市场反应快　网络具有快捷、方便等特性，开展网络营销提高了企业营销活动的效率和市场反应能力，为企业更好、更高效地获取市场信息和满足顾客需求提供了可能。

2．网络营销的劣势

与传统营销相比，网络营销具有显著的优势，但作为一种新的营销模式，网络营销还存在以下 3 方面的劣势。

（1）通信技术与网络安全制约着网络营销的发展　目前，我国的网络建设发展很快，但整体水平不高，在广大农村地区，网络技术的应用还不够普及；同时，由于互联网的开放性使得网络安全受到很大的威胁，用户对网上交易的安全性存在疑虑。这些因素在很大程度上制约了网络营销的发展。

（2）价格问题愈加敏感　公开、透明的产品服务价格信息，使得顾客极易在网上进行比较选择，价格问题对顾客购买决策的影响进一步加强。开展网络营销的企业为获得更多的订单和销量，也常把价格作为重要的竞争策略。

（3）购物乐趣缺失　对一些消费者来讲，特别是女性消费者，商品的选购过程是一个休闲、娱乐的过程。网上购物尽管方便、快捷，但面对的是冷冰冰、没有感情的电脑，在虚拟的网络空间中的购物活动抹杀了传统市场中的购物乐趣；同时，网上购物也无法满足消费者社交的心理需要，很难使消费者获得在网下购物中所能得到的显示自身社会地位、成就或支付能力等方面的心理需要。

✍ 动手动脑

你喜欢网上购物吗？为什么？

三、网络营销与传统营销的整合及发展

在现代市场营销中，网络营销和传统营销各有侧重，二者的整合是实现营销目标的关键。

1．网络营销不可能完全取代传统营销

网络营销作为一种新的营销模式，与传统营销相比有许多优势，但不能完全取代传统营销。这是因为：首先，到目前为止，依托于互联网的网上市场仅仅是整个商品市场的一部分，网络市场所覆盖的消费群体也只是整个消费市场中的一小部分，许多群体由于种种原因还不能或不愿意参与网上交易，比如老年人、农村地区的消费者、对网络不感兴趣的居民等，满足这部分顾客的需要还必须借助传统市场中的营销手段。其次，营销活动的对象是有灵性和感情的人，互联网作为一种沟通工具，难以具备传统营销中以人为本的营销策略所具有的独特的亲和力。比如，借助于互联网的营销虽然可以使企业与顾客直接进行交流，但这个过程缺少人们在交流中产生的肢体语言，在一定程度上制约了企业与顾客间的情感沟通。再次，传统营销是网络营销的基础，网络营销是传统营销在互联网领域的延伸和发展。传统的营销理论，比如市场细分理论、目标市场理论等，在网络营销中同样适用；传统的营销活动过程，比如调研、市场细分、选择目标市场、市场定位、制订营销战略、确定营销组合、营销控制管理等，在网络营销中也同样被采用。尽管在网络营销中，企业的营销手段、营销活动发生了很大变化，但是其营销的实质并没有改变，即以顾客需求为中心的观念没有改变。因此，在传统市场与网络市场共存的经济环境下，网络营销也将一直与传统营销并行。

2．网络营销的 4Cs 策略

4Cs 理论由美国营销专家劳特朋（Robert Lauteerborn）教授于 1990 年提出。它以顾客需求为导向，重新设定了市场营销组合的 4 个基本要素：即顾客（Consumer）、成本（Cost）、便利（Convenience）和沟通（Communication）。随着网络技术的发展和互联网的普及，4Cs 营销组合策略在网络营销中得到了更有效的应用。

（1）顾客策略　企业应把追求顾客满意放在第一位，即忘掉产品，专注于顾客的需求，生产和销售顾客真正需要的产品。

（2）成本策略　企业应努力降低顾客的购买成本，即忘掉价格，考虑顾客获取满意的支付成本，生产出的产品成本必须是顾客能够并且愿意接受的。

（3）便利策略　企业要充分注意到顾客购买过程中的便利性，即忘掉渠道，专攻顾客便利、安全购物。

（4）沟通策略　企业应以顾客为中心实施有效的营销沟通，即忘掉促销，加强与顾客的交流，尊重顾客，与顾客建立一种友好、健康的关系。

3．网络营销与传统营销的整合

以网络为基础的营销活动消除了时空的距离，将宣传和销售渠道统一到了网上，大幅度降低了商业成本，使营销策略的范围可以无限扩张。这些优势使网络营销策略已经由传统的 4Ps 营销组合逐步转向 4Ps 与 4Cs 相结合的整合营销组合，从而发挥各自的最大功效，满足顾客的个性化需求，实现企业的营销目标。

（1）产品策略整合　基于网络时代的目标市场、顾客类别和产品种类与以前相比有很大的差异，因此，产品和服务要更加注重对顾客个性化需求的满足。企业首先要通过市场

调研，了解顾客的需求和欲望，设计并生产符合顾客需求的产品，同时借助传统营销模式满足一般顾客的需要，并且借助网络平台满足更广大区域内的网络顾客的个性化需求。其次是企业要向顾客提供即时、互动的“一对一”服务，以培育稳定的客户资源，巩固市场份额。企业通常采用 FAQ（Frequently Asked Question，常见问题解答）、E-mail（电子邮件）、在线表单和建立网络虚拟社区等手段，向顾客提供产品和服务介绍、会员注册、优惠、在线调查、在线投诉、在线技术支持与培训、在线交易、网络安全等多元化、全天候的服务，以实现争取顾客、留住顾客、扩大顾客群、建立亲密顾客关系、分析顾客需求、创造顾客需求等营销目标。在此基础上，企业可建立完善的顾客信息资源系统，通过及时更新和维护，实时掌握顾客的需求信息和建议，并据此研发产品，整合产、供、销，生产出令顾客满意、满足的产品，并且提供全程无缝“一对一”的周到服务。网络营销的实施，不仅为企业提供了一种全新的营销模式，也为企业提供了新的开拓市场的工具和增长点。

（2）价格策略整合　价格的高低不仅影响企业的收入和利润，同时也影响着顾客的需求和支付成本。在网络营销中，成本是双向的，企业应该从满足交易双方各自的成本要求出发来制订成本策略。站在企业的角度来看，网络交易的卖方成本主要包括生产成本、网络建设和网站推广成本、网络营销成本、顾客服务成本及配送成本等，企业应在考虑生产成本、费用和目标利润的基础上，利用网络对各生产经营环节进行整合，降低企业运营成本，从而全面提升企业的整体竞争力。站在顾客的角度来看，成本是价格的内在基础，即顾客获得某件商品所付出的所有代价，包括金钱、精力、时间以及所承担的风险等多个方面。因此，企业应借助网络平台，了解目标市场的支付能力和意愿，平衡企业和顾客双方的利益，并且积极采取措施降低顾客的交易成本，比如节约其浏览选购的时间、降低其交易的风险等，满足交易双方在成本方面的要求。

（3）渠道策略整合　不同的顾客有不同的偏好和渠道选择，同一顾客在不同时间和条件下也会选择不同的渠道。企业若采用单一渠道模式，无异于放弃更大的市场份额。互联网可以直接把生产者和顾客连接在一起、将商品直接展示在顾客面前、回答顾客疑问及接受顾客订单。这种直接互动与超越时空的网络购物方式，对企业的营销渠道建设产生了革命性的影响，即从企业主导的渠道策略转向了顾客导向的便利策略。目前，一些企业采用网络商品直销的方式，能够有效地减少交易环节，提供全面的商品信息，大大地方便了顾客的购买；而借助电子中间商的网络间接销售模式，则使企业能够扩展营销范围，在更广阔的市场中寻找顾客。同时，企业通过传统渠道和网络渠道的有效整合，以更有效、更便利的方式满足顾客需求，从而提高营销效率和业绩。

（4）促销策略整合　促销的本质是沟通，互联网下交流与互联网上交流各有目标和优势。有效利用两种不同的方式进行沟通及充分了解顾客的意愿和真正关心的利益点，是影响促销策略成败的关键。传统的营销沟通模式是以“推”为主的大众沟通模式，信息传递是单向的、不全面的，而且受时间和空间的限制，企业作为信息发送者是主动方，顾客作为受众是被动方，而网络沟通模式则兼有大众沟通模式和个体沟通模式的特点，其往往是两个或更多的人相互之间直接进行沟通交流，具有双向性、针对性强、反应直接的特点。这种实时的、互动的沟通模式，为实现“一对一”的个性化产品和服务奠定了基础。

应用实例

DHC 的整合营销

DHC 是日本的一个化妆品品牌，进入中国市场时间较短。为了在新市场中占得一席之地，DHC 采取了体验营销和整合营销策略。首先，DHC 采用试用体验的策略，用户只需填写真实信息和邮寄地址，就可以拿到 4 件套的试用装，如此，消费者在试用过后，就会对此有所评价，并且和其他潜在消费者交流；同时，DHC 将该试用信息采用广告联盟的方式发布在大大小小的网站上，以较低的营销传播成本获得了较高的点击率。其次，当顾客索取 DHC 免费试用装以及订购 DHC 商品后，其自动成为 DHC 会员，可获赠 DM 杂志。采用会员制大大提高了 DHC 消费者的归属感，拉近了 DHC 与消费者之间的距离。最后，DHC 借助传统媒体发布广告，聘请代言人，以提升品牌形象。多渠道的营销推广，加深了消费者对 DHC 的品牌印记。

【问题】DHC 是如何应用整合营销来扩展新市场的？

动手动脑

总结并回顾 4Ps 策略的内容。结合 4Cs 策略，比较网络营销与传统营销，并将比较结果填入表 1-2 中。

表 1-2　4Ps 与 4Cs 的相互关系对比分析表

项　目	4Ps		4Cs	
	策略	内容	策略	内容
含义和内容				
时间及提出者				

任务描述

本工作任务将帮助学生更好地掌握我国网络营销的发展状况，全面了解我国网络营销的发展历程，准确把握不同时期网络营销实践的特点以及所应用的网络营销工具，为下一步开展网络营销活动作准备。

任务情景

近几年，电子商务的飞速发展，使其迅速成为消费者关注的焦点，而日益丰富的网络营销实践，则吸引了不同消费者的目光。秒杀、团购、微博营销等各种网络营销方式不断涌现，这让网购一族应接不暇，形成了富有特色的网络营销“关键词”。

任务实施

首先，回顾近几年网络营销实践热点，用 1～3 个关键词进行归纳总结。以 2011 年为例，团购是 2011 年最受关注的网络营销活动，短时间内，全国出现了 5000 多家团购网站，全年全国团购交易额达到216.32亿元，因此，“团购”可以成为2011年网络营销关键词。与之对应的可以以聚划算、拉手网等网站进行举例说明。

其次，将不同的关键词对应的时间、营销活动等填入表 1-3，并针对每个关键词进行举例说明。

最后，通过查询相关资料，结合目前网络营销的实践和网络营销工具，试预测今后一两年内网络营销的发展趋势。

任务要求

（1）小组分工完成。

（2）以表格形式总结各年度网络营销关键词，并举例说明（要求内容具体、数据翔实）。

（3）以书面报告的形式预测网络营销的发展趋势并说明理由，进行课堂讨论。

表 1-3 近几年网络营销关键词汇总表

年 份	关 键 词	举 例 说 明
2005		
2006		
2007		
2008		
2009		
2010		
2011	团购、微博	聚划算、拉手网等（市场规模、年成交额、参与人数、影响力等）

项 目 小 结

知识基础一：网络营销的基本含义

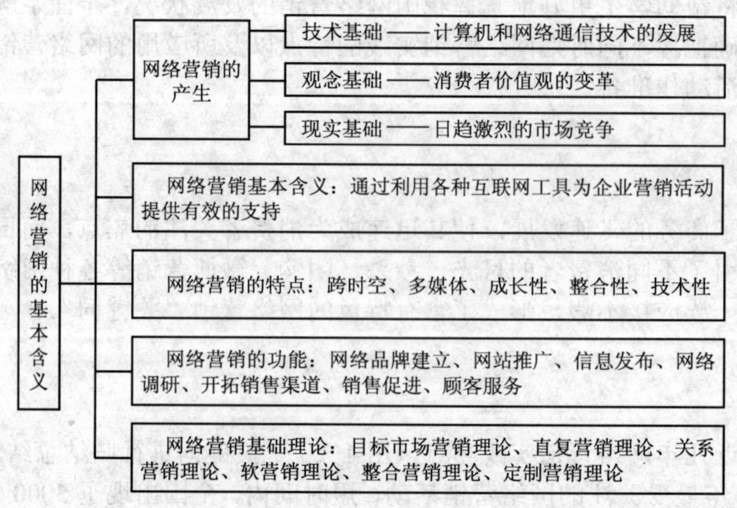

知识基础二：网络营销与传统营销

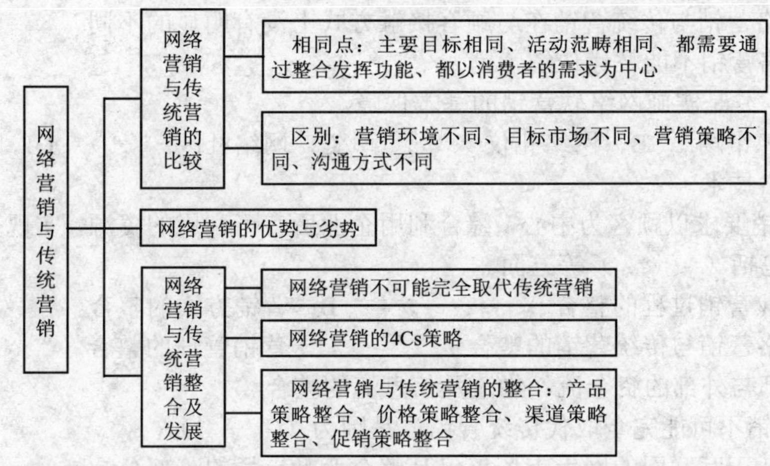

课 后 练 习

一、单项选择题

1．“企业可以借助互联网将不同的营销活动进行统一规划和协调，以统一的传播资讯向顾客传达信息”，这体现了网络营销的（　　）特点。

A．技术性　B．整合性　C．跨时空　D．成长性

2．关于网络营销，下列说法中错误的是（　　）。

A．网络营销不是孤立存在的　B．网络营销不是网上销售

C．网络营销不等于电子商务　D．网络营销就是建立企业网站

3．下列说法中错误的是（　　）。

A．在强势营销活动中，顾客常常是被动地接受广告信息的“轰炸”

B．软营销活动强调的是相互尊重和沟通

C．软营销是通过不断的信息灌输方式在顾客心中留下深刻的印象

D．强势营销的主要促销手段是广告和人员推广

4．网络营销产生的现实基础是（　　）。

A．市场竞争　B．科技发展

C．消费者价值观的变革　D．理性消费

5．软营销理论是针对（　　）而提出的新理论。

A．绿色营销　B．定制营销　C．强势营销　D．整合营销

二、多项选择题

1．网络营销相对于传统营销的优势是（　　）。

A．跨时空性　B．双向互动沟通　C．价格优势　D．个性化

E．安全性高

2．下列关于网络营销的说法正确的是（　　）。

A．网络营销并不完全独立于传统营销活动

B．网络营销完全独立于传统营销活动

C．网络营销是建立在计算机和网络通信技术上的营销活动

D．网络营销与传统营销在与顾客接触方式上没有明显的不同

E．网络营销不能替代传统营销

3．（ ）是实施网络软营销的基本保障。

A．虚拟市场 B．网络礼仪 C．网络社区 D．网络消费者

E．网络技术

4．整合营销要求以顾客为中心，综合利用企业所有可利用的资源，实现企业的高度一体化营销，这包括（ ）等方面。

A．企业营销过程的整合 B．营销方式的整合

C．网络营销与传统营销的整合 D．营销管理的整合

E．内部与外部的资金流、物流及信息流的整合

5．网络营销不可能完全取代传统营销，是因为（ ）。

A．依托于互联网的网上市场仅仅是整个商品市场的一部分

B．网络市场所覆盖的消费群体只是整个消费市场中的一小部分

C．许多消费者习惯于在传统的商场里边购物边休闲

D．难以具备传统营销的以人为本的营销策略所具有的独特的亲和力

E．网上销售的产品质量低劣

三、简答题

1．网络营销如何与传统营销整合？

2．网络营销产生的技术基础、观念基础和现实基础是什么？

3．网络营销可以完全取代传统营销吗？为什么？

4．简述网络营销与传统营销的区别。

5．简述网络营销的优势和劣势。

四、案例分析题

少林寺的网络征途

作为融入网络信息时代的第一步，少林寺于 1996 年在中国寺院中率先建立了自己的中文网站（www.shaolin.org.cn），其主要目的是向全世界广泛传播少林文化，让更多的人通过网络平台全面了解少林寺。

2008 年 5 月 12 日佛诞节，“少林欢喜地”实体总店在少林寺景区开张，客人可以品尝少林寺僧侣的斋食，并体验僧侣的禅修功夫。时隔十日，作为实体商店的补充和延续，少林寺在淘宝网上开设了“少林欢喜地”网店，主要经营和少林有关的特色文化产品，包括禅修所用的烛台、禅修鞋、禅修服、禅茶、禅香等，习武所用的拳谱、护具、功夫鞋等以及充满少林元素的 T 恤、手表等文化创意产品。网上开店的主要目的是通过商品传播少林的传统文化，让少林文化贴近人们的生活，为人们提供一个便捷的体验并消费少林文化产品的平台。

少林寺网站的建立、少林秘籍的上线、“少林欢喜地”网店的开张等在不同层面上实现了少林文化与社会大众的互动，促进了少林文化在更大范围内的传播，满足了公众对少林文化的需求以及传统文化与创意经济的紧密结合。

【问题】少林寺的网络营销实践给了我们什么启示？

项目二　了解网络营销环境

知识目标

- 了解网络营销宏观环境和网络营销微观环境
- 明确网络营销系统的组成和功能

实训目标

- 能够准确分析企业所面临的网络营销环境

问题导入

与当当网的第一次亲密接触

2 元钱就可购买正版书或 VCD，听到这个消息不动心的人会有，但动心的人可能更多。当当网上书店 2002 年年底推出的“与当当第一次亲密接触”活动就以“2 元”为诱饵来吸引新客户。该活动的具体规则如下：凡在 2002 年 12 月 15 日至 2002 年 12 月 25 日期间，在当当注册并第一次购物的新顾客，可在 2 元特价区选购商品。特价区有 20 本书和 10 种 VCD 可供选择。但顾客最多只能选购两件“2 元”商品。

2002 年，网上购物还是个新鲜事物，在许多网民还心存疑虑的情况下，当当网采用“2 元特价”、“快速注册”和“送货上门”这三件法宝，适时地开展了一次网上购物体验活动。“2 元特价”是诱惑之一，面对价值远超过 2 元的特价书籍和 VCD，再附加一次网上购物经历，谁都会付出物超所值的 2 元钱；“快速注册”是诱惑之二，当当网采用不同于某些网站“人口普查式”的注册方式，新用户只要输入电子邮件地址和密码即可注册成功，不超过 1 分钟的便捷注册令许多网民轻松成为当当的用户；“送货上门”是诱惑之三，面对第一次网上购物体验，网民对其安全与信誉难免产生疑虑，但是送货上门、货到付款的配送方式让网民们彻底打消了疑虑。由此，当当网的“2 元与当当第一次亲密接触”活动吸引了大量网民，唤起了网民的购物欲望。许多网民也就是从此时开始接触网上消费，同时也自然成为了当当网的注册用户。

对于这次活动，当当联合总裁俞渝说：“由于网上购物在中国还是个新鲜事物，许多网民对网上购物还不熟悉或有各种疑虑，当当推出此次活动就是为了给广大网民一次没有风险的网上购物经历，吸引更多还没有网购经验的爱书人体验网上购书的便捷。”

【问题】

（1）“2 元与当当第一次亲密接触”活动开展的背景是什么？

（2）当当网是如何唤起消费者需求的？

【点评】正是在准确分析企业所面临的网络营销环境的基础上，当当网采取了极具针对性的措施，以低价、便捷、安全的形象，得到了广大网络消费者的认可，并引领了网络消费的潮流。可见，了解并掌握网络营销环境，是企业开展有效、务实的网络营销活动的重要前提和基础。

任务一　分析企业的网络营销环境

知识基础　网络营销环境的主要因素

完成本任务所需要的知识基础包括网络营销的宏观环境因素和网络营销的微观环境因素。

企业的网络营销环境是指影响企业网络营销活动及其目标实现的各种因素和动向。网络营销环境既能为企业提供机会，也能对企业网络营销造成威胁。如何不断地观察并分析营销环境的变化并适应这种变化，是企业网络营销取得成功的关键。

一、网络营销宏观环境

网络营销宏观环境是指一个国家或地区的政治和法律、经济、社会文化、人口、科学技术及自然等环境因素，是影响企业网络营销活动的宏观条件。宏观环境对企业的短期利益可能影响不大，但对企业发展战略的制订和企业的长远发展具有重大的影响。网络营销宏观环境主要包括以下 6 个方面的因素，如图 2-1 所示。

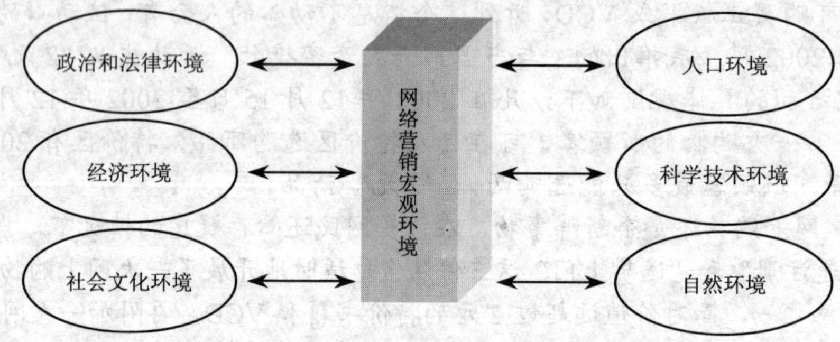

图 2-1　网络营销宏观环境

1．政治和法律环境

网络营销政治环境主要包括一个国家（或地区）的政治制度、政治局势及政府在发展电子商务、网络营销方面的方针政策等。网络营销法律环境是指能对企业的网络营销活动起到规范或保障作用的有关法律、法令、条例及规章制度等法律性文件的编制、修改、废除及其立法与司法等因素的总称。

政治和法律环境因素对企业开展网络营销活动具有保障和规范作用，具体来讲，体现在以下 4 个方面：一是企业的网络营销活动要遵守目标市场东道国的相关法律法规的规定；二是企业的网络营销活动要服从国家有关发展战略与政策的要求；三是企业要积极利用国家政策给网络营销带来的机遇及时开展营销活动；四是企业要积极运用相关的法律法规武器，保护自己在网络营销活动中的合法权益。

了解并遵守本国和相关国家的法律和法规，是企业做好国内和国际网络营销管理工作的基础。开展网络营销不仅要了解传统市场营销的相关法律，还要了解有关互联网和网络营销的相关法律。目前，关于电子商务、网络营销的国际立法主要有《电传交换数据统一行动法则》、《电子提单规则》、《电子商务示范法》、《电子签字示范法》等。

我国在借鉴国际先进经验的基础上，结合我国国情，初步制定了一套有中国特色的电子商务法规，比如《中华人民共和国计算机信息网络国际联网管理暂行规定》、《计算机信息网络国际联网安全保护管理办法》、《互联网信息服务管理办法》、《互联网站从事登载新闻业务管理暂行规定》、《互联网电子公告服务管理规定》、《关于互联网中文域名管理的通告》、《中华人民共和国电子签名法》等。

✍ 动手动脑

我国的《电子商务法律法规建议草案》中规定："购买人在收到货物明显不同于产品描述情形下，可以无条件退还货物。""产品出卖人对任何物品，必须清楚地指明其为新产品、返修产品或二手物品；任何物品的原始包装一经开封，即视为二手物品；对于二手物品，物品描述应当至少包括其真实状况或可用性、已用期限、剩余有效期或可用期限、物品可用性等"。这些规定对网上的交易活动会产生什么样的影响？

2．经济环境

在网络营销活动中，企业需要考虑的经济环境因素主要有两个方面，即现实的经济环境和网络经济环境。

（1）现实的经济环境　现实的经济环境主要包括社会经济结构、经济发展水平、经济体制和宏观经济政策等。

社会经济结构是指国民经济中不同的经济成分、不同的产业部门以及社会再生产各个方面在组成国民经济整体时相互的适应性、比例关系及关联性等。社会经济结构主要包括产业结构、分配结构、交换结构、消费结构、技术结构等，其中以产业结构最为重要。

经济发展水平是指一个国家经济发展的规模、速度和所达到的水准。反映一个国家经济发展水平的常用指标有国民生产总值、人均国民生产总值、经济增长速度等。

经济体制是指国家经济组织的形式，其规定了国家与企业、企业与企业、企业与各经济部门的关系，并通过一定的管理手段和方法，调控或影响社会经济流动的范围、内容和方式等。目前，世界上大多数国家实行市场经济体制。

宏观经济政策是指国家或政党制订的一定时期内的国家经济发展目标及实现这个目标的战略与策略，其包括综合性的全国经济发展战略和产业政策、国民收入分配政策、价格政策、物资流通政策、金融货币政策、劳动工资政策、对外贸易政策等。经济政策是影响国民经济发展和产业结构调整的主要政策。

（2）网络经济　网络经济是指建立在网络环境中的生产、分配、交换和消费的经济关系。网络经济并不是独立于传统经济之外、与传统经济完全对立的纯粹的"虚拟"经济，它是建立在传统经济基础上，经过以计算机和网络为核心的现代通信技术提升后的高级经济发展形态。

与传统经济相比，网络经济有许多不同的特点，这些特点对网络营销从经营理念到营销战略与策略都会产生极大的影响。首先，网络经济是全球一体化的经济，基于网络的营销活动几乎不受时间和空间因素的制约。其次，网络经济具有自我膨胀性，即网络技术进步所带来的效益会随着网络用户的增加而呈指数形式增长，而且在一定条件下，网络经济中的优势或劣势一旦确立并达到一定程度，就会导致不断加剧且自行强化，从而出现"强者更强，弱者更弱"的局面。再次，网络经济呈现边际效益递增性。不同于工业经济时代边际效益随着生产规模的扩大所显现出的递减趋势，在无限虚拟的网络空间中，信息的搜集、加工、处理及使用的成本会随着网络应用人数的增加而降低，并且对信息的投资不仅可以带来一般的投资报酬，还可以带来信息累积的增值报酬，因此，网络经济呈现边际效益递增性。同时，网络经济的核心是创新，创新的核心是速度。在产品生命周期大大缩短、产品更新换代速度越来越快的网络经济中，创新成为企业获得超额回报的手段和条件，企业必须在创新的速度上保持竞争优势。最后，网络经济具有极强的适应性。网络经济的竞争是在全球范围内进行的，市场变化速度极快，企业必须时刻关注市场变化及趋势，对经营策略做出及时调整。

在网络经济环境中，推动企业发展的动力不再以效率为主，而以高度的适应性为主。在网络经济时代，企业的适应性包括 3 方面的内容：一是企业产品的适应性，即企业产品或服务能够适应不断变化的市场需求；二是企业行为的适应性，即企业行为要适应急剧变化的市场竞争的需要；三是企业组织的适应性，即企业组织要富有弹性，能够伸缩自如地应对市场变化的要求。

网络经济有着与传统经济迥然不同的特征、原理和规律。在网络经济中，企业必须顺应环境的变化，采取新的竞争战略与策略，这样才有可能在激烈的竞争中取胜。

应用实例

备受瞩目的淘宝围攻事件

2011 年 10 月 10 日，淘宝商城发布《2012 年招商续签及规则调整公告》，将以前每年最低 6000 元的技术付费提高至 3 万元或 6 万元，在年销售额达到 36～120 万元时（数额因销售品类不同），这部分费用将予以返还。此外，商家进驻淘宝商城，将根据所经营或代理的品牌缴纳违约保证金，违约保证金数额从 1 万元涨至 5 万元至 15 万元不等。由于该规定大幅提升了进驻商家的技术服务费和保证金，被认为是人为拉开了大卖家与小卖家的差距。自 2011 年 10 月 11 日晚开始，一些小卖家们利用淘宝网实行的购物后无理由退款制度，恶意攻击一些大卖家。韩都衣舍、欧莎、七格格、优衣库等淘宝商城的大卖家突然接到大量订单，随后，刚刚订货的“消费者”都如约退货，同时给予差评，这些店铺迫于无奈只好将货品下架处理。这种手段被称为“订单潮攻击”。面对内部和外部的巨大压力，马云宣布，淘宝商城的新规则将对大部分老卖家推迟一年实行。

这一事件暴露出了我国网络经济环境中的一个重要问题，即法制不完善。与网络经济迅猛的发展形势相比，我国相关法律法规的建设却相对滞后，产生了大量法律空白，比如互联网商业运营的法规、仲裁、协商制度的缺失。最终结果是消费者和销售者的合法权益难以得到保障。

因此，这是一场裁判缺席的网络恶斗——最终势必危及消费者的根本利益。

【问题】你是如何看待“这是一场裁判缺席的网络恶斗”？

3．社会文化环境

任何企业都是由社会成员组成的小的社会团体，存在于一定的社会环境中，受到社会环境的影响和制约。社会文化环境的内容很丰富，在不同的国家、地区、民族之间存在着明显的差异。企业必须重视对社会文化环境的研究，尤其是对网络文化的研究。

网络文化作为一种不分国界、不分地区、建立在互联网基础上的亚文化，涵盖了人们在参与信息网络应用与技术开发过程中所建立起来的价值观念、思想意识、语言习惯、网络语言、网络礼仪、网络习俗以及社会关系等，并对网络消费群体产生重大影响。

（1）网络语言　网络社会人群交际中形成的网络社会约定俗成、自我确认、互相认同的“方言”，即为网络语言。网络语言一般由汉字、数字、符号、字母、图形等组成，能够简单方便、快捷迅速地表达意思、情绪。网络语言具有网络的自由性、简约趣味性、随意性和临时性等特征。尽管缺乏严谨性和规范性，但是由于其是在网络发展过程中逐渐形成并被大量网友所接受和使用的，因此，具有很强的生命力。

应用实例

“淘宝体”

“亲，你大学本科毕业不？办公软件使用熟练不？英语交流顺溜不？驾照有木有（解释为“有没有”）？快来看，中日韩三国合作秘书处招人啦！”一则微博招聘启事从发出开始，就引发了网友疯狂转载和热议，因为发布这则招聘的微博博主是从来不愁引不来“金凤凰”的外交部。

2010年11月10日，网络语“给力”一词登上了《人民日报》的头版头条，网友惊呼“太给力了”。从最初的“火星文”到而今的流行语，网络语言越来越被大众接纳。

【问题】

（1）你认为官方文件中出现网络语言合适吗？

（2）网络语言的使用应该有范围吗？

动手动脑

你能列出常用的网络语言吗？请写出10种以上的网络语言，并与同学们进行交流。

（2）网络礼仪　网络礼仪是指在互联网交往活动中形成的、被普遍赞同的礼节和规范，即人们进行网上交往时应遵循的礼节和行为规范。通常，网络礼仪包括：

1）自由和自律。网络社会鼓励并尊重网民个性的发挥，但网民也要注意行为规范。在互联网上，无论是企业还是个人，都要在享受自由的同时注意自律。

2）平等和尊重。在相对独立、自由、平等的网络环境中进行交流，人们无需面对面便可以展现自我，人与人之间没有地位差异、等级差别、贫富悬殊，实现了真正的平等相处。网络文化是一种以“自我”为中心的文化，但这种“自我”应该以尊重他人为前提。网络社会倡导的是人们之间的相互尊重与友好相处，比如不使用电子公告牌（BBS）张贴私人的电子邮件，不进行“喧哗”的销售活动等。

3）礼貌和诚信。网络社会中的自由并非绝对不受任何约束的自由，也非打破一切“现实无差异”的平等。在网络社会中，人们交往还应遵循必要的礼仪规范，使用礼貌的语言与符号，并且要讲求诚信、真诚待人。

4）奉公守法。网络的无约束性会导致人性中的恶念得到释放，网络的隐蔽性也给人们逾越社会规范创造了条件。作为现实社会的组成部分，网络社会也应遵循现实社会的道德规范和法律，网民也应奉公守法。

（3）网络习俗　网络习俗是在网络社会形成过程中逐步形成的、人们习以为常的一些观念、态度和行为方式的总和。比较突出的网络习俗主要有两个方面，即休闲和免费。

互联网作为休闲和娱乐的媒体，人们习惯于在随意的气氛与环境中开展业务。企业应利用人们休闲娱乐的习惯，为其产品和服务命名活泼、有趣的名字，给人们留下深刻印象，达到“过目不忘”的效果。在网络促销、广告设计方面，企业应根据目标市场需求，做到活泼随意并富有吸引力。在撰写产品说明书时，企业应做到语言轻松活泼、通俗易懂，在条件允许的情况下，可使用一些网络语言。

免费获得信息是绝大部分网民的习惯。为访问者免费提供有价值的信息且不带任何附加条件是成功的互联网业务活动的共同点。通过提供免费的信息或服务，企业可以获得访问者信息及访问者所关心的产品和服务的信息，同时，还可展示企业在技术、质量和承诺等方面的实力，树立良好的企业形象。

4．人口环境

“人”是企业营销活动的直接和最终对象，是产品的购买者和消费者。人口的规模决定着市场规模和潜力；人口的结构影响着消费结构和产品构成；人组成的家庭、家庭类型及其变化，影响消费品的消费结构及其变化。网络营销的人口环境包括网民数量、结构及其变化趋势等。

5．科学技术环境

网络营销的产生和发展是以计算机和通信技术为基础的。科学技术的发展在促进网络发展的同时，也为企业改善经营管理提供了有力的技术保障。企业开展网络营销必须密切注意信息技术的发展变化，掌握技术进步对网络营销的影响，及时调整营销方式和策略。技术进步改变了网络用户的结构，扩展了网络营销的范畴。宽带技术的发展使视频点播、多媒体网络教学成为可能；无线上网技术的应用使移动办公、移动购物变成了现实，进一步促进了电子商务和网络营销的发展。

阅读资料

你了解3G吗？

3G（The 3rd Generation）是指第三代移动通信技术。3G与2G的主要区别在于声音和数据传输速度的提升。它能够在全球范围内更好地实现无线漫游并处理图像、音乐、视频流等多种媒体形式，提供包括网页浏览、电话会议、电子商务等多种信息服务。2009年1月7日，中国移动、中国电信、中国联通3家运营商获得了3G牌照，从此，中国全面跨入了3G时代。在3G牌照发放后，3家运营商纷纷开始加快3G网络的建设。3G业务的开展是全社会为之瞩目的大事。

3G技术的发展为互联网与移动互联网融合、电脑用户与手机用户融合提供了最佳条件。而定制手机、定制上网本的迅速普及也意味着中国家庭生活模式的深远变革，由此引发的营销革命一触即发。

6．自然环境

自然环境是指一个国家或地区的客观环境因素，主要包括自然资源、气候、地形地质、地理位置等。网络营销自然环境是指影响网络营销目标市场顾客群需求特征与购买行为的气候、地貌、资源、生态等因素。因此，从网络营销活动本身来看，互联网跨越时空，不受自然环境的影响；但从网络营销目标市场需求特征与购买行为来看，自然环境因素对网络营销策略的选择有着一定的影响。

二、网络营销微观环境

微观环境由企业及其周围的活动者组成，直接影响着企业为顾客服务的能力，它包括企业内部环境、网络供应商、网上公众、网络营销中介、顾客、网络竞争者等因素，如图 2-2 所示。

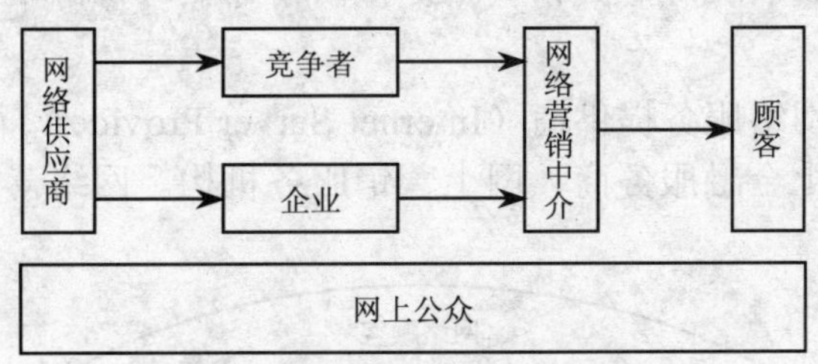

图 2-2　网络营销微观环境

1．企业内部环境

在网络营销中，信息交换和网上交易是营销活动的重要内容，并由此形成 3 种网络化：即企业内部网络化，比如管理信息系统（MIS）和以互联网为基础的企业内联网；企业与企业之间的网络化（B2B），比如关联企业间、企业与供应商和分销商间的网上交易和信息交换平台；企业与顾客之间的网络化（B2C），企业通过互联网与分布广泛且不稳定的顾客进行交易。

网络化是网络营销活动的基础，网络营销部门在制订网络营销计划时，应以企业营销战略和发展目标为依据，兼顾企业内部各部门间、企业决策层与管理层间、企业各级管理层间的沟通、协调和配合，使整个企业成为快速高效、有较强市场反应能力和竞争力的有机整体。

2．网络供应商

供应商是指向企业及其竞争者提供生产经营所需原料、部件、能源、资金等资源的公司或个人，其所提供的资源价格和供应量直接影响网络营销企业产品的价格、销量和利润。网络营销企业和供应商之间的关系是交易关系、竞争关系和合作关系。在网络环境下，为了适应网络营销的要求，企业对网络供应商的依赖性和合作性均有所增强。

3．网上公众

网上公众是指对网络营销企业实现其营销目标构成实际或潜在影响的任何团体、单位和个人，包括网民、网络金融服务机构、网络媒体、内联网公众、政府等。

网民是网络营销企业的潜在顾客，是企业网站的主要访问者和企业的营销对象。企业必须关注网民对其网站、产品或服务的态度和评价，树立良好的网上企业形象。网络金融服务机构是网络营销企业的融资对象或投资人，包括网上银行、风险投资公司等。网络媒体由发布网上新闻、网上社论的机构组成，包括电子化报纸、电子杂志、搜索引擎、提供网站评估服务的专业性网站等，为企业站点推广和广告宣传提供支持。内联网公众包括企业董事会成员、员工等，是企业内部信息传递和交流的重要平台。政府是互联网和网络营销的立法者和监督管理者，负责管理网络企业审批、网络链接、网络交易、网络安全、网络立法等工作，以确保网络经济健康、稳定、有序的发展。

✍ 动手动脑

假设你在一家网上销售婴儿用品的企业工作。你的领导认为开展网络营销离不开网上公众的参与和支持，他要求你准备一份清单，列出你认为对公司来说重要的网上公众，并对怎样与这些网上公众发展良好的关系提出建议。请你撰写该清单，并提出建议。

4. 网络营销中介

网络营销中介包括网络服务提供商（Internet Server Provider，简称 ISP）、第三方物流提供商、认证中心、网上金融服务商、网上营销服务机构。网络营销中介机构与企业的关系如图 2-3 所示。

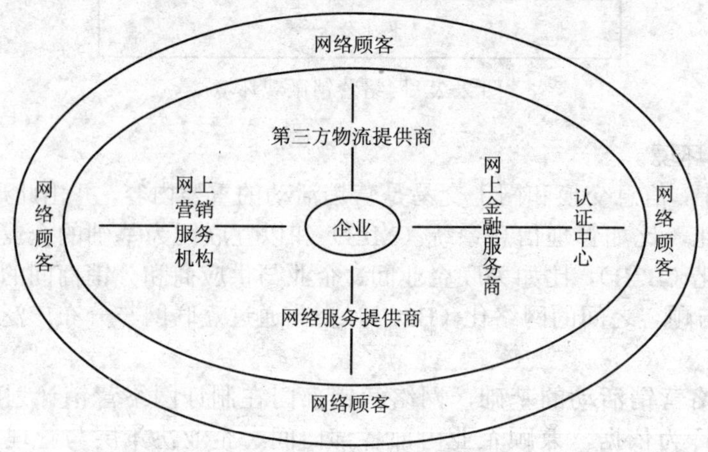

图 2-3 网络营销中介机构与企业的关系

ISP 是为用户提供 Internet 接入和（或）Internet 信息服务的公司或机构，前者简称 IAP（Internet Access Provider，Internet 接入提供商），后者简称 ICP（Internet Content Provider，Internet 内容提供商）。一般而言，企业为了使网站正常运转，应与相关的网络服务提供商合作，获得他们的技术支持，以帮助企业对信息进行有效的组织和引导，为访问者节省搜索、分类、整理信息的时间，从而提高网站的访问量。对网络营销企业来讲，抓住信息就等于抓住顾客。与网络服务提供商建立长期的、良好的合作伙伴关系，有利于提高企业网络营销活动的效率。

第三方物流提供商是指为交易的商品提供运输配送的专业机构。在网络营销中，合同的订立、所有权的转移、资金的支付、信息的交流都可以在网络平台上完成，只有商品实体的转移需要在互联网下进行。借助于快捷高效的第三方物流完成交易成为许多网络营销企业的首选，这就要求企业与第三方物流提供商建立良好的合作关系，以降低物流成本，提高物流效率。

在网络营销中，认证中心对企业和顾客的身份进行认证，确定交易双方身份的合法性、真实性，以提高交易的可靠性和安全性。网上金融服务商通过提供各种电子支付方式，简化企业与顾客之间的支付活动，提高支付效率，实现安全支付。

网上营销服务机构是为企业提供网络技术支持、网上调研、营销策划、网络广告设计与发布、站点推广、会计及法律咨询等服务的中介机构，对企业顺利开展网络营销活动、提高营销效率、降低营销成本费用起着重要的作用，是社会分工专业化的结果。

在网络经济时代，企业借助网络直接与用户沟通，减少了中间环节，降低交易成本，对传统营销中的中间商的功能和作用的发挥产生了重要的影响。

✍ 动手动脑

（1）请列出网络服务提供商、第三方物流提供商、认证中心、网上金融服务商、网上营销服务机构及网络中间商等各类型企业中具有代表性的企业。

（2）请思考，网络营销是否会使传统的中间商走向消亡。

5．顾客

顾客是产品的购买者或消费者，是企业最终的营销对象。计算机和网络技术的发展极大地消除了企业与顾客之间的空间距离，为双方提供了一个快速、高效的信息交流平台。通过互联网，顾客能够获得更多的产品或服务信息，做出更为合理的购买决策；企业可以充分展示其产品和形象，了解顾客需求和市场竞争状况，有针对性地开展营销活动，从而更好地满足顾客需求。

6．网络竞争者

竞争是市场经济活动的主旋律，没有竞争就没有发展。一个企业在开展网络营销的同时，也面临着来自以相同的方式向相同的市场提供相同或相近产品和服务的其他企业的竞争压力。研究竞争对手、取长补短，是企业取得竞争优势的重要途径。

在网络环境下，企业同时面对来自网上市场和传统市场的竞争者。以相同的方式及相同或相近的价格，向相同的顾客提供相同或相近的产品或服务的网上竞争者，是企业主要的网上竞争对手。为取得竞争优势，企业通过直接访问竞争者的网站，了解其新产品、价格、服务、优惠措施等信息；通过关注与竞争者有关的新闻，了解顾客对竞争者产品、服务的评价；通过自己的网站，了解顾客对本企业的评价或与竞争者的对比情况等，做到知己知彼。

与传统市场竞争相比，网上竞争不仅包括产品和服务的质量、价格等，还包括以下5个方面：

（1）网站界面设计的吸引力　网上企业不计其数，基于上网费用和时间的限制，网络消费者不可能浏览每个网站，那些界面设计好的网站首先会吸引网民的“驻足”，进而为推动网络消费者进一步了解企业信息、产品服务信息，甚至下订单奠定了基础。网站页面是网络营销的“脸”，做好界面设计是站点推广的重要前提。

（2）产品信息查询的方便性　网络空间的相对无限性使企业有条件将尽可能多的信息在网上展示，供访问者查询。访问者在浏览时每点击一次，就像打开一道门。当访问者需要经过多次点击才能获得所需的信息时，就会影响信息查询效率和网站的访问量。做好信息分类以方便访问者查询是提高访问量、留住访问者，进而提高市场竞争力的重要手段。

（3）物流的快捷性　方便、快捷的物流是网络营销的重要环节，也是网络营销企业竞争的手段。物流能力差、速度慢、效率低、不能及时与网络顾客进行实物交割，都将直接影响企业的经营业绩和市场竞争力。

（4）网上支付的安全性　网络的虚拟性导致网络欺诈活动时有发生，网上支付的安全性成为影响网络营销的重要因素。加强企业网站的防火墙建设和顾客个人信息的保密工作，增强顾客对网络支付的信任感，对争取顾客、获得更多订单有重要影响。

（5）服务水平　随着市场经济和科学技术的发展，产品的同质性越来越强，服务的差异性成为影响企业市场竞争力的重要因素。越来越多的企业开始认识到服务水平的重要性。在网络经济下，产品质量、价格、性能都是透明的，唯有服务是个性的、差异的，故建立快捷有效的网络营销服务体系是实现网络营销可持续发展的关键。

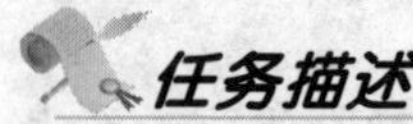

任务描述

本工作任务将帮助学生掌握网络营销环境分析的方法和步骤，并学会撰写网络营销环境分析报告。

任务情景

网络营销是建立在市场和企业双重背景下的，只有先对企业内部和外部环境做出分析和研究，才能制订出更有针对性的策划方案。因此，网络营销环境分析是企业制订网络营销方案并实施网络营销策略的基础。现在，每个小组均面临这样一项任务：为一家从事网络营销的企业进行网络营销环境分析，通过分析，发现企业的优势、劣势和市场机会，为下一步制订网络营销方案和营销策略提供帮助。

任务实施

首先，选择一个开展网络营销的企业或网站，比如京东商城、当当网、淘宝网、亚马逊、拍拍网、慧聪网、凡客诚品等，收集该网站的相关资料，比如网站的成立时间、主营项目、经营状况、财务状况等。

其次，结合我国网络经济发展的状况，分析网站所面临的网络营销宏观环境和网络营销微观环境，尤其注重分析不同的环境要素对网站的经营和发展产生的影响。在分析竞争者时，应注意选择与该网站经营模式类似的竞争对手进行比较。

最后，对所搜集的资料和分析的结果进行汇总和总结，形成该网站的网络营销环境分析报告，格式如下：

××网站（企业）网络营销环境分析报告

一、网站（企业）概述

网站（企业）概述包括网站成立时间、主营业务、经营模式、经营状况等。

二、网络营销宏观环境分析

1. 政治和法律环境及其影响
2. 经济环境及其影响
3. 社会文化环境及其影响
4. 人口环境及其影响
5. 科技环境及其影响
6. 自然环境及其影响

三、网络营销微观环境分析

1. 企业内部环境分析
2. 企业外部竞争环境分析（竞争对手分析）
3. 消费群体的需求环境分析

任务要求

（1）小组分工完成，每个小组选择一个网站或企业进行分析。

（2）以书面报告形式提交网络营销环境分析报告。

（3）根据网络营销环境分析报告制作 PPT，并在课堂上进行讲解和讨论。

任务二　开设网上店铺

知识基础　网络营销的支持条件

完成本任务所需要的知识基础包括网络营销管理系统、电子支付系统、物流配送系统、网络营销的安全保障系统等基础理论。

一、网络营销管理系统

网络营销是随着 Internet 的产生和发展而出现的一种新型营销模式。网络营销管理系统是企业通过营销环境分析，结合自身情况和网络特征，为实现其营销目标所建立的管理体系。

1．网络营销管理系统的功能

网络营销管理系统的功能主要有以下 5 个方面：

（1）信息发布与沟通　通过网络营销系统发布有关的产品服务信息，与顾客进行直接沟通，是大多数企业网络营销系统的初步形式。

（2）电子单据的传输　电子单据的传输是网上交易的重要环节，用以保证交易的合法性。电子单据的传输一般要求保密、安全、可靠，而且可以作为法律凭证。

（3）网上支付与结算　这是指在商品所有权转移后所完成的资金支付过程，它是市场交易完成阶段的网络营销管理系统功能。

（4）物流系统　物流系统是网络营销的重要环节，是保证商品实体转移的关键。

（5）网络营销的售后服务　网络营销的售后服务包括为顾客提供产品技术资料、网上咨询及售后商品的保修、维修、退货等服务。

2．网络营销管理系统的主要构成

网络营销管理系统由品牌管理子系统、营销沟通子系统、网上销售子系统、客户关系管理子系统、绩效评价子系统构成。

（1）品牌管理子系统　品牌管理子系统的主要功能是宣传并介绍品牌，即通过企业介绍、产品服务介绍、品牌宣传，让顾客充分了解企业的产品和服务，传递产品信息与企业形象，培养顾客的认知感、信任感。

（2）营销沟通子系统　营销沟通子系统通常需要建立一个顾客自由参与讨论的虚拟社区，让顾客发表对有关问题的看法和意见，引导、激发顾客讨论，了解顾客对企业及产品的态度，为企业进一步研究消费者需求和行为、提高营销绩效奠定基础。

（3）网上销售子系统　网上销售子系统为满足用户网上交易的需求，设置订单处理、支付处理、物流处理和售后服务等功能模块，以顺利实现产品销售目标。

（4）客户关系管理子系统　该系统通过客户基本数据的记录和跟踪、客户订单的流程追踪、市场的划分和研究、客户服务数据的分析等活动，进行数据挖掘和在线联机分析，并且通过对客户信息、客户的反馈意见进行统计分析和归类等，以实现企业对客户销售、市场调研、技术支持和服务的全面管理。

（5）绩效评价子系统　营销绩效评价子系统通过建立一套定量和定性的评价指标体系，从营销理念、网站访问量、顾客服务等方面，对网络营销活动进行客观、科学的综合绩效评价，以掌握企业网络营销的运行状况和运行效果，为制订和调整营销目标、营销计划、营销策略提供依据。

二、电子支付系统

建立可靠的安全电子支付系统，使客户和商家进行安全交易，是顺利开展网络营销的基础和保障。电子支付是指电子交易的当事人使用安全电子手段，通过网络进行的货币支付或资金流转。电子交易的当事人包括客户、企业和金融机构。

1. 电子支付系统的参与者

（1）客户　客户是指与网络营销企业存在交易关系的一方，即付款人。客户应用所拥有的支付工具（比如信用卡、电子钱包、电子支票等）并借助支付平台付款，是电子支付体系运作的起点。

（2）网络营销企业　网络营销企业是与付款人有商品交易关系的另一方。企业一般需要设置专门的后台服务来处理电子支付，这包括协助身份认证、处理不同的电子支付工具等。

（3）银行　电子支付系统中的银行包括客户开户行和网络营销企业开户行，它们为交易双方提供电子支付工具和支付结算服务，保证交易过程中资金流的畅通。

（4）支付网关（Payment Gateway）　支付网关是互联网公用网络平台与银行内部的金融专用网络平台之间的安全接口。电子支付的信息必须经过支付网关处理后，才能进入金融机构的内部支付结算系统，从而完成安全的授权和结算。支付网关的建设关系到整个电子支付系统的安全，特别是网络营销支付结算的安全及金融机构的安全。

（5）金融专用网　金融专用网是指连接各商业银行及支付网关的各种金融专用网，包括中国国家现代化支付系统、中国人民银行电子联行系统、工商银行电子汇兑系统、银行卡授权系统等。金融专用网是网络营销中网上支付平台的重要组成部分。

（6）CA 认证中心　CA 认证中心又称电子商务认证授权机构（Certificate Authority，简称 CA），主要负责向参与网络交易的各方（包括客户、商家、支付网关、银行等）发放数字证书、确认各方身份的真实性、发放公共密钥及提供数字签名服务等，从而保证网络营销支付结算安全和有序的进行。

除此之外，要顺利进行电子支付结算活动，还要有网上支付工具及遵循的支付通信协议，即电子货币的应用过程。支付通信协议主要是指支付的安全通信与控制模式，比如 SSL（安全套接层）模式与 SET（安全电子商务协议）模式等。

2．电子支付系统的功能

安全、有效、便捷是各种支付方式追求的共同目标。电子支付系统具有以下 5 个方面的功能：

（1）支付功能　支付功能是支付系统的基本功能。随着支付系统的发展，多边支付问题得以有效解决。

（2）认证功能　为保证交易的安全性，应对网上欺诈和虚假交易，认证机构会向参与各方发放数字证书，以证实参与各方身份的合法性。

（3）加密功能　电子支付系统采用单钥体制或双钥体制来进行加密，并采用数字信封、数字签名等技术来加强数据传输的保密性，以防止未被授权的第三者获取相关信息。

（4）确认业务信息的完整性功能　电子支付系统要保护数据不被未授权者建立、嵌入、删除、篡改、重放，完整无缺地到达接收方。

（5）保证功能　当交易双方发生纠纷时，电子支付系统应保证双方业务的不可否认性，比如发送用户对所发送信息不可否认，而接收方对已接收的信息不可否认等。支付系统必须在交易的过程中生成或提供足够充分的证据来辨别是非，其通常通过仲裁签名、电子签名等技术来实现。

三、物流配送系统

网络营销的快速发展有赖于信息流、资金流、物流的发展。没有与之相配套的配送体系，网络交易只能流于形式。

1．物流配送

物流配送是实现商品实体转移、完成商品交易的最后环节，其包括商品实体的运输、储存、配送、装卸、保管、物流信息管理等各种活动。在网络营销中，除无形产品和服务外，绝大多数有形产品需要通过物流配送系统实现商品实体的转移。建立快捷、准确、安全的物流配送系统和物流信息监控系统，对降低物流费用和营销成本、促进网络营销发展具有重要的作用。

阅读资料

网店“假日症”

随着春节的临近，大多数淘宝网的卖家纷纷在店铺首页挂出“关店歇业”的公告，春节前不仅不再上架新品，就连店内现有商品也不再接受订单。传统商家必争的“黄金周”，为何成了网络店铺的“休市期”？究其原因，主要在于物流。由于年关将近，快递量激增且运力紧张、人手短缺，很多快递公司的网点已经停止收件，快件延误成为普遍现象。由于快递公司在春节期间无法保证送达时效，卖家担心影响信誉，不得不放弃难得的赚钱机会而闭门谢客，这也让众多网商心痛而无奈。

2011 年年底，国家邮政局下发通知，要求快递企业在春节期间不得擅自停收或停投快件，但是多家民营快递企业在春节期间仍旧处于停顿状态，直到年假结束才开始恢复运营。因此，依赖民营快递企业的网店经营很难做到“春节不打烊”。尽管许多网商已经意识到这个问题，但没有能力解决。即便是自建物流体系，对于有实力的网商而言，也需要长期的努力，并且雄厚的资金支持必不可少。可见，物流因素对网商春节期间经营状况的影响是极为显著的。

2. 网络营销下物流配送系统的特征

（1）信息化　信息化是现代物流配送系统的基本特征。物流信息化表现为物流信息转让的商品化、物流信息搜集的数据库化和代码化、物流信息处理的电子化、物流信息传递的标准化和实时化、物流信息存储的数字化等。

（2）自动化　自动化以信息化为基础，其核心是机电一体化，其表现是无人化，其结果是快速、准确、高效地完成配送活动。建立自动化物流配送系统对扩大物流作业能力、提高劳动效率、减少物流作业的差错等具有重要作用。

（3）网络化　物流系统网络化是以信息化为基础的通信网络化和组织网络化。通信网络化是指物流配送中心与供应商、制造商、顾客等通过网络连接，及时、快速地传递信息；物流组织网络化是将各地物流企业作为节点连接起来所形成的基于互联网的精准物流系统，以便将商品快速、安全地送达各地顾客手中。

（4）智能化　物流系统智能化是物流自动化和信息化更高层次的应用，是指用准确计算法和因素穷尽法将物流管理中出现的问题用较准确的解决方案记录下来，通过编制软件来自动对这些问题进行分析、判断和处理，解决物流管理中出现的各种技术问题。其包括库存水平的确定、最佳运输路径的选择、自动分拣机的运行等。

（5）柔性化　物流管理柔性化是指在社会需求差异化、个性化的基础上，根据客户需求“多品种、小批量、多批次、短周期”的特点，灵活地组织和实施物流作业，满足终端客户柔性化需求的物流系统。

应用实例

美国联邦快递的高效物流服务

在物流业内，联邦快递以高效率著称。它提供业内最广泛的运输服务，并且在全球提供不间断支持。时间和效率是联邦快递的生命所在。

联邦快递有600多架飞机，穿梭于200多个国家及地区，实施ECRM系统，引入GPRS技术，构建完善、智能的电子商务网络。每晚22点50分，来自世界各地约150架联邦快递的货机，以每小时85架次的频率降落在位于美国孟菲斯国际机场的联邦快递超级转运中心。借助先进的激光扫描和矩阵式管理，该中心每小时可分拣15万件包裹。这些货机所载货物17分钟内即可卸完，经过一系列的扫描与分拣，将按目的地被工作人员装上飞机，并于次日凌晨5点被全部装机运走。

为了实现公司提出的“为客户提供最快最好的快递服务”的宗旨，公司的工程师们对每一位驾驶员的行驶路线都进行了时间研究，并对其中运货、暂停和取货活动设立了标准。这些工程师记录了红灯、通行、按门铃、穿过院子、上楼梯的精确时间和中间休息喝咖啡甚至上厕所的时间，并且将这些数据输入计算机中，从而给出每一位驾驶员每天工作的详细时间标准。

【问题】物流配送系统如何才能实现高效运作？

四、网络营销的安全保障系统

随着互联网的广泛应用，网络营销已成为许多企业的重要营销手段。有效解决网络营销的安全问题是促进网络营销健康、快速发展的重要保障。

1. 网络营销存在的主要安全问题

（1）支付安全问题　网络营销的核心是交易双方通过互联网进行信息交流、业务洽谈，直至达成交易协议并完成交易。网上支付作为网络营销活动的重要环节，其安全性一直受到来自互联网上欺诈和犯罪的威胁，比如信用卡被盗、个人银行信息泄露等。

（2）技术安全问题　目前，网络技术安全问题主要表现在不法行为者在网络营销站点盗取访问者的密码、身份信息、电脑数据资料等。出于对个人信息安全性的顾虑，许多顾客较少参与网上交易，这直接影响到网络营销的发展。

（3）产品质量安全问题　买到称心如意、质量可靠的商品是顾客的期望。由于市场行为缺乏必要的自律和完善的社会监督，假冒伪劣商品屡禁不止，欺诈时有发生。在网上交易时，顾客在付款后买不到商品或买到商品的质量、性能与网上宣传的内容存在明显差异，都会影响顾客对网络营销的信任感。

2. 网络营销的安全保障

为保证网络营销的顺利进行，网络营销平台的运行要安全、稳定、可靠，任何影响网络正常运行的因素，比如计算机软件与硬件错误、网络通信故障、计算机病毒、网络攻击等都会导致网络营销活动不能顺利开展，甚至给企业造成巨大的经济损失。

以整个网络营销安全系统来看，安全性可划分为 4 个层次：网络节点的安全性、通信的安全性、应用程序的安全性、用户的认证管理。

（1）网络节点的安全性　防火墙是一种由计算机硬件设备和软件组合而成，存在于内部网与外部网之间、专用网与公用网之间的保护屏障，以保护内部网免受非法用户的侵入。防火墙可以有效地阻止黑客的入侵及攻击，实现网络营销平台的相对安全性。此外，企业还需要建立全方位的防御体系，包括规定的网络访问和服务访问、本地和远地的用户认证、磁盘和数据加密、病毒防护措施以及健全的管理制度等，并且对所有有可能受到网络攻击的地方给予同样级别的安全保护。

阅读资料

防火墙的功能

防火墙的主要功能有以下 3 个方面：

首先，防火墙对流经它的网络通信进行扫描，以过滤网络攻击，以免其在目标计算机上被执行。由于只有经过精心选择的应用协议才能通过防火墙，所以网络环境变得更安全。同时，防火墙可以记录下这些访问并制作日志，也能提供网络使用情况的统计数据。

其次，防火墙可以关闭不使用的端口；禁止特定端口的通信，以防重要的内部信息外泄；同时还可以封锁特洛伊木马。

最后，防火墙可以禁止来自特殊站点的访问，从而防止来自不明入侵者的所有通信。

（2）通信的安全性　为保证通信安全，我们可在客户端浏览器和网络营销 Web 服务器之间采用 SSL 协议以建立安全链接，对所传递的重要信息进行加密。实践证明，加密是保障通信安全的有效方法。

（3）应用程序的安全性　计算机程序是网络黑客和病毒攻击的主要对象之一。编写缜密的计算机应用程序，并对程序进行不断升级、更新以弥补程序漏洞，可以有效提高应用程序的安全性。

（4）用户的认证管理　企业用户身份认证可以通过服务器 CA 证书与 IC 卡相结合的方式来进行。CA 证书用来认证服务器的身份，IC 卡用来认证企业用户的身份。对个人用户可以采用 ID 号和密码口令的身份确认机制来认证。

应用实例

CSDN 用户资料泄露事件

2011 年 12 月 21 日，360 安全卫士在微博上披露，有黑客在网上公开 CSDN 网站用户数据库（包括 600 余万个明文注册邮箱账号和密码），该数据库可以在迅雷公开下载，数据库下载链接随即在各大黑客论坛和 QQ 群中迅速传开。令人震惊的是，在 CSDN 用户数据库泄露事件中，最早在迅雷公开提供数据库下载的竟然是某知名公司的员工（迅雷 ID: hzqedison）。事件曝光后，hzqedison 通过微博表态：自己看到某人发了 CSDN 库文件的迅雷下载链接，于是做了下转换（迅雷会员分享），目前已将该文件删除。

12 月 27 日，中国计算机学会青年计算机科技论坛广州分会召开了“互联网用户资料泄露事件紧急会议”。16 名与会专家一致认为，这次事件是迄今为止“中国互联网史上最大信息泄露事件”。

任务描述

本工作任务将帮助学生建立起一个基于互联网平台的网上店铺，从而具备开展网上经营活动、实施网络营销策略的基本条件。

任务情景

在当前网络经济快速发展的背景下，开设一个网上店铺、进行网上创业，是很多年轻人关注的热门话题。与高投入、运营管理复杂的传统商业模式相比，网上店铺投资小、运营费用低廉、管理相对简单，这为人们提供了网络环境下开展经营活动的基本条件。只要有网络环境，就能够拥有一个全天候营业的网上店铺，加之 QQ、MSN、手机等现代通信方式和发达的物流配送体系，就构成了网上店铺的软件及硬件环境。也许，人生的第一桶金就是这样获得的。

任务实施

1．做出网上开店规划

在开设网上店铺之前，应该先在头脑中进行简单的规划，考虑打算开一家什么样的网上店铺，选择什么样的商品来进行销售。在这一点上，网上店铺与传统的店铺并没有区别，因为进行合适的市场定位是获得市场竞争力的前提。鉴于同学们所掌握的资源较少，并且缺乏开展经营活动所必需的经验，所以，在完成本步骤时，可以选择自己所购买或使用过的二手商品进行销售，比如教材、学习指导书、杂志、小饰品等。

2．选择网络平台

在制订了网上开店规划之后，我们需要选择一个网上店铺平台。在选择网上店铺平台时，我们应考虑该平台的人气是否旺盛、消费群体是否符合自己店铺的定位、是否收费、安全措施是否令人满意等。目前，大多数个体网上经营者主要在淘宝网和拍拍网开设网上店铺，采取C2C的模式从事经营活动。淘宝网是目前国内最大的网络零售平台，业务跨越C2C、B2C两大部分，注册用户过亿，覆盖了中国绝大部分网购人群；淘宝网可以免费开设店铺，因此，我们可以选择淘宝网作为网上开店平台。

3．网上开店前的准备

（1）开通网上银行　在网上开店之前，为了通过网上店铺的身份认证，并保证资金流的顺畅，我们需要在银行开立账户并开通网上银行。我们可携带个人身份证在银行柜台办理。以交通银行为例，个人用户首先携带身份证到银行网点开立账户，再填写网上银行申请表，由柜台工作人员为其开通网上银行（可以申请短信密码用户），随后再由个人在网上激活即可使用，如图2-4所示。

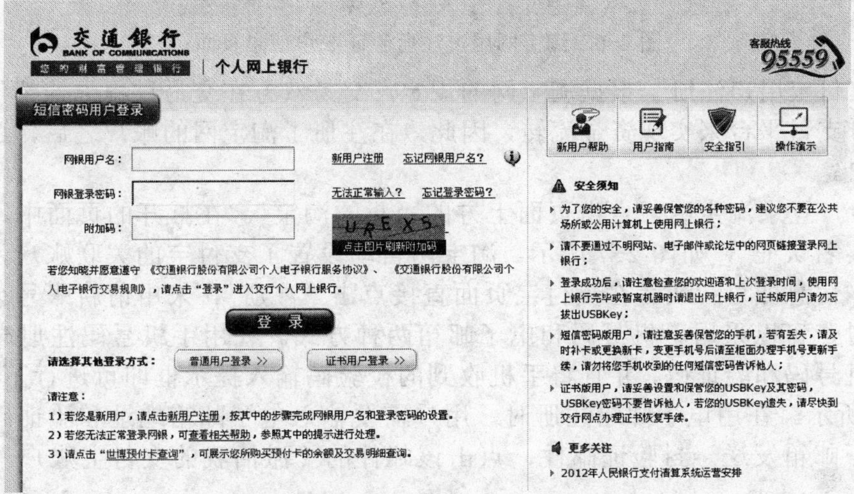

图2-4　交通银行短信密码用户登录页面

（2）淘宝网用户注册　在开通网上银行之后，用户需要在淘宝网上注册。登录淘宝网，点击页面最上方的“免费注册”。在打开的页面中填写会员名、登录密码、确认密码、验证码，单击“同意以下协议并注册”按钮，如图2-5所示。然后，进入验证账户信息页面，将手机号码输入指定对话框中，手机就会收到系统自动发送的校验码，将校验码输入指定对话框中进行验证，验证成功即注册成功，如图2-6所示。

淘宝网 注册
第一步：填写账户信息 以下均为必填
会员名：
5-20个字符，一个汉字为两个字符，推荐使用中文会员名。一旦注册成功会员名不能修改。
登录密码：
确认密码：
验证码：　看不清？换一张
同意以下协议并注册
《淘宝服务协议》

图2-5　淘宝网用户注册页面

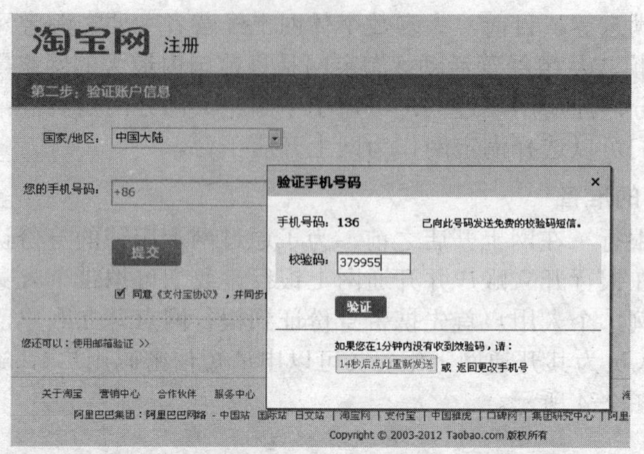

图 2-6 淘宝网用户注册验证账户信息页面

（3）支付宝用户注册 根据淘宝网的规定，交易双方在交易过程中推荐使用支付宝这一第三方支付平台来实现资金流转，因此，在注册了淘宝网的账户之后，还要注册支付宝的账户。

第一步，登录淘宝网，点击页面上方的“我的淘宝”。在打开的页面中，点击“卖宝贝请先实名认证”，如图 2-7 所示。淘宝网自动设置了支付宝的关联账户，只需填写相应的基本信息即可；或者在支付宝页面直接点击“注册”，来申请新账号。在注册支付宝账户时，可以采用手机号码和电子邮箱两种方式。在用手机号码注册时，用户需要输入手机号码和验证码，并且将手机收到的校验码输入提示框即可进行下一步操作，如图 2-8 所示。在用电子邮箱注册时，用户需要输入电子邮箱地址和验证码，系统会自动向电子邮箱发送一封验证邮件，点击该邮件的“激活我的支付宝账户”后可进行下一步操作。

第二步，填写基本信息，如图 2-9 所示。填写完成后，点击“下一步”，设置银行卡信息。此时，可以通过选择银行发卡行关联或输入银行卡号关联，来设置银行卡信息，如图 2-10 所示。此时，开通网上银行的银行卡用户只需选择相应选项，点击“下一步”，即可完成注册。

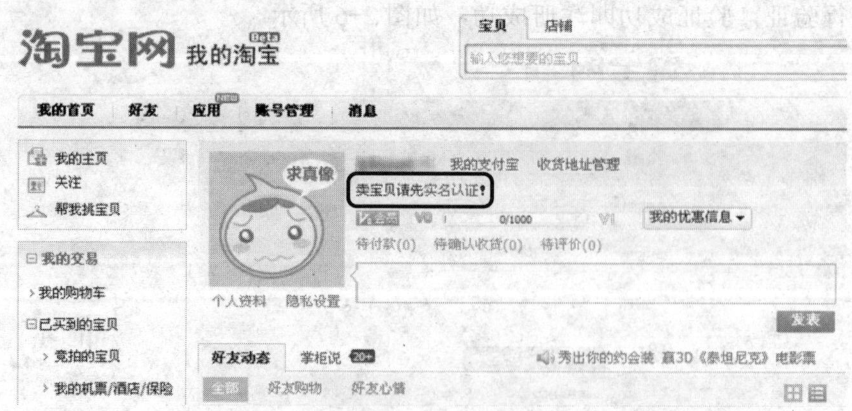

图 2-7 淘宝网新注册用户“我的淘宝”页面

支付宝 | 注册　　登录 | 注册 | 我的支付宝

1.校验账户名　2.填写基本信息　3.设置我的银行卡

* 手机号码：　用电子邮箱注册

手机号码是您登录支付宝的账户名。

* 验证码：　CAks　看不清，换一张

请输入上图中的字母或数字，不用区别大小写。

同意以下协议并提交

支付宝服务协议：

"支付宝服务"（以下简称本服务）是由支付宝（中国）网络技术有限公司（以下简称本公司）向支付宝用户提供的"支付宝"软件系统（以下简称本系统）及(或)附随的货款代收代付的中介服务。本协议由您和本公司签订。

支付宝版权所有 2004-2012 ICP证：浙B2-20100257

图 2-8　手机号码注册支付宝账户页面

支付宝 | 注册　　136　消息 0 | 退出 | 返回我的淘宝 | 帮助中心 | 提建议 | 更多

1.校验账户名　2.填写基本信息　3.设置我的银行卡　完成

填写账户信息

账户名：136

* 登录密码：与淘宝账户登录密码相同 修改密码

* 支付密码：

* 重新输入支付密码：

* 安全保护问题：请选择

* 安全保护答案：

填写个人信息(使用提现、付款等功能需要这些信息)

* 真实姓名：

* 证件类型：身份证

* 证件号码：

联系电话：136

下一步

图 2-9　支付宝账户注册中的"填写基本信息"页面

图 2-10　支付宝账户注册中的"设置我的银行卡"页面

（4）身份认证　根据淘宝网的规定，只有通过实名认证，才能开设网上店铺，因此，在注册了淘宝网账户和支付宝账户之后，还要进行相应的个人实名认证。

第一步，申请实名认证。打开淘宝网首页，进入“我的淘宝”，在打开的页面中点击“卖宝贝请先实名认证”（见图 2-7）；或者登录支付宝，点击“实名认证”（见图 2-11），进入支付宝实名认证申请页面（见图 2-12）。点击“立即申请”后，支付宝会提示申请类型，在了解了基本细节之后，选择申请“个人用户、淘宝卖家、外部商家”认证，如图 2-13 所示（“个人用户”的快捷支付认证只针对买家，淘宝卖家必须通过银行汇款认证）。

第二步，填写个人信息。此时，用户在打开的页面中填写必要的信息，包括真实姓名、身份证号码、联系方式、身份证复印件及有效期、常用住址等，填写完成后，点击“下一步”，如图 2-14 所示。

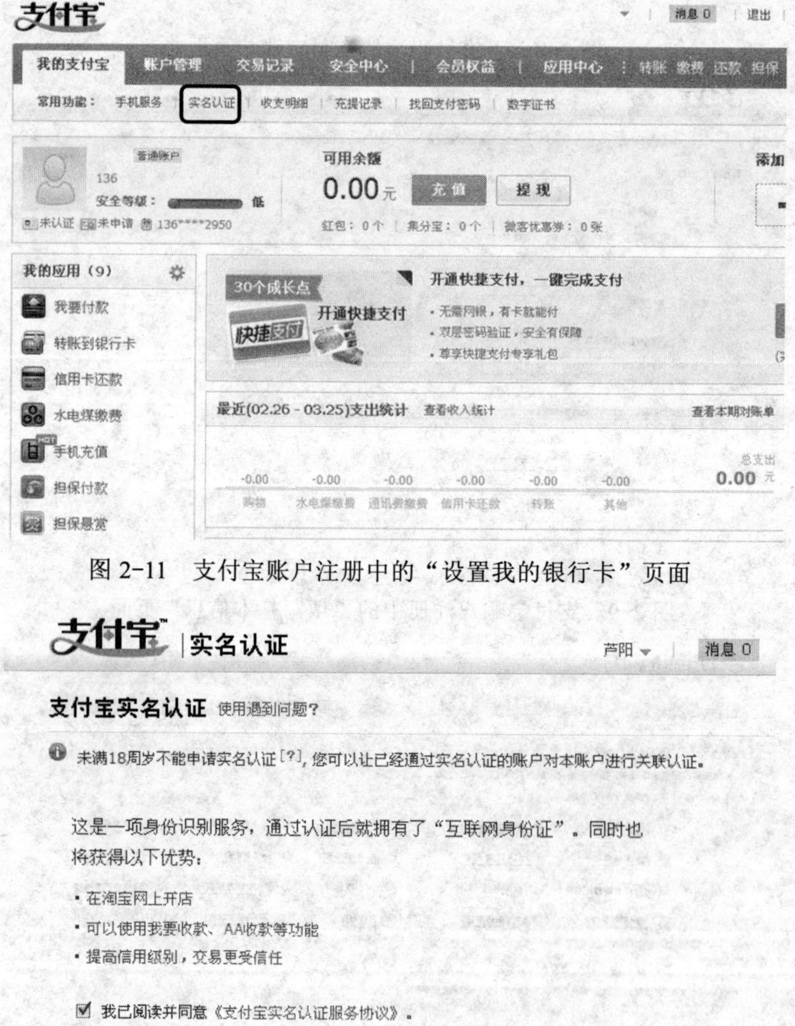

图 2-11　支付宝账户注册中的“设置我的银行卡”页面

图 2-12　支付宝实名认证申请页面

归属地区：中国大陆

快捷认证　个人用户

在线免费开通快捷支付服务，同时申请快捷认证。

什么是快捷支付？

网上购物时只需要一张银行卡，无需办理网银，输入支付宝支付密码即可完成付款。最安全、便捷、有保障的支付方式。

特点：

- 适用于个人用户
- 快捷支付开通成功即可申请快捷认证
- 快捷认证为实时认证，减少您等待的时间
- 无需开通网银，支持储蓄卡和信用卡

流程：（查看详细流程）

1、开通快捷支付

2、填写身份信息

3、核对正确，认证成功

支持银行：

中国工商银行　中国农业银行　中国建设银行　交通银行　招商银行　中国民生银行　中信银行　中国光大银行　深圳发展银行　兴业银行　广发银行　华夏银行　北京银行

查看更多银行

立即申请

银行汇款认证　个人用户 淘宝卖家 外部商家

特点：

- 适用于个人用户、淘宝卖家、外部商家
- 所需时间：1-3工作日
- 一次认证永不升级
- 无需开通网银，仅支持储蓄卡

流程：（查看详细流程）

1、填写身份信息和银行卡信息

2、支付宝向您的银行卡打款

3、登录支付宝输入打款金额

4、核对正确，认证成功

支持银行：

中国工商银行　招商银行　中国建设银行　中国农业银行　中国银行　广发银行　兴业银行　中国民生银行　深圳发展银行　浦发银行　交通银行　中信银行　杭州银行　中国邮政储蓄银行　中国光大银行

查看更多银行

立即申请

图 2-13　支付宝实名认证申请类型页面

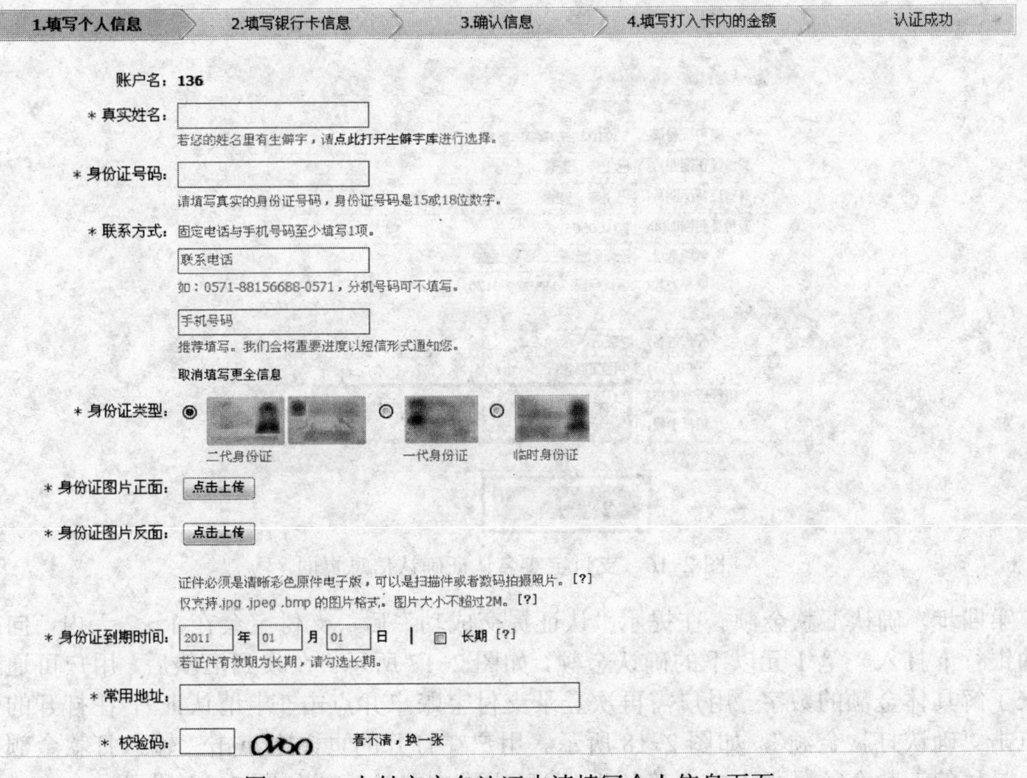

图 2-14　支付宝实名认证申请填写个人信息页面

第三步，填写银行卡信息。此时要求用户填写银行开户名、开户行和银行卡号，填写完成后，点击“下一步”，如图 2-15 所示。用户在确认所提交的信息准确无误后，点击“确认信息并提交”，如图 2-16 所示。

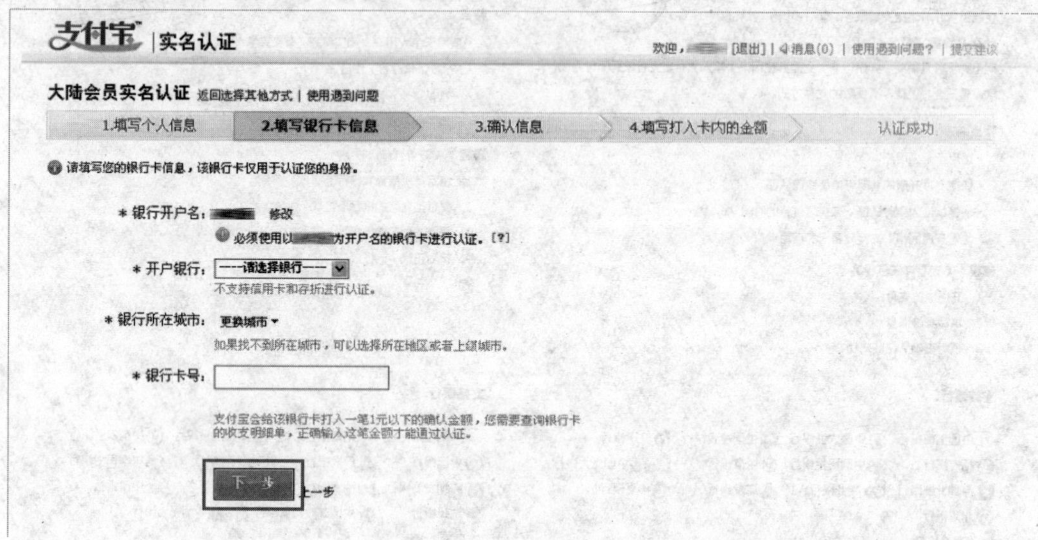

图 2-15　支付宝实名认证申请填写银行卡信息页面

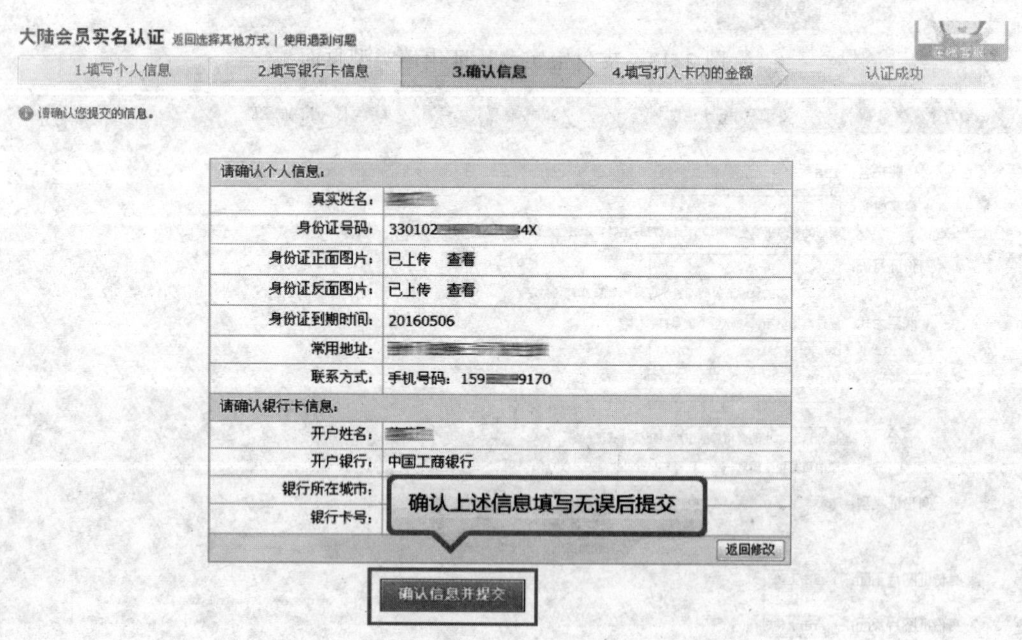

图 2-16　支付宝实名认证确认信息页面

第四步，确认汇款金额。在提示“认证提交成功”后，支付宝会在 1～2 天内，向所提交的银行卡打入一笔 1 元以下的确认金额，如图 2-17 所示。在收到汇款后，用户可通过查询来了解具体金额的数字。用户需再次登录支付宝账户并点击“申请认证”，在打开的页面中点击“确认打款金额”，如图 2-18 所示。用户在打开的页面中点击“输入打款金额”并输入具体的汇款金额，再点击“确认”，即可完成实名认证，如图 2-19 所示。

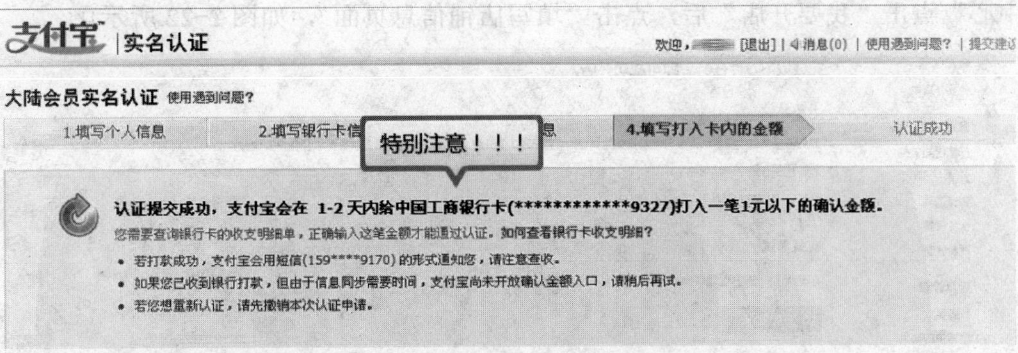

支付宝 | 实名认证
欢迎，[退出] | 消息(0) | 使用遇到问题？ | 提交建议
大陆会员实名认证 使用遇到问题？
1.填写个人信息
2.填写银行卡信
特别注意！！！
4.填写打入卡内的金额
认证成功
认证提交成功，支付宝会在 1-2 天内给中国工商银行卡(************9327)打入一笔1元以下的确认金额。
您需要查询银行卡的收支明细单，正确输入这笔金额才能通过认证。如何查看银行卡收支明细？
若打款成功，支付宝会用短信(159****9170)的形式通知您，请注意查收。
如果您已收到银行打款，但由于信息同步需要时间，支付宝尚未开放确认金额入口，请稍后再试。
若您想重新认证，请先撤销本次认证申请。

图 2-17　支付宝实名认证提交成功页面

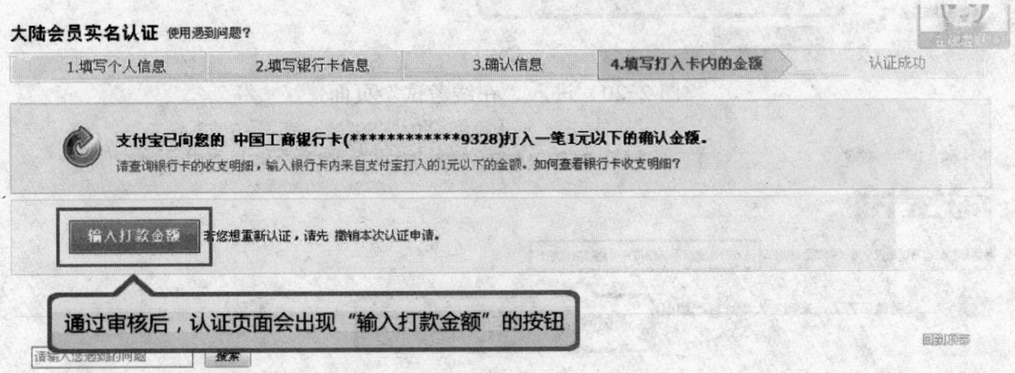

大陆会员实名认证 使用遇到问题？
1.填写个人信息
2.填写银行卡信息
3.确认信息
4.填写打入卡内的金额
认证成功
支付宝已向您的 中国工商银行卡(************9328)打入一笔1元以下的确认金额。
请查询银行卡的收支明细，输入银行卡内来自支付宝打入的1元以下的金额。如何查看银行卡收支明细？
输入打款金额
若您想重新认证，请先 撤销本次认证申请。
通过审核后，认证页面会出现“输入打款金额”的按钮
回到顶部

图 2-18　支付宝实名认证申请确认银行卡金额页面

大陆会员实名认证 使用遇到问题
1.填写个人信息
2.填写银行卡信息
3.确认信息
4.填写打入卡内的金额
认证成功
打款成功，请输入打款金额。
开户银行：中国工商银行
银行卡号：************9328
支付宝已于2011年09月28日向该银行卡打入一笔1元以下的确认金额，请查询银行卡的收支明细单。如何查看银行收支明细？
* 银行打款金额： 元 [?]
银行打款金额为0.01元-0.99元之间。
您有2次输入金额的机会。若两次输错后，需要更换银行卡重新认证。
确认
输入您收到1元以下的确认金额

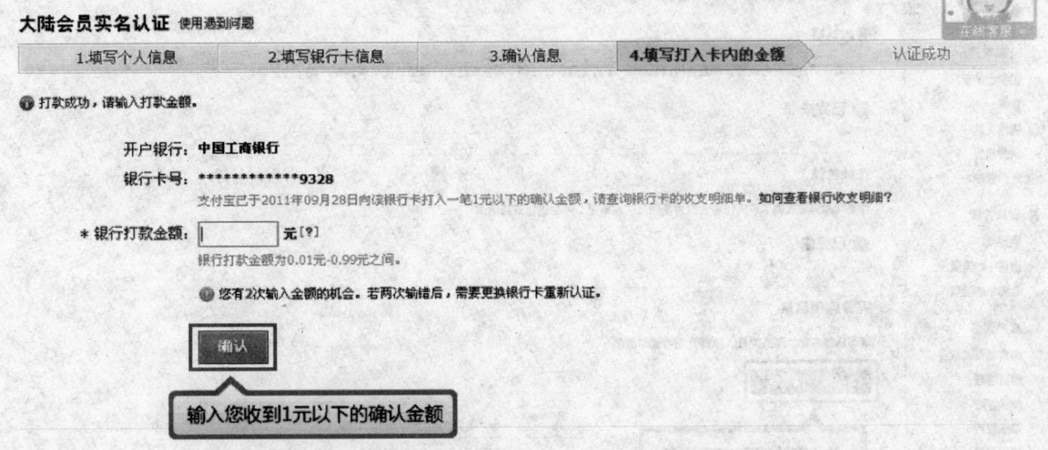

图 2-19　支付宝实名认证银行卡金额确认页面

4．网上店铺的开设

首先，登录淘宝网，进入“卖家中心”，点击“我要开店”后再点击“开始考试”，进入在线考试页面（该测试是为了使卖家了解目前店铺相关规则及开店注意事宜，考试分数达到 60 分则为通过考试），如图 2-20 所示。通过考试后，可以点击“请点击这里填写店铺信息，创建店铺吧！”如图 2-21 所示。然后，进入“填写店铺信息页面”，或者直接在“卖

家中心”点击“我要开店”后，点击“填写店铺信息页面”，如图 2-22 所示。

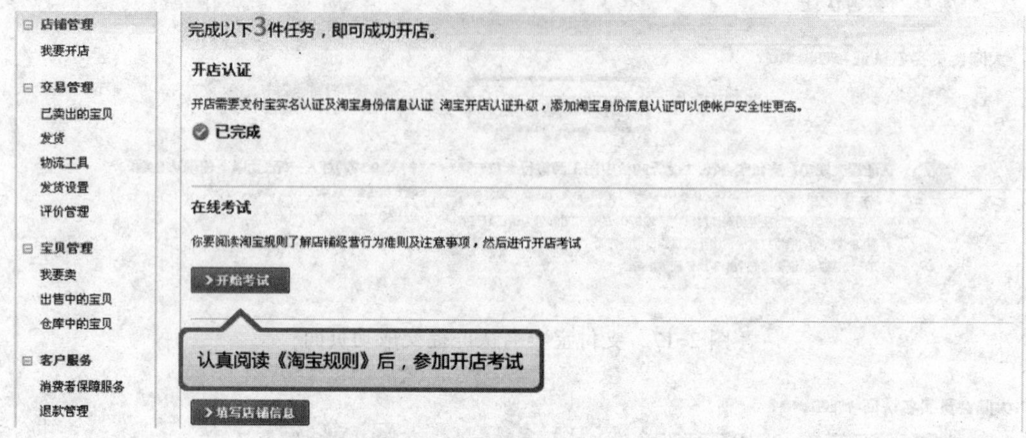

图 2-20 进入“在线考试”页面

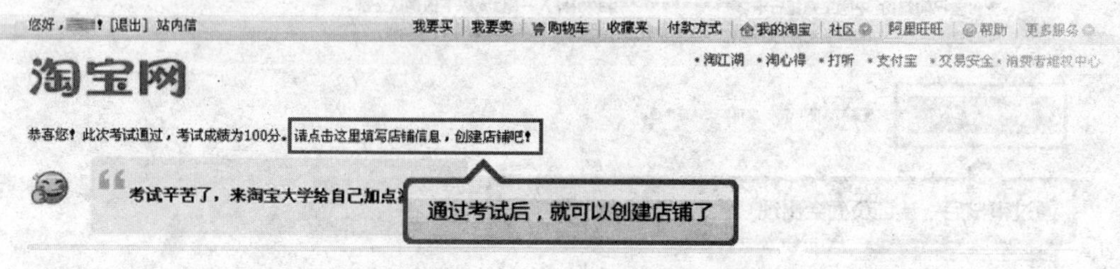

图 2-21 淘宝网通过免费开店考试页面

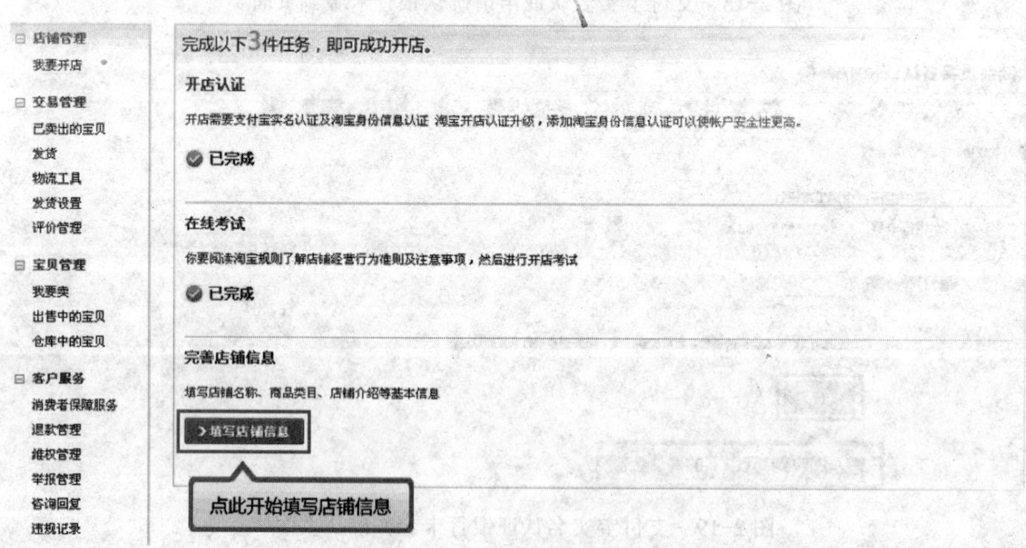

图 2-22 进入“填写店铺信息”页面

其次，进入“填写店铺信息”页面。此时，页面会出现“诚信经营承诺书”，待阅读 10 秒后，页面会显示“同意”和“不同意”字样，阅读完毕后点击“同意”，如图 2-23 所示。接下来，填写店铺信息，勾选同意遵守“商品发布规则”和“淘宝规则”及同意签署“消费者保证服务协议”，点击“保存”，如图 2-24 所示。

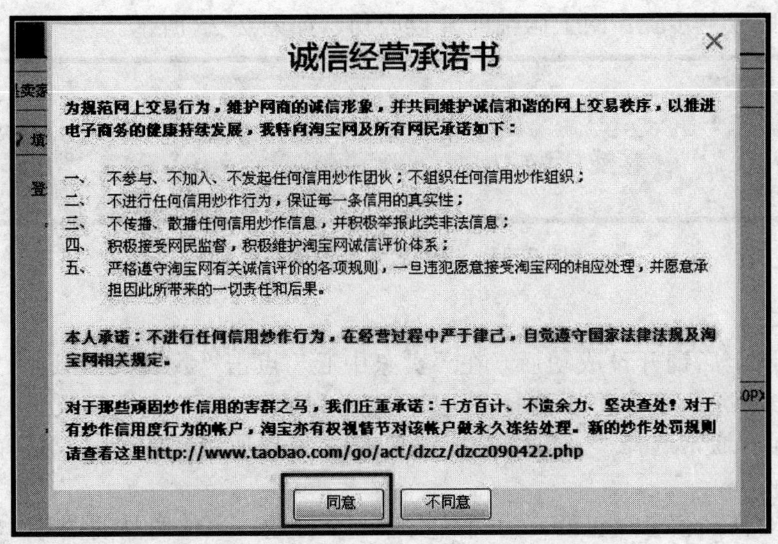

诚信经营承诺书

为规范网上交易行为，维护网商的诚信形象，并共同维护诚信和谐的网上交易秩序，以推进电子商务的健康持续发展，我特向淘宝网及所有网民承诺如下：

一、　不参与、不加入、不发起任何信用炒作团伙；不组织任何信用炒作组织；
二、　不进行任何信用炒作行为，保证每一条信用的真实性；
三、　不传播、散播任何信用炒作信息，并积极举报此类非法信息；
四、　积极接受网民监督，积极维护淘宝网诚信评价体系；
五、　严格遵守淘宝网有关诚信评价的各项规则，一旦违犯愿意接受淘宝网的相应处理，并愿意承担因此所带来的一切责任和后果。

本人承诺：不进行任何信用炒作行为，在经营过程中严于律己，自觉遵守国家法律法规及淘宝网相关规定。

对于那些顽固炒作信用的害群之马，我们庄重承诺：千方百计、不遗余力、坚决查处！对于有炒作信用度行为的帐户，淘宝亦有权视情节对该帐户做永久冻结处理。新的炒作处罚规则请查看这里http://www.taobao.com/go/act/dzcz/dzcz090422.php

同意　不同意

图 2-23　淘宝网“诚信经营承诺书”页面

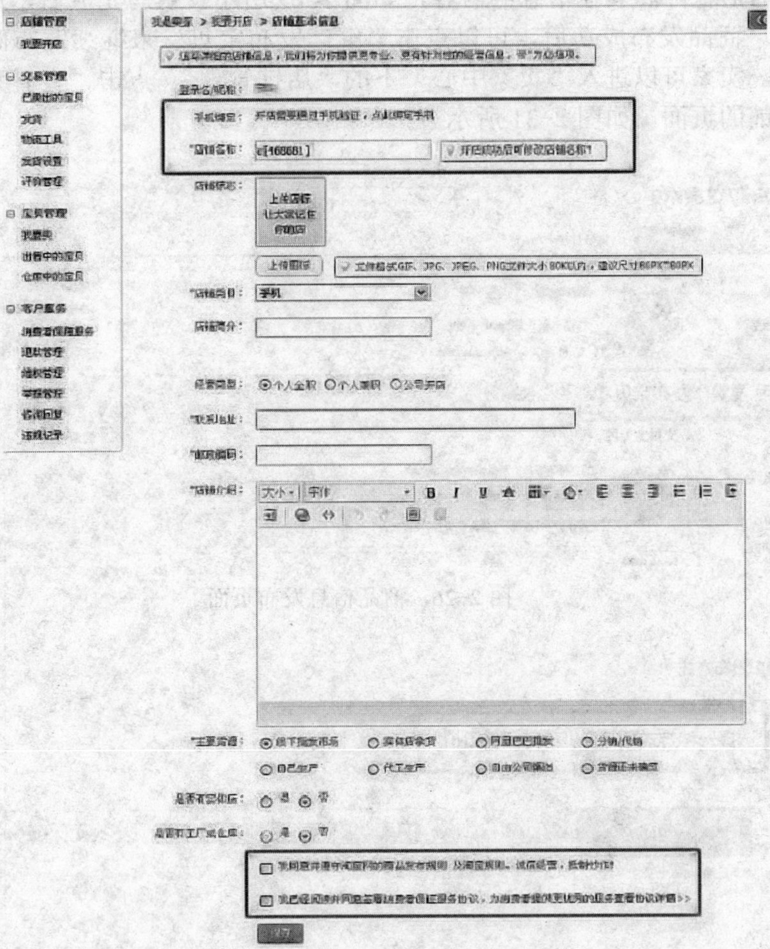

图 2-24　填写店铺信息页面

最后，完成以上步骤，网上店铺即开设成功，如图 2-25 所示。

图 2-25 网上店铺开设成功页面

5．商品上架

首先，在网上店铺开设成功后，在“卖家中心”点击“我要卖”，进入发布商品的页面，如图 2-26 所示。卖家可以选择“一口价”、“拍卖”或“个人闲置”三种发布方式，如图 2-27 所示（通常选择“一口价”发布方式）。根据所销售的商品，选择合适的类目，如图 2-28 所示。

其次，填写商品信息，包括：为商品设计一个标题，上传商品的图片，输入商品描述信息、数量、开始时间、有效期等，在“交易条件”区域输入商品的售价、所在地、运费、付款方式、售后保障和其他信息等内容，如图 2-29 所示。填写完成后，点击“发布”，来发布该商品。商品发布成功后，可以点击“继续发布宝贝”来继续发布商品，如图 2-30 所示。同时，卖家可以进入“卖家中心”下的“店铺管理”，点击“查看我的店铺”，即可看到网上店铺的页面，如图 2-31 所示。

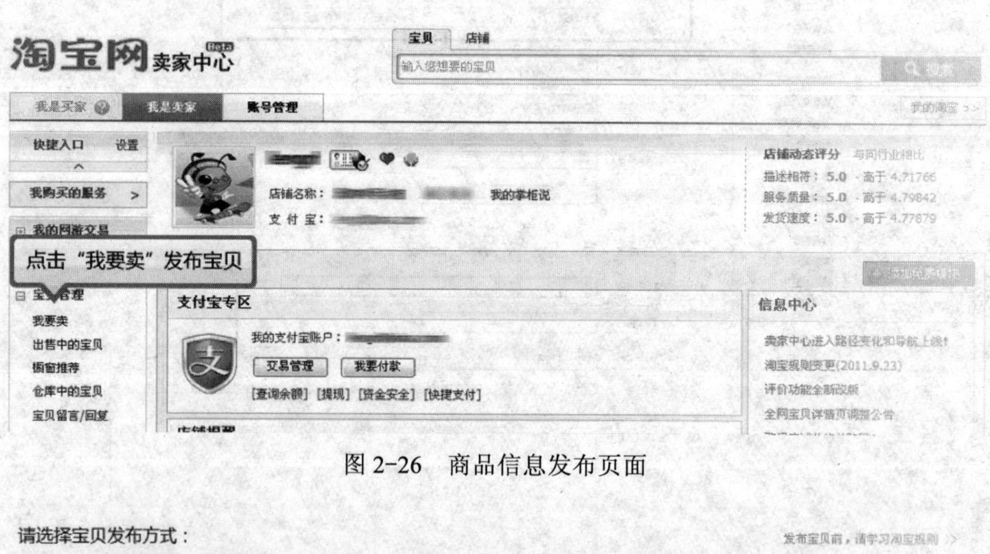

图 2-26 商品信息发布页面

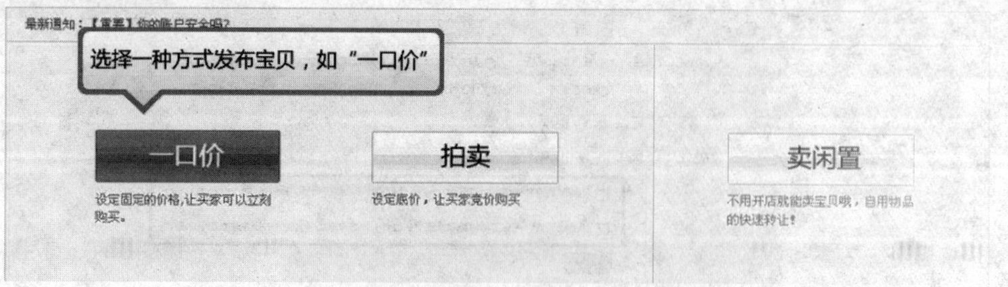

请选择宝贝发布方式：

选择一种方式发布宝贝，如“一口价”

一口价 拍卖 卖闲置

设定固定的价格，让买家可以立刻购买。

设定底价，让买家竞价购买

图 2-27 选择商品发布方式页面

淘宝网
宝贝　店铺
输入您想要的宝贝　搜索
一口价　拍卖　个人闲置
类目搜索：请输入宝贝名/货号，数码电器输入型号，书籍类输入ISBN号　快速找到类目
您最近使用的类目：请选择
游戏话费
腾讯QQ专区
网游装备/游戏币/帐号/代练
手机号码/套餐/增值业务
网络游戏点卡
移动/联通/电信充值中心
服装鞋包
女装/女士精品
男装
流行男鞋
女鞋
箱包皮具/热销女包/男包
女士内衣/男士内衣/家居服
输入名称/拼音首字母
B 半身裙
C 衬衫
D 短外套
大码女装
F 风衣
H 婚纱/旗袍/礼服
K 裤子
L 连衣裙
蕾丝衫/雪纺衫
M 马夹
毛衣
毛呢外套
输入名称/拼音首字母
23区
6T6
7SM/七色麻
7story
[dme]/德·玛纳
A A.D
A.G.S.D
AIKERL/艾可儿
ANDRINUO
ANNA LICE
ANNA PUCCI
ANNE KLEIN/安妮克莱因
您当前选择的是：女装/女士精品 > 半身裙 > ...
我已阅读以下规则，现在发布宝贝　利用宝贝模版发布

图 2-28　淘宝网的商品类目页面

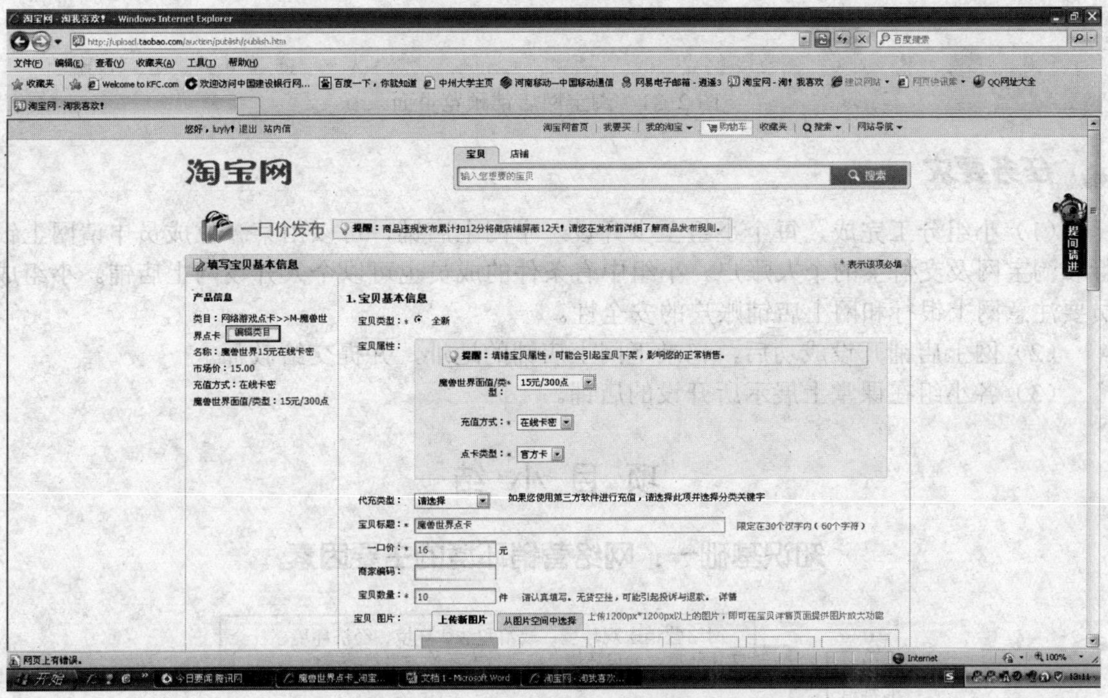

图 2-29　淘宝网的商品信息设置页面

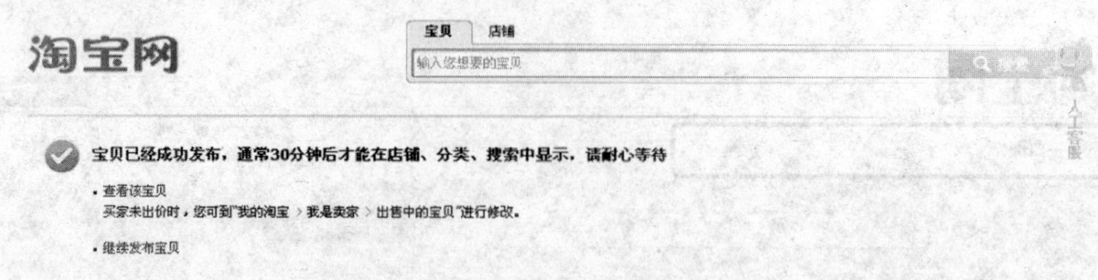

图 2-30 商品信息发布成功页面

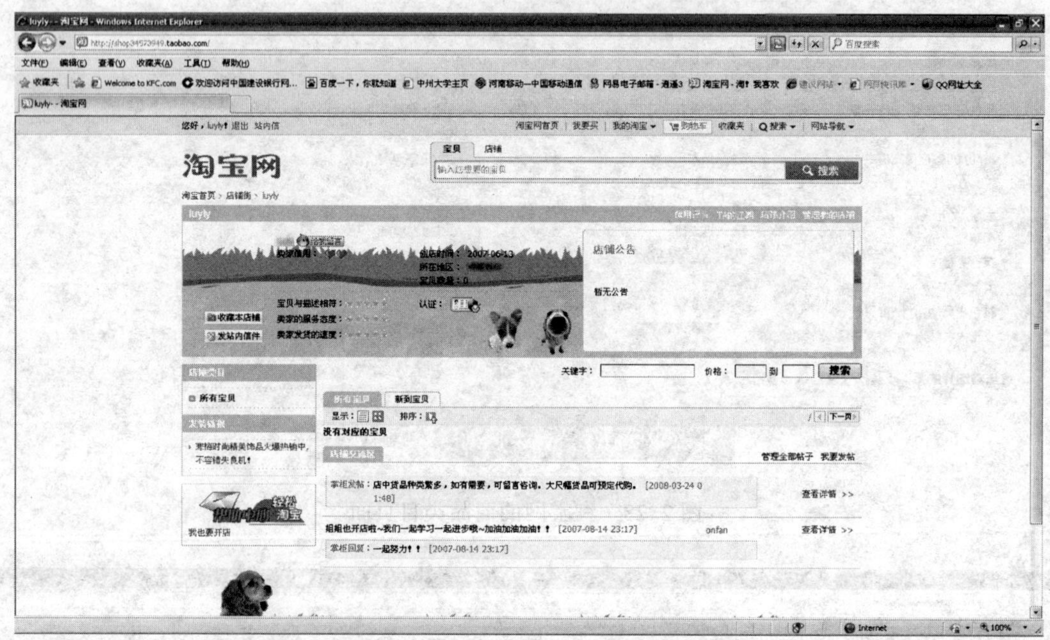

图 2-31 淘宝网店铺预览页面

任务要求

（1）小组分工完成，每个小组至少开设一个网上店铺，可以由某一位成员申请网上银行和淘宝网及支付宝的个人账户。小组中有条件的成员也可以个人开设网上店铺。小组成员要注意网上银行和网上店铺账户的安全性。

（2）网上店铺开设成功后，记录下网上店铺的地址，并提交给教师。

（3）各小组在课堂上展示所开设的店铺。

项 目 小 结

知识基础一：网络营销环境的主要因素

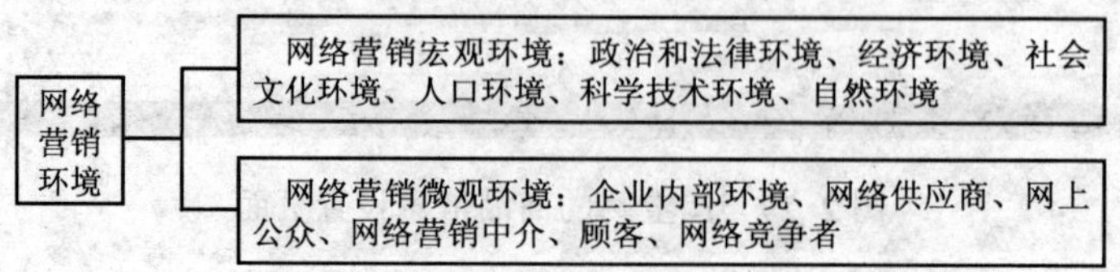

知识基础二：网络营销的支持条件

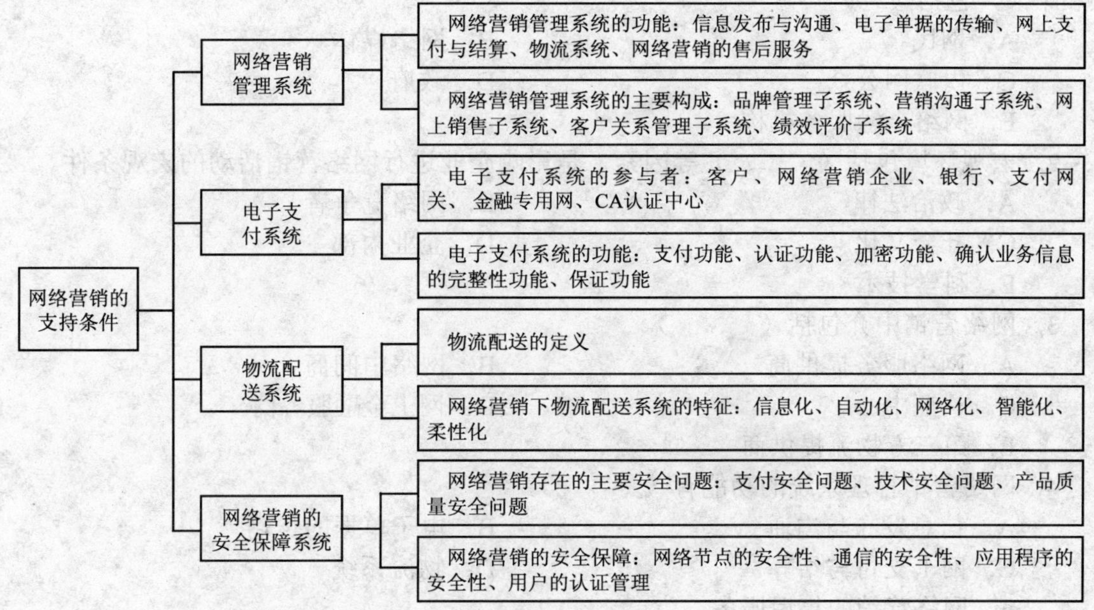

课后练习

一、单项选择题

1．企业的网络营销环境是指（　　）。

A．影响企业网络营销活动的各种因素

B．计算机的安全环境

C．企业的内部条件

D．网络交易环境

2．某跨国公司为了在中国市场开展网络营销，聘请中国员工担任中国区的高层管理者，这是由于他们考虑到了网络营销的（　　）环境。

A．政治法律　　B．网络经济　　C．社会文化　　D．科学技术

3．某公司的目标市场是低收入网民，故为网上销售的产品制订了较低的价格，此举是根据营销的（　　）环境。

A．政治法律　　B．经济　　C．社会文化　　D．科学技术

4．借助网络搜索引擎、电子邮件等开展网络营销活动的企业，重视（　　）对网络营销活动的影响。

A．政治法律　　B．经济环境　　C．社会文化　　D．科学技术

5．包括网上银行、风险投资公司在内的（　　）是网络营销企业的融资对象或投资人。

A．网络媒体　　B．内联网公众

C．网络金融服务机构　　D．网民

二、多项选择题

1．网上公众是指对网络营销企业实现其营销目标构成实际或潜在影响的任何团体、单位和个人，包括（　　）。

A．网民　　B．网络媒体
C．内联网公众　　D．政府
E．网络金融服务机构

2．宏观环境包括（　　）等因素，是影响企业进行网络营销活动的宏观条件。

A．政治法律　　B．网络竞争者
C．社会文化　　D．企业内部
E．科学技术

3．网络营销中介包括（　　）。

A．网络服务提供商　　B．网络中间商
C．认证中心　　D．网上金融服务商
E．第三方物流提供商

4．网络营销管理系统的功能有（　　）。

A．信息发布与沟通　　B．电子单据的传输
C．网上支付与结算　　D．物流系统
E．网络营销的售后服务

5．与传统市场竞争相比，网上竞争不仅包括产品和服务的质量、价格等，还包括（　　）。

A．网站界面设计的吸引力　　B．服务水平
C．物流的快捷性　　D．产品信息查询的方便性
E．网上支付的安全性

三、简答题

1．简述网络营销宏观环境和微观环境的内容。
2．网络营销系统应具备哪些功能？
3．电子支付系统在网络营销中起什么作用？
4．简述网络营销存在的主要安全问题及安全保障。

四、案例分析题

物流是企业竞争的工具

随着网络市场竞争的日趋激烈，网上零售业巨头亚马逊推出了创新、大胆的促销策略——为顾客提供免费的送货服务，并且不断降低免费送货服务的门槛。从 99 美元降到 49 美元，然后于 2002 年 8 月，亚马逊又将免费送货的门槛降低一半，开始对购物总价超过 25 美元的顾客实行免费送货服务，以此来促进销售业务的增长。免费送货极大地激发了人们的消费热情，使那些对电子商务心存疑虑、担心网上购物价格昂贵的网民们迅速加入亚马逊消费者的行列，从而使亚马逊的客户群规模迅速扩大，由此也促进了销售量的快速增长。“物流是企业竞争的工具”在亚马逊的经营实践中得到了最好的诠释。

【问题】除了免费送货，物流还能在哪些方面成为企业竞争的工具？

项目三　开展网络市场调研

知识目标

- 理解网络市场调研的特点
- 掌握网络市场调研的方法
- 掌握网络市场调研的步骤

实训目标

- 会使用网上调研问卷开展调研活动
- 会使用主要的网络间接调研方法搜集商务信息

问题导入

思科系统公司的网络调研

思科系统公司是全球领先的互联网解决方案供应商。2010年，为了了解用户对思科系统公司网站的认可、接受和访问状况，思科系统公司在其网站首页最引人注意的位置展示了邀请访问者参与问卷调研的图片，访问者可直接点击进入调研页面。在调研问卷中，思科系统公司主要向访问者询问了其访问思科系统公司网站的频率，得知思科系统公司网站的途径，访问思科系统公司网站的主要目的，对在思科系统公司网站上查找具体信息的体验的描述，对思科系统公司网站的设计和外观及内容的数量、质量、覆盖面、条理性、导航的便利性的评价等问题，从中了解到访问者的来源、需求和目的以及访问者对网站（包括内容）的评价。据此，思科系统公司就能更准确地把握信息的传播途径、网站的接受程度、网站内容是否有待提高或者是否需要整理等方面的信息。这些信息对思科系统公司了解访问者的信息以及如何改善网站的质量、是否提供客户需要而原来网站上又缺少的信息、如何选择广告的最佳传播途径和如何更好地建设网站等都具有积极的作用。

【问题】

（1）思科系统公司的调研活动与传统调研活动相比有哪些特点？

（2）这种调研活动对于企业收集目标市场的信息有何重要意义？

【点评】思科系统公司通过网络调研问卷的方式对网站访问者进行调研，这是传统的纸质问卷几乎无法操作的工作，充分体现了网络调研的优势。企业的网络营销决策必须建立在全面、准确的数据资料的基础上，而网络调研则是企业科学搜集资料的重要手段。

任务一　参与网络市场调研活动

知识基础　网络市场调研的基本理论

完成本任务所需要的知识基础包括网络市场调研的含义、网络市场调研的特点等。

传统的市场调研是指以科学的方法，系统地、有目的地搜集、整理、分析和研究所有与市场有关的信息的工作。市场调研的重点是把握有关消费者的需求、购买动机和购买行为等方面的信息，从而掌握市场现状和发展态势，有针对性地制订营销策略，以提高营销效益。作为一种崭新的沟通媒体，互联网以其方便、即时的交互功能，使传统的市场调研发生了重要的改变，网络市场调研随之产生。

一、网络市场调研的含义

网络市场调研，又称网上市场调研或网上调研（Internet Survey，IS），是指在互联网上针对特定营销环境进行调研设计、收集资料和初步分析的活动。

企业利用各种网上市场调研的方式、方法，系统地收集有关市场营销的数据和资料，研究市场需求情况、消费者购买行为、营销因素、宏观环境及竞争对手情况等有关问题，为企业的网上营销决策提供数据支持和分析依据。

网上调研的适用范围很广，其不仅在企业中得到了广泛的应用，同时也被政府机构及其他社会团体用来开展非营利性的调查研究项目。

二、网络市场调研与传统市场调研的比较

网络的普及使得企业对网络市场调研越来越重视。尽管都属于市场调研，但受互联网自身特点的影响，网络市场调研有别于传统市场调研，见表 3-1。

表 3-1　网络市场调研与传统市场调研的比较

比较项目	网络市场调研	传统市场调研
调研费用	较低。主要是设计费和数据处理费，每份问卷所要支付的费用几乎为零	昂贵。包括：问卷的设计、印刷、发放、回收的费用，聘请和培训访问员的费用，录入调研结果的费用，专业公司对问卷进行统计分析的费用等
调研范围	全国乃至全世界，样本数量庞大	受成本限制，调研地区和样本的数量均有限
运作速度	很快。只需搭建平台，数据库可自动生成，几天就可能得出有意义的结论	较慢。至少需要 2～6 个月才能得出结论
调研的时效性	全天候进行	对不同的被访问者进行访问的时间不同
被访问者的便利性	非常便利。被访问者可自由决定回答问卷的时间、地点	不太方便。一般要在访问地点现场进行
调研结果的可信性	相对真实可信	一般由督导对问卷进行审核。措施严格，可信度高
适用性	适合长期的大样本调研，以及要迅速得出结论的调研	适合面对面地深度访谈，食品类等产品调研需要对受访者进行感官测试

三、网络市场调研的特点

网络市场调研利用了互联网的开放性、自由性、平等性、广泛性和直接性等特点，有效地使调研者与被调研者进行信息沟通和交流。与传统市场调研相比，网络市场调研具有以下 5 个方面的特征：

1．及时性和共享性

在现代信息技术的支持下，网络市场调研较好地解决了传统市场调研方法所得的调研

结果时效性差的问题。只要轻点鼠标，世界任何一个角落的用户都可以参与调研活动，从用户输入信息到企业接收信息，只不过数秒钟的时间。同时，调研者利用软件对数据进行处理，很快就可以得出调研结果。网络市场调研允许被调研者查看调研结果，这样加强了被调研者的参与感，实现了信息的共享。

例如，中国建设银行在其网站主页上开设了“网上调查”，任何网民都可以参与投票，投票后单击“查看”按钮即可查看到目前为止的阶段性调研结果，如图 3-1 和图 3-2 所示。

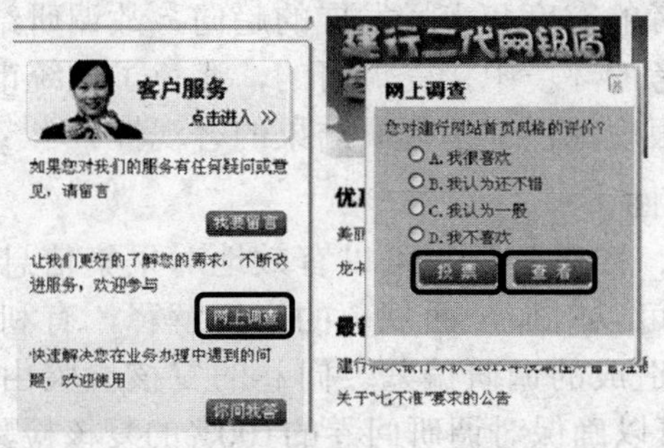

图 3-1　中国建设银行网上调查样例

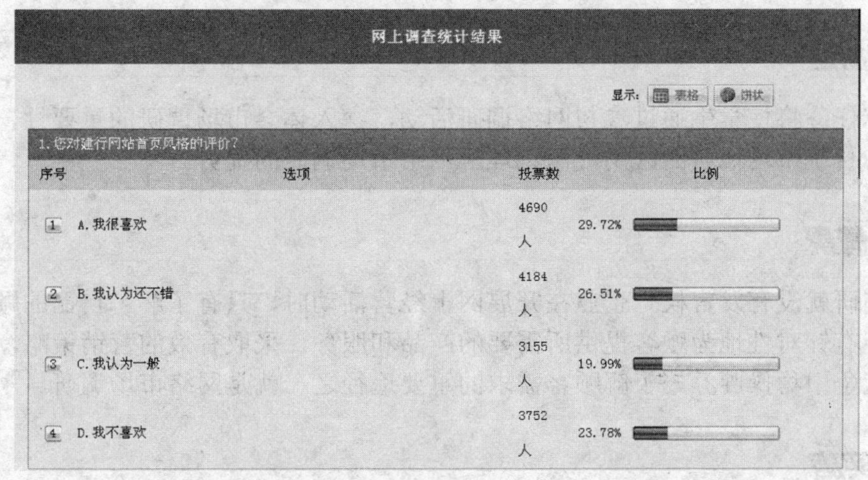
网上调查统计结果

显示：表格　饼状

1.您对建行网站首页风格的评价？

序号	选项	投票数	比例
1	A.我很喜欢	4690人	29.72%
2	B.我认为还不错	4184人	26.51%
3	C.我认为一般	3155人	19.99%
4	D.我不喜欢	3752人	23.78%

图 3-2　中国建设银行网上调查的阶段性结果显示

2．便捷性和低成本

互联网是一个全天候、开放性的网络，用户可以在任何方便的时间和地点参与调研，不受地域制约和时间限制，参与调研的便捷性非常高。

在开展网络市场调研的过程中，企业不需要派出调研人员，也不受天气和调研范围的限制；不需要印刷调研问卷，也无需派人值守。调研过程中最繁重、最关键的信息搜集和录入工作将分布到众多网上用户的终端上通过软件来完成，这样节省了大量的人力、财力和物力，调研成本较低。

3．交互性和充分性

在网上进行市场调研时，访问者可以通过 BBS、新闻组、电子邮件、即时通信等方法及时就相关问题提出自己的看法和建议，以减少因问卷设计不合理而导致的调研结论出现偏差等问题。访问者还可以在网上自由、充分地表达自己的看法，不受时间的限制，而企业则以同样的方式对访问者的意见做出及时反馈。

4．调研结果可靠、客观、真实

企业站点的访问者一般都对企业或其产品有一定的兴趣，这种基于顾客和潜在顾客的调研结果是相对客观和真实的。被调研者是在完全自愿的条件下参与调研的，故调研结果能在很大程度上反映消费者的态度和市场发展的趋向，故调研结果的可靠性较高。同时，被调研者是在完全独立思考的环境中接受调研的，避免了传统市场调研中人为因素所导致的调研结论的偏差，最大限度地保证了调研结果的客观性。

5．可检验性和可控制性

利用互联网进行调研、搜集信息，可以有效地对采集信息的质量实施系统的检验和控制。网络市场调研问卷可以附加全面规范的指标解释，有利于消除因对指标理解不清或调研员解释口径不一而造成的调研偏差。问卷的复核检验由计算机依据设定的检验条件和控制措施自动实施，可以确保对调研问卷的100%的复核检验，从而保证检验与控制的客观公正性。利用对被调研者采用的身份验证技术可以有效地防止信息采集过程中的舞弊行为。

任务描述

本工作任务将使学生通过参与网络调研活动，深入体会市场调研的重要性，分析网络市场调研与传统市场调研的区别，深刻理解网络市场调研的优势。

任务情景

没有调研就没有发言权！企业在开展网上经营活动时，只有了解了自己的顾客和竞争对手，才能有针对性地为顾客提供所需要的产品和服务，采取有效的营销策略，从而在网上的市场竞争中稳操胜券。了解顾客需求的重要途径之一就是网络市场调研。

任务实施

1．参与网上的调研活动

利用搜索引擎，查找与自己的网上店铺经营产品和服务相关的网络市场调研问卷，阅读、填写并提交问卷，感受网络调研的特点。

2．网上调研案例分析

在网上收集网络市场调研的案例，结合在传统市场上参与调研活动的感受，将二者进行对比分析，体会网络市场调研的优势和劣势。

任务要求

（1）小组分工完成，每个小组收集 1～2 个调研案例并进行比较分析。

（2）将案例资料和分析结果制作成 PPT，在课堂上进行讲解和讨论。

任务二　设计网络市场调研问卷

知识基础　网络市场调研的方法

完成本任务所需要的知识基础包括网络直接调研方法和网络间接调研方法。

一、网络直接调研

网络直接调研是指调研者利用互联网直接采取问卷调研、专家访谈、观察等方式收集一手资料。

1. 网络直接调研的分类

（1）按采用网络调研方法的不同分类　按照采用调研方法的不同，网络直接调研可以分为网上问卷调研法、网上讨论法和网上观察法。其中常用的是网上问卷调研法。

网上讨论法是小组讨论法在互联网上的应用。网上讨论法可以通过多种途径实现，比如 BBS、新闻组、网络实时交谈（IRC）、网络会议（Net-meeting）等。主持人在相应的讨论组中发布调研项目，邀请被调研者参与讨论并发表观点和意见。调研结果需要主持人加以总结和分析，其对信息收集和数据处理的模式设计要求很高且难度较大。

网上观察法是对网站的访问情况和网络消费者的网上行为进行观察和监测的方法。采用该方法的代表性企业是法国的 Net Vlaue 公司，其重点对网络用户的网上行为进行监测，称得上是“基于互联网用户的全景测量”。

应用实例

Net Vlaue 的全景测量

Net Vlaue 全景测量的独特之处在于：一般的网上观察是基于网站的，通过网站的计数器来了解访问量和停留时间等信息；而 Net Vlaue 的测量则是基于用户的，它可以全面了解网站和用户的情况。Net Vlaue 首先通过大量的“计算机辅助电话调查（CATI）”获得用户的基本人口统计资料，然后从中抽取样本，寻找自愿接受测试的用户，下载软件到用户的计算机中，由此记录被测试用户的全部网上行为。它不仅记录了用户访问的网站，而且还记录了用户上传和下载软件、收发电子邮件等全部网上行为，因此，被称为“基于互联网用户的全景测量”。

【问题】在采用网上观察法进行调研时需要注意什么？

动手动脑

比较网上问卷调研法、网上讨论法、网上观察法的优点和缺点，填写表 3-2。

表 3-2　网络直接调研方法的比较汇总表

方　法	优　点	缺　点
网上问卷调研法		
网上讨论法		
网上观察法		

（2）按调研者组织调研样本的行为分类　按照调研者组织调研样本的行为的不同，网络直接调研可以分为主动调研法和被动调研法。主动调研法是调研者主动组织调研样本，完成统计调研的方法；被动调研法是调研者被动地等待调研样本的造访，完成统计调研的方法。

（3）按网上调研采用的技术分类　按网上调研采用的技术的不同，网络直接调研可以分为网络站点法、电子邮件法、随机 IP 法和视讯会议法等。

网络站点法是将调研问卷的 HTML 文件附加在一个或几个网站的网页上，由浏览这些站点的网上用户在此网页上回答调研问题的方法。网络站点法属于被动调研法，是网络直接调研的基本方法。

电子邮件法是采用给被调研者发送电子邮件的形式，将调研问卷发给一些特定的网上用户，由用户填写后以电子邮件的形式再反馈给调研者的调研方法。电子邮件法属于主动调研法。与传统邮件法相比，电子邮件法的传送效率大大地提高。

随机 IP 法是以产生一批随机 IP 地址作为抽样样本的调研方法。随机 IP 法属于主动调研法，其理论基础是随机抽样。

视讯会议法是基于 Web 的计算机辅助访问（Computer Assisted Web Interviewing，CAWI），它是将分散在不同地域的被调研者利用互联网视讯会议功能虚拟地组织起来，在主持人的引导下讨论调研问题的调研方法。

（4）按被调研者有无意识到调研的行为分类　按被调研者有无意识到调研的行为，网络直接调研可分为网上民意测验和网络跟踪。网上民意测验是在被调研者有意识下进行的调研活动；不同于网络民意调研，通过网络跟踪器进行的调研是在被调研者无意识下进行的，即在被调研者不知情的情况下搜集数据信息的方法。

应用实例

Double Click 的网络跟踪器

全球最大的在线广告网络 Double Click，利用网络跟踪器在网络上跟踪用户，了解用户浏览网页的习惯和爱好。当用户访问其中任何一个网站时，Double Click 会在用户的计算机上放置一个 Cookie 文件。Cookie 文件可以存储关于用户爱好、购买记录、浏览过的网站、浏览过的网页、经常浏览的网页和曾经点击过的广告等信息，甚至将跟踪客户的在线数据与客户的个人信息联系起来，包括住址、年龄、性别、收入等。

【问题】通过网络跟踪器进行调研会不会产生法律纠纷？

2．网上问卷调研法

网上问卷调研法是目前最为常见的一种网络直接调研方法。网上问卷调研法是将调研问卷在网上发布，被调研者通过网络填写问卷、完成调研的一种方法。合理设计调研问卷、选择恰当的问卷发布方式是提高问卷反馈率、保证调研效果的重要手段。

（1）网上调研问卷的组成　调研问卷一般由问卷标题、问卷说明或卷首语、问卷题目和备选项、结束语 4 个部分组成。问卷标题概括地说明调研主题，使被访者对所要回答的问题有一个大致的了解。问卷标题要简明扼要，但又必须点明调研对象或调研主题。问卷说明一般在卷首，主要说明调研意义、内容和选择方式等，以消除被调研者的紧张和顾虑。问卷说明要言简意赅、亲切又不随便。问卷题目及备选项答案是指按照调研设计逐步逐项列出调研的问题，其是调研问卷的主体部分。结束语可以包括对被调研者的感谢或者关于给予被调研者奖励的说明等内容。

动手动脑

调研问卷的卷首语应当如何设计？请以"大学生手机消费状况调研问卷"为主题，设计合适的卷首语。

（2）网上调研问卷的设计　在开展网上问卷调研时，问卷设计的质量直接影响调研的效果。一份高质量的网上调研问卷应当能够满足以下6点：

第一，调研问卷的主题明确，重点突出。调研问卷的开始部分应生动清晰地向被调研者介绍调研目的，以吸引潜在的被调研者的注意，争取他们参与问卷调研。调研问卷开始部分的内容介绍还应包括完成答卷的相关指示和整个过程所需的时间。另外，调研问卷上的每个问题都必须与主题相关，并且使所有被访者对此问题都有同样的理解。每个问题的答案应该是企业需要的，而不一定是企业喜欢的。

第二，调研问卷的问题具有逻辑性。一般来说，一份网上调研问卷的问题分为两大部分，即被调研者的个人资料部分和与调研主题相关的部分。这两部分的前后顺序没有特定要求，但是这两部分的问题不能交叉，它们应当按照所属的部分从逻辑上进行区分。在被调研者的个人资料部分，应当设计能够帮助调研者获得被调研者基本信息的问题，比如性别、年龄、职业、收入等，这样有助于调研者准确锁定目标市场；在与调研主题相关的部分，应当按照由易到难、由浅入深的顺序设计问题，较简单的问题排在前边，思考性的问题放在中间，敏感性的问题放在最后，这样的排列顺序符合人的逻辑思维。当把这些问题按顺序排列完后，问卷设计人员重新思考每一个问题的必要性，并且力求将问题精简化。问题的数量要适中，一般以被调研者在5分钟内完成问卷为宜。

第三，调研问卷的问题提问形式合理。调研问卷中的问题的提问形式主要有两种，一种是封闭式提问，即问卷设计人员罗列出所有可能的答案选项，被调研者只能从中选择答案，这样的问题有利于统计，但其局限性是无法获知同一问题的其他信息。在封闭式问题的备选项设计中，问卷设计人员可以采用两项选择法（二选一）、多项选一项法（一个问题有多个答案，但只能选择一个答案）、多项选多项法（一个问题有多个答案，可以选择超过一个的答案）、程度评定法（对提出的问题给出不同程度的答案，被调查者从中选择一个自己认同的程度作为答案）、语意差别法（语意相反或者递进式的表达，让被调研者选择一个）以及递进应答法（后一个问题和前一个问题有一定的关联性）等方式。另一种是开放式提问，即提出的问题没有明确的答案，被调研者根据自己的情况自由回答，这样的问题能够给调研者提供大量、丰富的信息，但是答案不统一且难以统计。网上调研问卷的问题应尽量采用封闭式提问，以减少被调研者的信息输入量，以免被调查者厌烦，同时也便于信息的搜集和整理。

第四，合理答谢被调研者。在问卷中要对被调研者进行感谢，也可以以有奖问卷的形式提高网民参与调研活动的积极性（见图 3-3），但奖项设置要合理。奖品过小，对被调研者难以产生激励作用；奖品过大，就会吸引一些网民为获得奖品而参与调研，这样不仅会降低调研结果的可靠性，也会造成调研费用过大。

图 3-3 艾瑞调研社区参与调研的报酬

第五，调研问卷中的语言要规范、礼貌，表达准确。一方面，对于被调研者来说，礼貌的语言能够提升其对调研者的好感，故在问卷中，问卷设计人员应当使用各种礼貌用语，比如“您”；同时，向被调研者参与调研活动表示感谢，比如“感谢您的参与”等。另一方面，被调研者能否准确理解问题并且做出客观的回答，在很大程度上取决于调研问卷中的问题能否表达得清楚明了，这就要求问卷设计人员在设计调研问卷时必须注意用词的合理性和准确性，不能使用带有诱导性的词语引导被调研者的回答，也要避免语义模糊或有歧义的表述。在设计问题时，问卷设计人员还应避免使用专业术语。

阅读资料

不要给被调研者出难题

要想让网上调研问卷完成其搜集信息的目的，应该让被访者轻松理解问题的意思，愿意如实回答且认真提供确切信息，不应该让被调研者感觉这是“难”题。难题的类型包括：一是有可能被调研者不理解或误解了意思的问题，比如包含专业术语、复杂的长句、有语病等的问题。二是被调研者不愿回答或不愿真实回答的问题，比如包含年龄、收入、个人联系方式等的问题。三是被调研者无法提供确切信息的问题，比如使用程度副词或有模棱两可的表示的问题。四是超过被调研者个人能力的问题，比如包含对某个行业发展态势的判断等的问题。

动手动脑

指出下列问题的不合理之处，并进行改正：

（1）您通常喜欢选购什么样的鞋？

（2）您对××产品的价格和服务质量是否满意？

（3）请问您是否使用过 VCD 2.0 版本技术？

（4）××品牌的旅游鞋质优价廉，您是否准备选购？

（5）如果××晚报价格涨至 2 元，您是否将选择另一种未涨价的报纸？

（6）你经常上网吗？

第六，注重保护个人隐私。每个网络用户对个人信息都有不同程度的自我保护意识。

如果调研问卷中包含一些被调研者不愿意透露的个人信息，被调研者可能会拒绝回答。为保护个人隐私、提高被调研者参与的积极性，在开展网上调研时，调研者应及时公布保护个人隐私的声明；在调研问卷中尽可能避免涉及被调研者隐私的敏感问题，比如住址、家庭电话、身份证号码等。

（3）网上调研问卷的发布　网上调研问卷的发布是指将设计好的问卷通过一定的方式在网上发布，让被调研者了解并参与调研。常见的网上调研问卷的发布方式有以下4种：

第一，网站（页）问卷调研，即将设计好的问卷直接放在网站的某个网页上。网站（页）问卷调研发布的方式有两种：一是在网站上设置调研问卷的链接，被调研者通过点击链接进入问卷页面，并完成调研问卷的填写；二是将调研问卷的链接以电子邮件的形式发送给被调研者以邀请其参加调研活动，而被调研者点击该链接即可打开问卷所在的网页。

第二，电子邮件调研，即将问卷直接发送到被调研者的电子邮箱中，以吸引被调研者的注意和兴趣，使其主动参与调研。这需要调研者收集目标群体的电子邮件地址作为抽样样本，其类似于传统调研中的邮寄问卷调研。电子邮件调研覆盖面广，是网络调研中最快、最简单的方法。其不足之处主要有两个方面，一是问卷以平面文本格式为主，无法实现跳答、随机化、错答检查等较为复杂的设计；二是调研的质量在很大程度上取决于抽样的完备性和问卷回收率。

第三，弹出式调研（Pop-up），即调研者在网站上设计一个弹出窗口，当网络消费者访问网站时，就会弹出此窗口，请网络消费者参与网上调研。如果网络消费者有兴趣参与，点击该窗口中的“是”，则会出现一个问卷的新窗口，网络消费者完成问卷后即可在线提交。调研者在网站上安装抽样软件，按一定的抽样方法自动地抽取被访者，类似于传统调研中的拦截式调研。“拦截”依据则是“访问”而不是“访问者”，经常访问者被拦截抽中的可能性要大于偶尔访问者。为了保证一个访问者最多只能填写一次问卷，调研者常采用跟踪文件（cookie）的方式进行控制。

第四，讨论组调研，即在相应的讨论组中发布问卷信息或调研题目，邀请访问者参与调研。此方法与E-mail调研方法较为类似。该方法调研费用低，属于主动型调研。在指向Web网站上的问卷在新闻组和公告栏上发布时，调研者应注意网上行为规范，调研的内容应与讨论组主题相关，以免引起被调研者的反感甚至抵制。

二、网络间接调研

网络间接调研主要指调研者利用互联网收集与企业经营有关的二手信息资料。这些信息资料是由他人收集、整理的，是关于市场、竞争者、消费者以及宏观环境等方面的信息。网络间接调研一般是通过搜索引擎来搜索有关的网页信息的，调研者再根据这些信息进一步查找所需资料。

1. 网络间接调研的方法

（1）利用搜索引擎收集资料　搜索引擎（Search Engine）是指根据一定的策略、运用特定的计算机程序搜集互联网上的信息，在对信息进行组织和处理后，为用户提供检索服务的系统。搜索引擎是在互联网上获取信息的重要工具，是互联网的主要应用之一。

阅读资料

搜索引擎的使用

从使用者的角度看，搜索引擎提供了一个包含搜索框的页面。使用者在搜索框中输入关键词、通过浏览器提交给搜索引擎后，搜索引擎就会返回与用户输入的关键词相关的内容信息列表。

首先，确定关键词。关键词是搜索的开始。在大多数情况下，关键词选择方向的偏差是找不到所需信息的主要原因。学会从复杂的搜索意图中提炼出最具代表性和指示性的关键词对提高搜索效率至关重要。搜索关键词的选择关键是明确搜索目标，即要找的对象，也就是网站、网页还是产品、服务信息或其他。

其次，细化搜索条件。搜索条件越具体，搜索引擎返回的结果也会越精确。搜索引擎支持多个关键词搜索和附加逻辑命令的搜索，使用者应当合理利用这些搜索规则。

再次，使用特殊搜索命令。搜索引擎提供了特殊搜索命令，比如标题搜索、网站搜索等，使用者可以根据需要来使用。

使用搜索引擎来查询信息越来越便捷、有效。应当注意的是，在使用搜索引擎时，使用者应根据查询的是中文信息还是外文信息来选择对应的中文搜索引擎或外文搜索引擎，以便更快捷有效地查询到所需信息。常用的中文搜索引擎有百度（www.baidu.com）、搜狗（www.sogou.com）、新浪爱问（www.iask.com）等。比如在百度搜索引擎的主页输入关键词“网络购物”，就可以搜索到与这一主题相关的网站和信息，如图 3-4 所示。常用的英文搜索引擎有 Yahoo（www.yahoo.com）、Live（www.live.com）、Search Mash（www.searchmash.com）、ASK（www.ask.com）等。

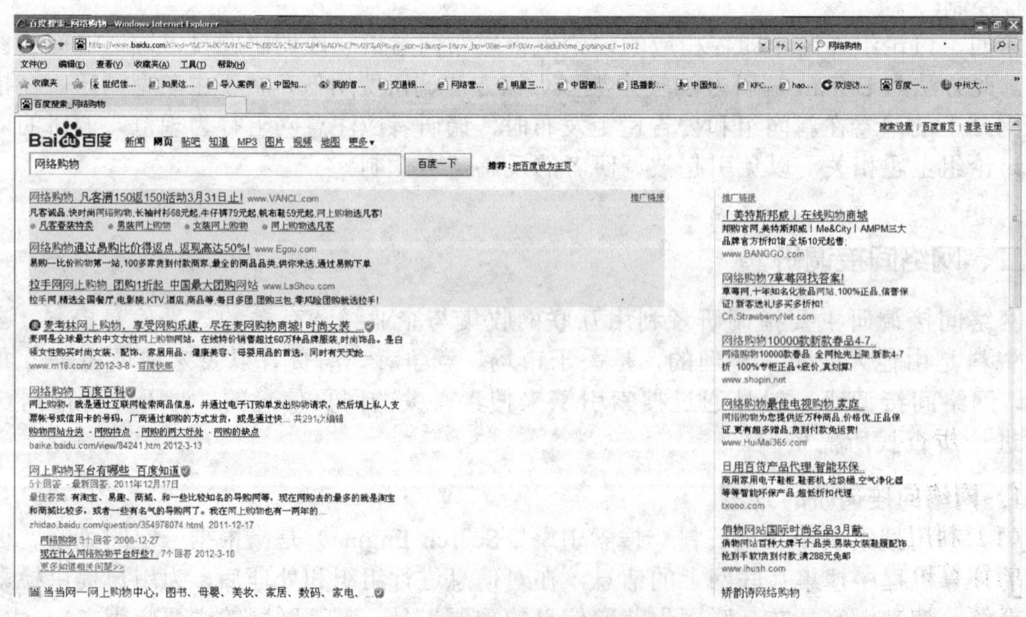

图 3-4　利用百度搜索引擎进行信息搜索

✍ 动手动脑

使用搜索引擎搜集商务信息。首先，选择搜索引擎。分别打开百度、搜狗的搜索页面，选择某些关键词进行搜索。其次，比较各搜索引擎的差异。分别在以上两个搜索引擎中，用“汽车市场”这一关键词进行搜索，记录搜索结果数量、搜索用时和前 5 项搜索记录，填入表 3-3，并且比较这两个搜索引擎的搜索结果。

表 3-3　搜索引擎对比分析表

搜索引擎	搜索结果数量	搜索用时	前 5 项搜索记录
Baidu			
Sogou			

（2）利用网络社区收集资料　网络社区是指以博客/个人空间、论坛/BBS 等形式存在的网上交流空间。兴趣相同的网民集中在网络社区的同一主题内，共同交流相关话题。网络社区的形式多种多样，搜索引擎网站开通的贴吧和空间、电子商务网站开通的论坛、即时通信网站提供的个人空间以及定位于不同人群的专业论坛、博客/个人空间等，都是网络社区发展的形式。不同形式的网络社区的兴起，满足了网民不同的需求，也为开展网络间接调研提供了方便。

（3）利用新闻组收集资料　新闻组（Usenet 或 NewsGroup）是由新闻组服务器组成的、供不同的用户登录访问、阅读其他人的消息并参与讨论的超级电子论坛，也是网络用户进行交流的工具。新闻组作为一种高效而实用的工具，具有主题鲜明、信息量大、直接交互性和全球互连性强等多方面的优点。它的信息内容广泛，并且可以精确地按兴趣爱好及类别对使用者进行分类。它包含的各种不同类别的主题已经涵盖了人类社会所能涉及的所有内容，其中包括科学技术、人文社会、地理历史、休闲娱乐等。新闻组的使用者可以从中获得免费的信息，并且可相互交换免费信息。

（4）利用 E-mail 收集资料　E-mail 是互联网中应用最为广泛的通信方式，是一种费用低、使用方便的网络通信工具，也是快捷有效的信息收集渠道。资料收集者只需在有关网站注册，便可接收 E-mail 信息。许多 ICP、传统的媒体公司和企业，为保持与用户的沟通，也定期给公司用户发送 E-mail，以发布公司的最新动态和有关产品服务信息。

✍ 动手动脑

假定你是某网上书店的营销人员，面对着当当网和亚马逊的竞争压力，你将通过哪些方法和渠道去了解竞争对手？

2．网上间接信息的来源

网上间接信息的来源包括企业内部信息源和企业外部信息源两个方面。与市场有关的企业内部信息源，主要是企业自己搜集、整理的市场信息及企业产品销售记录、档案材料和历史资料，其中包括企业会计账目、销售记录、客户档案、推销员报告、客户与中间商之间的通信记录和信件、市场营销调研报告和企业发布的专门审计报告等。企业外部信息源的范围极广，主要是指国内外有关的公共机构。

（1）政府机构网站　政府有关部门、国际贸易研究机构、海关以及本国政府在国外的官方办事机构（比如商务处）通常因工作需要而较全面地收集世界或所在国的市场信息资料。通过这些机构的网站，企业可以方便地获取较为详细、系统、专门化的信息资料。

（2）国际组织网站　世界上许多国际组织都定期或不定期地发布大量市场信息。与国际市场信息有关的主要网站见表 3-4。

表 3-4　主要国际组织网站及其提供的信息

国际组织名称	网 站 地 址	提供信息简介
联合国（United Nations）	http://www.un.org	发布有关国际的和各国的贸易、工业和其他经济方面的统计资料，以及与市场发展问题有关的资料
世界贸易组织（World Trade Organization）	http://www.wto.org	发布贸易关税的相关规定、多边及诸边贸易协定等资料
国际货币基金组织（International Monetary Fund）	http://www.imf.org	发布有关各国和国际市场的外汇管理、贸易关系、贸易壁垒、各国对外贸易和财政经济发展情况等资料
世界银行（The World Bank）	http://www.worldbank.org	通过考察某国的银行业系统和金融市场以及贸易、基础设施、贫困和社会保障网络等事项，评估其经济前景
联合国国际贸易中心（International Trade Center）	http://www.intracen.org	提供特种产品的研究、各国市场介绍资料，以及国际贸易方面的全面、完整、系统的资料

（3）金融机构网站　金融机构包括银行、保险公司、城市信用合作社、证券公司和财务公司等机构。这些机构的网站上一般会有全国性的经济调研报告、金融调研报告、相关商品评论以及其他有关资料。获取这些资料，有利于企业把握市场和各细分市场的营销环境。

（4）图书馆　公共图书馆和大学图书馆是企业获得市场背景资料以及研究报告的主要渠道。对外贸易部门的图书馆是企业信息的主要来源，具有各种贸易统计数字、有关市场的产品和价格信息、国际市场分销渠道和中间商的市场信息资料。

（5）商情调研机构　除了为委托人提供研究和信息咨询工作外，商情调研机构定期发布的市场报告和专题研究论文也是企业的重要信息资料来源。

（6）其他来源　企业营销人员通过与竞争对手及相关企业的外联部门联系，获取相关企业的商品目录、产品资料、价目表和经销商、代理商、批发商、经纪人一览表及年度报告等资料，以了解市场竞争的全貌和竞争环境。

在网络信息时代，信息的获取不再是难事，困难的是如何在繁多的信息海洋中找出企业需要的、有价值的信息。

动手动脑

在专业网站上进行商务信息的搜索。登录阿里巴巴·中国（china.alibaba.com）网站，这个网站提供了大量的供应信息和求购信息。为了便于查找信息，在“搜索”文本框中输入关键字可快速查找信息，比如搜索“大码皮鞋”，搜索结果显示的则是有关大码皮鞋的供应信息。

任务描述

本工作任务将使学生学会制作、发布网络调研问卷，统计、分析调研问卷上的信息。

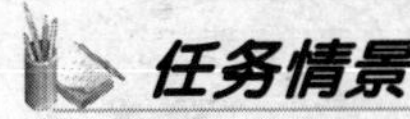

任务情景

企业只有全面详细地了解市场信息，才能更好地组织网络营销活动。为此，针对所开设的网上店铺的市场状况，我们要采用网络问卷调研法来搜集相关信息。这些信息包括目标市场的基本情况、顾客的购买意愿、影响其购买的主要因素等。设计一个好的调研问卷是开展网上调研的重要基础，而将其成功发布出去则是实现调研目标的关键。

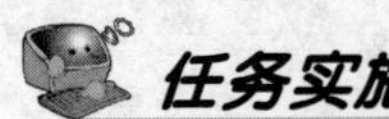

任务实施

1．制作网上调研问卷

首先，登录 OQSS 在线问卷调研系统（www.oqss.com）并进行注册，成为注册用户，如图 3-5 所示。

图 3-5　OQSS 在线问卷调查系统网站首页

其次，创建在线调研问卷。在 OQSS 在线问卷调研系统中注册后，输入用户名和密码，进入后台系统。在后台系统中点击“创建新问卷”，如图 3-6 所示。在打开的页面中点击“选项”，填写问卷名（以“大学生网络购物调查问卷”）为例，并进行参数设置，如图 3-7 所示。完成后直接关闭该对话框。

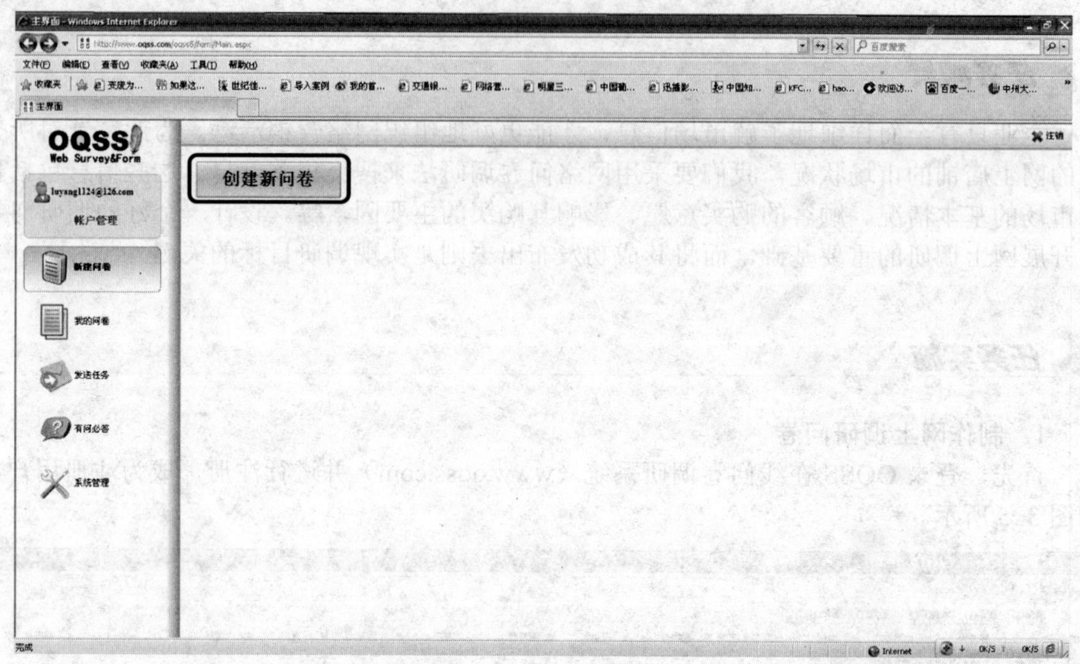

图 3-6 创建问卷页面

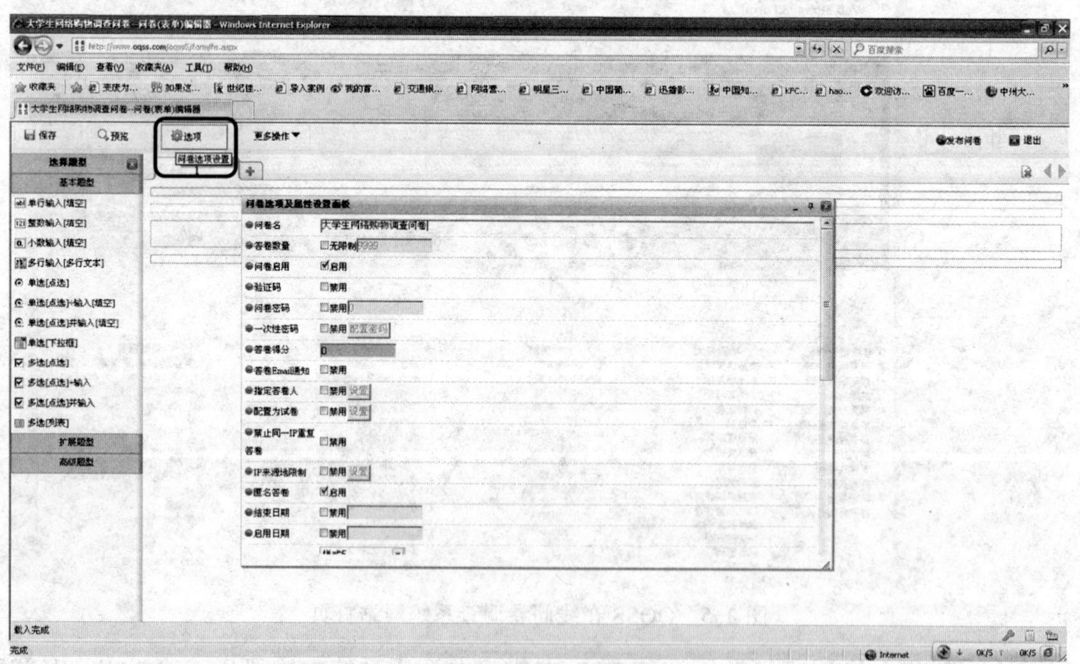

图 3-7 问卷标题及参数设置页面

再次，添加问卷说明和结束语。在确定问卷标题后，可直接双击页眉、页脚的文本框，对页眉和页脚进行编辑，添加问卷说明和结束语，完成后点击“完成编辑”，如图 3-8 所示。

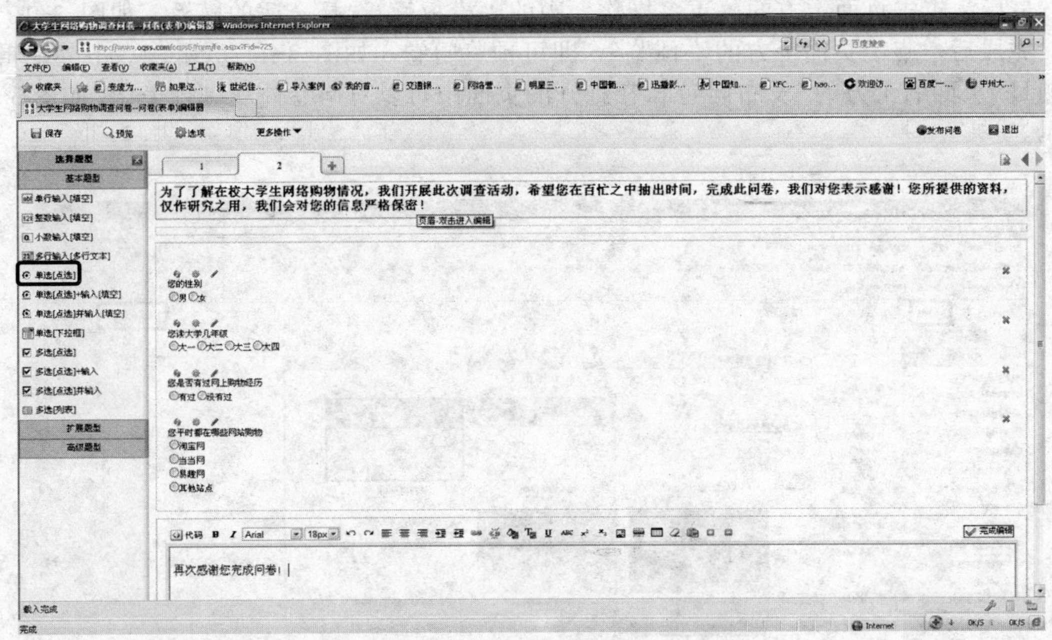

图 3-8　编辑页眉和页脚页面

然后，添加并编辑题目。点击左边“选择题型”下的“基本题型”中的“单选[点选]”，在打开的页面中按照提示编辑题目，完成后点击“保存题目”，在对话框右边栏目中就可以看到所加入的题目。继续选择下一题目的类型并进行编辑。所有题目添加完成后，点击页面左上方的“保存”，如图 3-9 所示。添加完题目后，可以双击该题目，进行修改或删除。

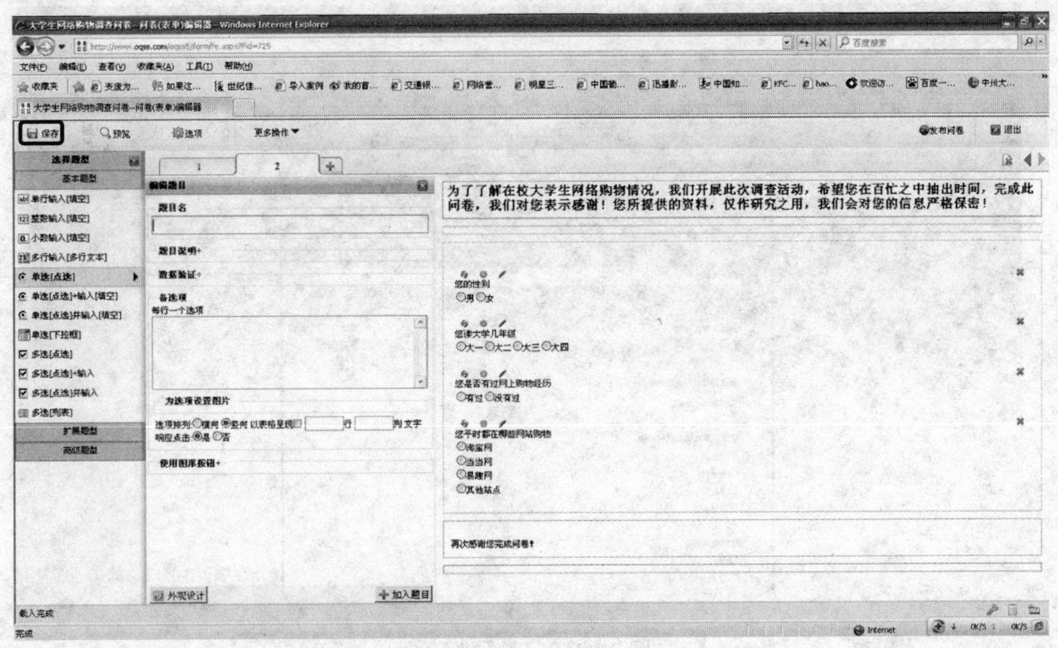

图 3-9　编辑问卷题目页面

最后，点击页面上方的“更多操作”中的“模板”，选择合适的模板，如图 3-10 所示。完成后，点击页面上方的“预览”，即可预览问卷，如图 3-11 所示。点击“编辑问卷题目”页面右上方的“发布问卷”，在打开的页面中可以对问卷外观进行美化，如图 3-12 所示。

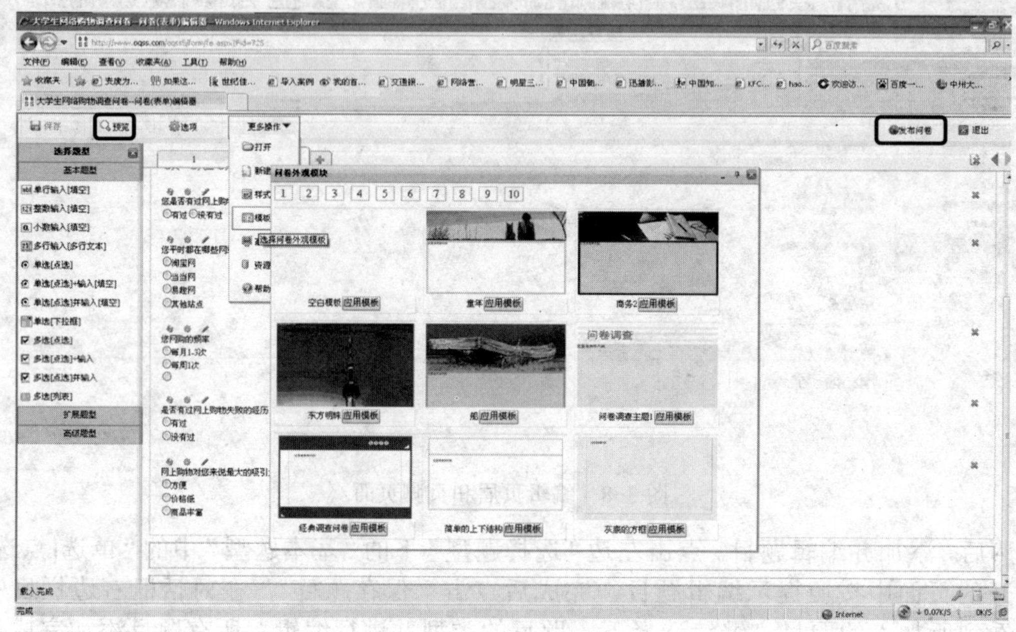

图 3-10 选择模板页面

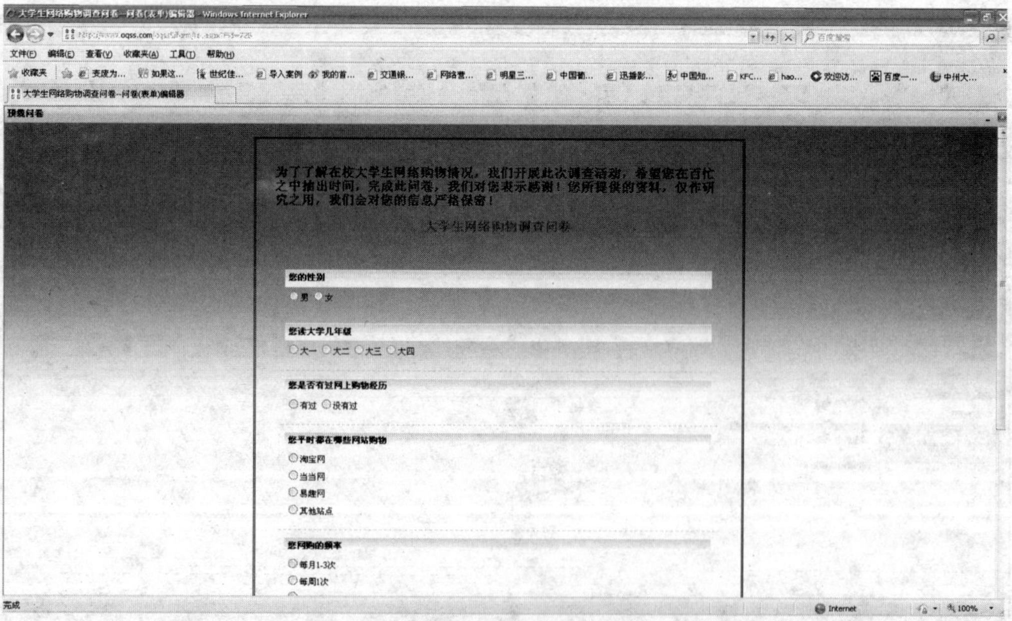

图 3-11 问卷预览页面

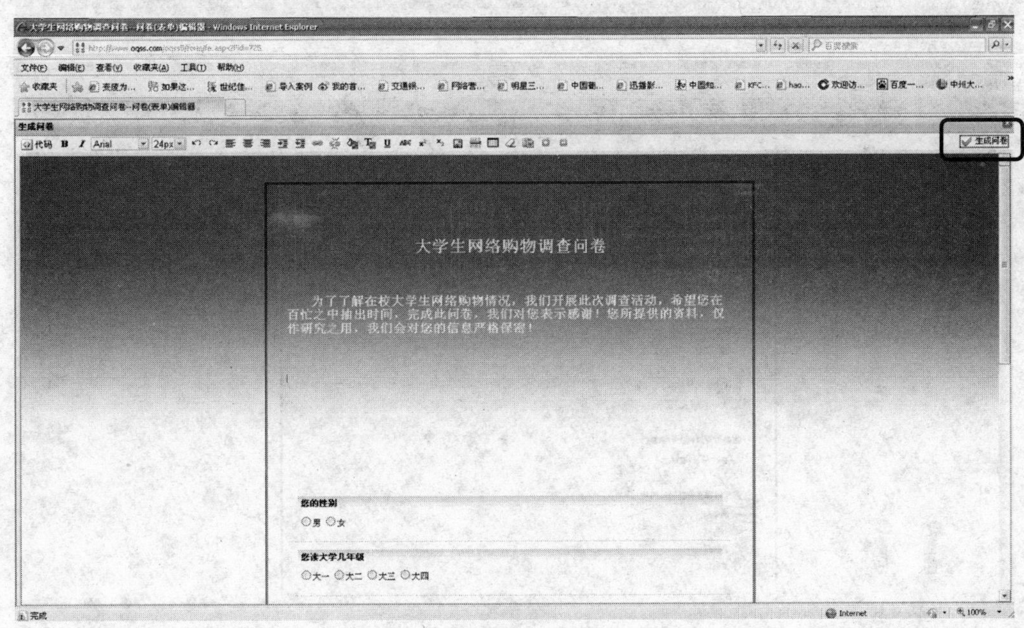

图 3-12 问卷外观美化页面

所有工作完成之后，点击右上角的“生成问卷”。弹出的“生成完成！”对话框中显示了问卷的地址，如图 3-13 所示。点击问卷地址，即可在新窗口打开所设计的问卷页面，如图 3-14 所示。

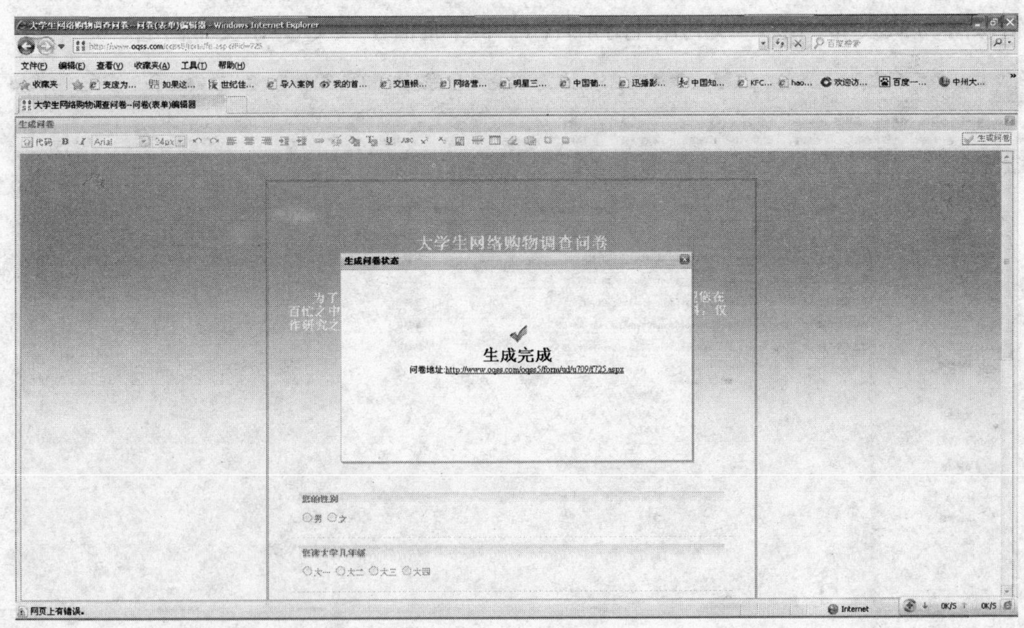

图 3-13 问卷生成页面

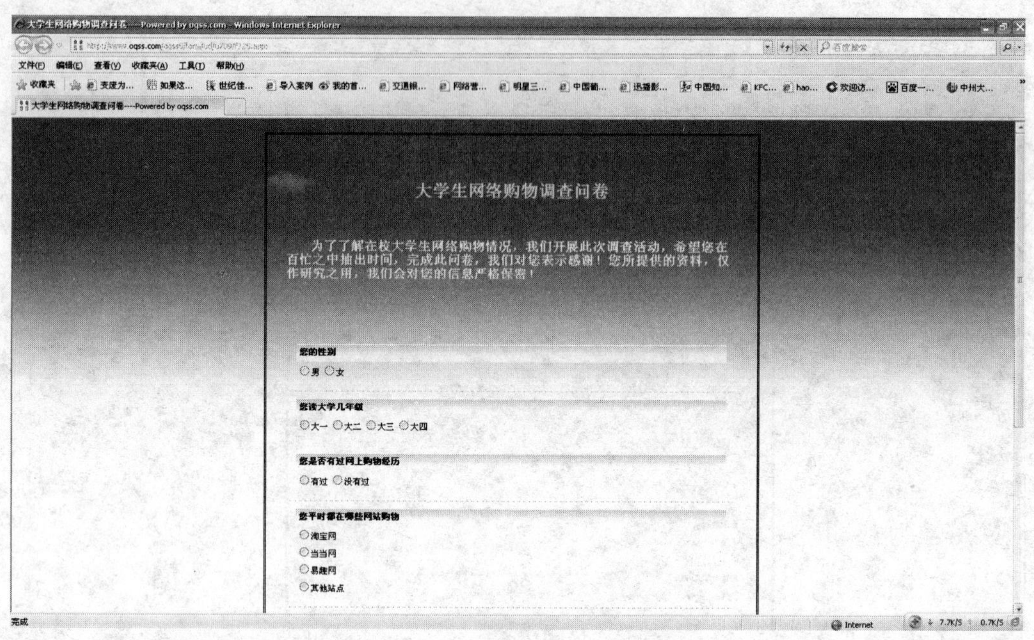

图 3-14　生成的调研问卷页面

2．发布网上调研问卷

重新进入 OQSS 在线问卷调研系统的后台，点击“我的问卷”，显示问卷相关选项。点击“问卷地址”，即可显示各个调用方式的问卷代码，复制并保存这些代码，如图 3-15 所示。通过在商业站点页面中嵌入调研问卷页面、在站点页面中设置指向调研问卷页面的超级链接等方式发布问卷，或利用电子邮件、即时通信工具 QQ 等发布问卷。

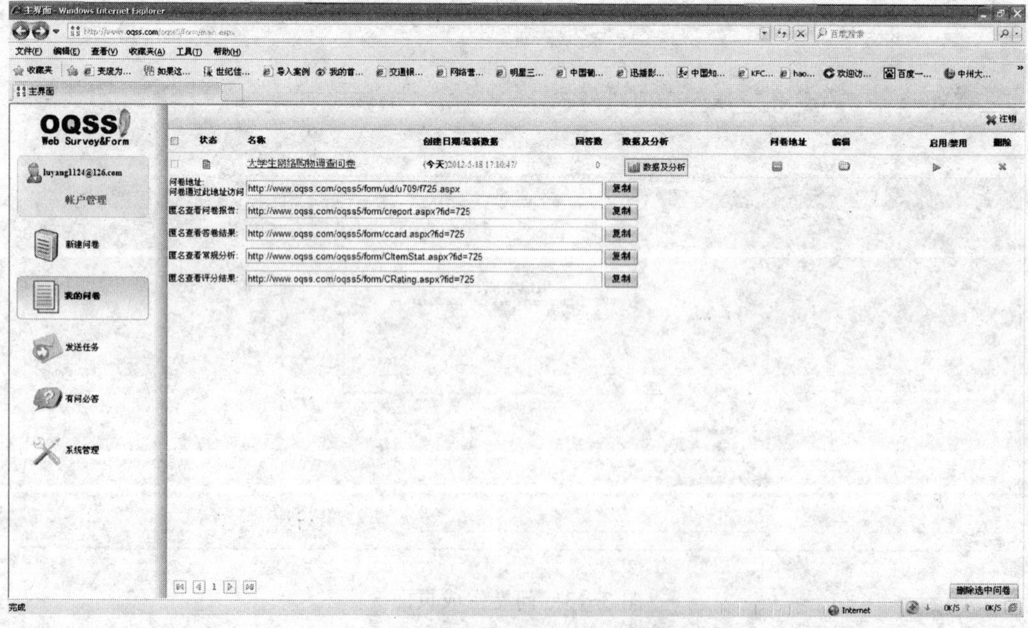

图 3-15　各种调用方式的代码页面

3. 调研问卷结果的统计分析

问卷成功发布后，待被调研者在填写完问卷并提交后，在线调研系统会自动收集并整理问卷结果。在主界面的“我的问卷”中点击“数据及分析”按钮。在打开的页面中，有各种分析项目。选择相关项目对结果进行分析，如图 3-16 所示。

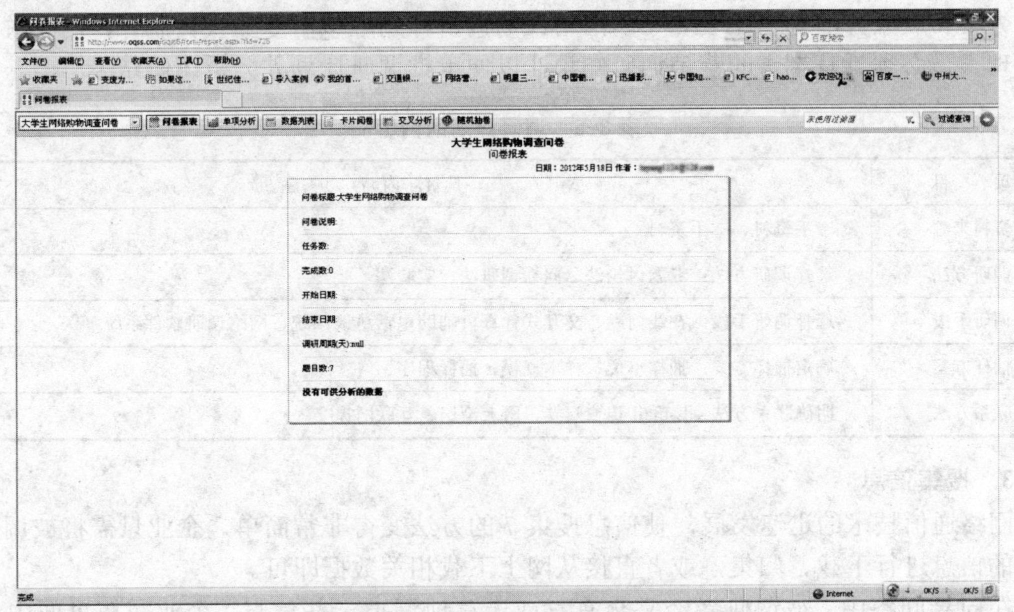

图 3-16　问卷分析报告页面

任务三　实施网络调研

知识基础　网络市场调研过程、调研报告及开展网络市场调研需注意的问题

完成本任务所需要的知识基础包括网络市场调研过程、调研报告的特点与格式、开展网络市场调研需注意的问题等。

一、网络市场调研的步骤

与传统市场调研一样，网络市场调研也应遵循一定的方法与步骤，以保证调研质量。网络市场调研一般包括以下 5 个步骤：

1. 明确调研问题与调研目标

网络市场调研的第一步是要明确调研问题和调研工作所要达到的目标。企业在任何问题上都存在着许多可以进行调研的内容。调研目标既不可过于宽泛，也不能过于狭窄。企业要明确地界定调研目标并充分考虑网络调研成果的实效性。

在确定网络市场调研目标时，企业要考虑顾客或潜在顾客是否上网、网民与顾客或潜在顾客是否重合、网上顾客规模是否足够大、网上顾客能否代表企业的所有顾客群体等问题，以保证网上调研结果的有效性。

2．制订调研计划

在制订行之有效的市场调研计划前，企业需要确定资料来源、调研方法、调研手段、抽样方案和联系方法等，见表 3-5。网络市场调研计划应该由专业人员制订，而相关的营销管理人员必须具有丰富的营销调研知识，以便审批调研计划并分析调研结果。

表 3-5 调研计划的内容

项 目	具体内容
资料来源	一手资料、二手资料
调研方法	选择调研方法：专题讨论法、问卷调研法、实验法
调研手段	选择调研手段：在线问卷、交互式计算机辅助电话访谈系统、网络调研软件系统
抽样方案	确定抽样方案：抽样单位、样本规模、抽样程序
联系方法	明确联系方法：E-mail 传输问卷、网上论坛、互联网提交

3．搜集信息

网络通信技术的迅速发展，使信息搜集 7 的方法变得非常简单，企业只需将被调研者反馈的信息进行下载、归集，或者直接从网上下载相关数据即可。

在问卷回答中，被调研者经常会有意或无意地漏掉一些信息，企业需在页面中嵌入脚本或 CGI（通用网关接口）程序进行实时监控。当被调研者遗漏问卷上的一些内容时，程序会拒绝递交调研问卷或者在验证后重新发给被调研者要求其补填，被调研者在完整填写调研问卷后会收到证实调研问卷已填写完成的公告。

4．分析信息

市场调研的目的是通过对调研信息进行分析、研究，为企业营销决策提供依据。因此，调研者必须从数据中提炼出与调研目标相关的信息，以供企业在决策时参考。常用的数据分析技术包括交叉列表分析、概括分析、综合指标分析和动态分析等，国际上较为通用的分析软件有 SPSS、SAS 等。

网络信息的一大特征是即时呈现，企业竞争者可能从一些知名的商业网站上看到同样的信息，因此，提高信息分析能力有利于企业在快速变化的市场中捕捉到商机，从而获得竞争优势。

5．撰写网络市场调研报告

撰写网络市场调研报告是整个网络调研活动的最后阶段。网络市场调研报告的撰写不是数据和资料的简单堆砌，而是调研者采用一定的统计分析技术，对所获得的信息进行分析、整理并得出相应的有价值的结果，从而为企业制订营销策略和营销决策提供依据的过程。

作为对被调研者的一种激励或奖赏，网络调研应尽可能地把调研报告的全部结果反馈给被调研者或网站访问者。

二、网络市场调研报告

1．网络市场调研报告的特点

网络市场调研报告的核心是实事求是地反映和分析客观事实。网络市场调研报告主要包括两个部分：一是调查，二是研究。调查，应该深入实际，准确地反映客观事实，按事物的本来面目来了解事物，详细地占有材料，不可凭主观想象。研究，即在掌握客观事实的基础上，认真分析，透彻地揭示事物的本质。调研者可在网络市场调研报告中提出一些对策和看法，但这不是主要的内容。调研报告一般具备以下3个特点：

（1）针对性强　网络市场调研报告应是围绕一个时期的工作重心，根据实际情况突出重点而撰写的。

（2）凭借事实说话　网络市场调研报告以充分确凿的事实为根据，不允许夸张虚构。

（3）揭示事物的本质　调研者应对调研的事实进行总结和分析，揭示其本质并阐明客观规律。

2．网络市场调研报告的格式

网络市场调研报告的形式有描述性报告、解释性报告和建议性报告及描述与对象相结合的综合性报告。调研报告一般由标题、目录、内容摘要、正文、结论与建议、附件等几部分组成。

（1）标题　标题一般设置在报告的扉页上。有的调研报告还采用正、副标题的形式。一般正标题表达调研的主题，副标题则具体表明调研的单位和问题。报告的扉页上除有标题外，还可以有报告日期、委托方、调研方等信息。

（2）目录　如果调研报告的内容、页数较多，那么为了方便读者阅读，调研者应当使用目录或索引形式列出报告所分的主要章节和附录，并且注明标题、有关章节号码及页码。一般来讲，目录的篇幅不宜超过1页。

（3）内容摘要　内容摘要部分概括介绍调研的主要情况与结论。

（4）正文　正文是调研报告的主体部分，包括调研目的、调研对象和调研内容、调研方法（比如样本的抽取和资料的收集、整理、分析技术等）、可供市场活动的决策者进行独立思考的全部调研结果和必要的市场信息，以及对这些情况和内容的分析、评论。

（5）结论与建议　结论与建议包括对正文部分所提出的主要内容的总结，以及如何利用已证明为有效的措施和可供选择的解决某一具体问题的方案与建议。

（6）附件　附件包括参考资料及附录。附录是调研报告正文包含不了或没有提及，但与正文有关的、必须附加说明的部分，包括数据汇总表及原始资料、背景材料和必要的工作技术报告。

三、开展网络市场调研需注意的问题

在网络信息时代，利用互联网进行市场调研是一种非常有效的方法，许多企业的网站上都设置有在线调研表，用以搜集用户反馈的信息及在线调研有关产品信息、消费者行为、顾客意见、品牌形象等，这是企业获得第一手调研资料的有效手段。应当注意的是，在企业网站访问量较小或接受调研者人数较少时，企业就难以获得足够的及有效的调研问卷，调研结果的可靠性就会受到严重影响。

为提高网络市场调研的质量，企业应对网络市场调研活动中的每个环节都要考虑到，特别应做好以下4个方面的工作：一是设计科学合理的网络市场调研问卷，便于被调研者填写问卷，也便于调研者处理调研结果，以尽量减少无效问卷。二是确定参与调研群体的代表性。企业需注意网络调研结果不仅受样本数量的影响，也受样本分布不均衡的影响。三是提高被调研者的参与积极性，比如设置合理奖项来努力吸引尽可能多的人参与调研、及时公布保护个人隐私的声明等。四是采用多种网络调研手段，在线问卷调研是网络调研最基本的方式，但为提高调研结果的可靠性和有效性，调研者还应考虑根据调研目的和预算，采用其他网络调研方法作为有效的补充方法。

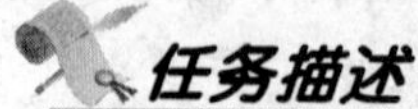

任务描述

本工作任务将使学生学会针对具体调研主题编制网络市场调研计划书并按照计划开展调研工作，最终提交网络市场调研报告。

任务情景

科学的市场调研工作有助于企业正确识别和把握真正的机会，抉择和优化自己的营销策略。网络市场调研计划工作确定了调研活动的目标和行动方案，使整个调研活动有序、协调一致、相互配合，从而发挥整体优势，提高了整个调研工作的效率。为了了解网上店铺所经营产品和服务的市场相关信息，我们要独立开展网络市场调研活动，编制详细的网络市场调研计划书，按照计划书中的调研方法实施网络调研，以获取相关信息。

任务实施

1. 确定网络市场调研的主题

网络市场调研涉及网络营销的整个活动过程，为了明确所需要获得的市场信息，从而确定网络调研的主题内容，企业应当从以下4个方面进行考虑：

（1）市场环境的调研　市场环境的调研主要包括经济环境、政治环境、社会文化环境、科学环境和自然地理环境等调研。具体的调研内容可以是网络市场的购买力水平，国家的方针、政策和法律法规，网络风俗习惯及科学发展动态等各种影响市场营销的因素。

（2）市场需求调研　市场需求调研主要包括消费者需求量调研、消费者收入调研、消费结构调研、消费者行为调研。具体的调研内容包括消费者的购买目的、购买对象、购买数量、购买频率、购买时间、购买方式、购买习惯、购买偏好和购买后的评价等。

（3）市场营销因素调研　市场营销因素调研主要包括产品、价格、渠道和促销的调研。产品调研注重收集产品的用途、性能、质量等信息。价格调研关注产品价格的变动对顾客购买量以及顾客满意度的影响。渠道调研应重点对渠道的模式、渠道结构和特点、渠道成员的状况等进行分析。促销调研主要考虑各种促销手段对顾客产生的影响。

（4）市场竞争情况调研　市场竞争情况调研主要包括对竞争企业的调研和分析，了解同类店铺的产品、价格等方面的情况及竞争者采取了哪些竞争手段和策略。

2．编制网络市场调研计划书

根据调研主题编制可行的网络市场调研计划书。计划书的内容要求如下：

××网络市场调研计划书

一、调研目的
二、调研内容
三、调研方法的选择
四、调研对象的确定
五、调研资料和整理分析方法
六、调研步骤及时间安排
七、资金预算及项目安排
八、小组成员确定及工作安排

3．开展调研工作，提交调研报告

按照计划书中的调研步骤与方法开展网络调研工作，提交网络市场调研报告。

任务要求

（1）小组分工完成，每个小组应编制一份较为详尽的网络市场调研计划书，并按照计划书中的规定开展网络调研工作。

（2）对网络市场调研活动的过程进行管理和控制。经一段时间后，对网络市场调研所搜集的数据信息进行分析和整理，撰写一份网络市场调研报告，内容及格式如下（以大学生网络购物调研报告为例）：

大学生网络购物调研报告

一、调研背景
1. 调研背景
2. 调研目的
3. 调研方法

二、调研实施
1. 确定调研对象
2. 设计调研问卷
3. 整理统计数据

三、调研结果及分析
1. 调研对象基本信息的统计分析
2. 调研对象对××商品消费现状的分析
3. 调研对象对××商品的购买和使用的情况
4. 调研对象对××商品的购买评价及建议

四、主要问题及对策
1. ××商品网上销售中存在的主要问题
2. 改进措施及对策

五、结束语

参考文献

附录（网络调研问卷样本）

项 目 小 结

知识基础一：网络市场调研的基本理论

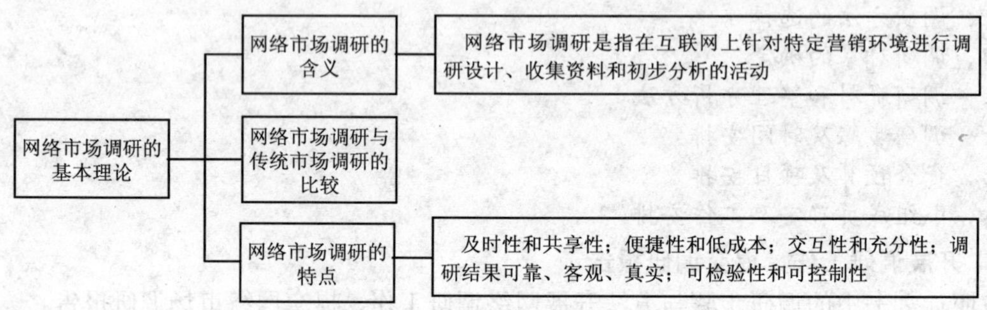

知识基础二：网络市场调研的方法

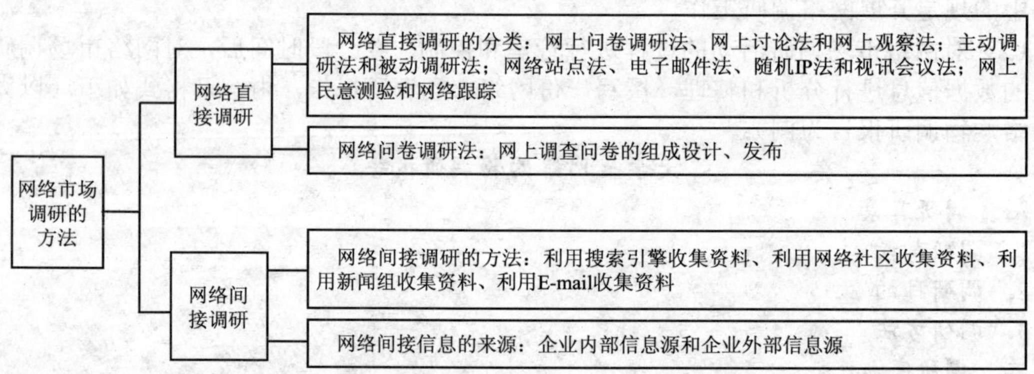

知识基础三：网络市场调研过程、调研报告及开展网络市场调研需注意的问题

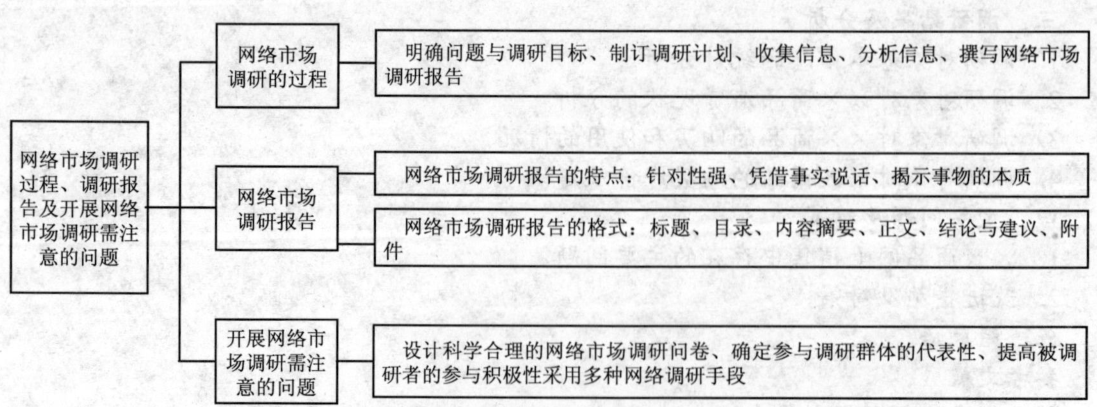

课后练习

一、单项选择题

1. 最常见的收集原始资料的网络营销调研方法是（　　）。

A. 网上讨论法　B. 网上观察法

C. 视频会议法　D. 网上问卷调研法

2. 网络的传输速度非常快，网络信息能迅速传递给连接上网的任何用户，体现了网络市场调研的（　　）特点。

A. 及时性和共享性　B. 便捷性和低成本

C. 可靠、客观真实　D. 交互性和充分性

3. 网络市场调研一般包括（　　）5 个步骤。

①制订调研计划　②明确问题与调研目标　③分析信息

④搜集信息　⑤撰写调研报告

A. ①②③④⑤　B. ②①④③⑤　C. ②①③④⑤　D. ①②④③⑤

4. 下列网络营销调研方法中，属于被动调研法的是（　　）。

A. 电子邮件法　B. 随机 IP 法　C. 视频会议法　D. 网络站点法

二、多项选择题

1. 下列说法正确的是（　　）。

A. 网络市场调研费用主要是设计费和数据处理费，但比传统市场调研费用高。

B. 网络市场调研的范围可以是全国乃至全世界

C. 可以全天候进行网络市场调研

D. 网络市场调研中，被访问者可自由决定回答问卷的时间、地点

E. 网络市场调研适合进行深度访谈

2. 以下属于网络直接调研方法的是（　　）。

A. 网上问卷调研法　B. 网上讨论法

C. 收集第三方调研报告　D. 收集各种媒体资料

E. 网上观察法

3. 网上调研活动可通过（　　）等方式发布网上调研问卷。

A. 电子邮件　B. 网站（页）问卷

C. 新闻组　D. 搜索引擎

E. 网络社区

4. 网络调研报告由（　　）等几部分组成。

A. 标题　B. 目录　C. 内容摘要　D. 正文

E. 附件

三、简答题

1. 网络市场调研有哪些特点？

2. 网上问卷的设计应注意哪些问题？

3. 网络直接调研的方法有哪些？

4. 网络间接调研的方法有哪些？

四、案例分析题

英特尔软件学院的网上调研

英特尔软件学院隶属于英特尔公司的软件与服务事业部，作为其对外专业培训机构，为全球的软件开发人员提供最新的技术培训课程。为了了解客户群的状态、软件学院的知名度和信息传播途径及客户所关心的其他内容、客户的期望与兴趣等，英特尔软件学院采用了其一贯倡导的网络技术，来组织并实施网络市场调研活动。调研的主要内容包括：访问者的身份和职位，访问者通过何种渠道了解到英特尔软件网络、访问的主要目的是什么，访问者最喜欢网站上的哪个分论坛、最经常使用社区的哪个功能、最希望增加什么形式的内容、最希望获得哪种方式的互动，访问者对英特尔软件学院提供的哪些培训感兴趣等。调研问卷设计目的明确、简单明了。英特尔软件学院通过网络市场调研获取软件学院访问对象的信息，通过了解访问信息及深入分析来把握访问者的兴趣和爱好。通过以上信息，英特尔软件学院也更容易把握现有资源状况，及时发现市场供应的多余和空白，并且进行改善。

【问题】

（1）英特尔软件学院的网络市场调研问卷所设计的题目内容是否合理？

（2）英特尔软件学院在开展网络市场调研时有哪些经验可供借鉴？

项目四　分析网络市场与网络消费者

知识目标

- 掌握网络市场的含义及特征
- 掌握网络消费者的特征
- 了解影响网络消费者购买的主要因素

实训目标

- 会结合实际分析网络消费者的购买动机和购买行为
- 会针对网络消费者的购买过程确定营销重点

问题导入

从淘宝数据看网上消费时尚

2011 年 1 月 6 日，在北京举行的淘宝年度盛典上，淘宝网发布了 2010 年度网购数据，揭示了 2010 年以及 2011 年的网络消费热点。淘宝数据显示，2010 年淘宝网注册用户达到 3.7 亿，在线商品数达到 8 亿，最多的时候每天有 6000 万人访问淘宝网，平均每分钟出售 4.8 万件商品。同时，以淘宝商城为代表的 B2C 业务交易额在 2010 年增长了 4 倍，未来几年也仍将保持这一增长速度。

在淘宝网的消费群体中，从年龄分布来看，18～34 岁的人群是网购主力人群，网购已经成为年轻人生活中必不可少的内容。同时，2010 年淘宝网上男性消费者所占比例超过了女性消费者所占比例，达到 53.9%，男性消费者的消费金额也高于女性消费者近 8 个百分点。在成交人数、成交笔数等关键数据上，女性消费者高于男性；而在客单价这一数据上，则是男性消费者高于女性消费者，这说明女性消费者更愿意多次购买相对便宜的商品，而男性消费者则显得更为大方。在 3C（计算机、通信和消费类电子产品的简称）类产品中，手机及周边产品的销售额占据淘宝网总体 3C 产品的 31%，40%的买家选择 1001～2000 元价格区间的手机，"实惠"、"实用" 仍然是买家购买手机的主要标准。在电器类商品中，豆浆机、电动剃须刀、榨汁机等价格区间在 200～300 元的小家电最受欢迎，而高端电器由于受制于价格和体积等因素，目前仍处于发展期。在化妆品大类中，欧莱雅、雅诗兰黛等欧美品牌深受消费者欢迎，自然堂、相宜本草、佰草集等国内品牌正在慢慢占据市场份额。食品是近两年网上购物快速成长的热门商品，淘宝数据显示，网购食品的女性网民占 66.12%，其数量是男性网民的 1 倍，这和淘宝网男性用户略高于女性用户的比例恰恰相反，这也反映出女性在购物上更有选择性，对食品的价格更加敏感。

【问题】

（1）淘宝网公布的数据反映出网络市场的哪些特点？

（2）掌握网络市场的特征对企业网络营销活动有何意义？

【点评】随着现代信息技术的发展，营销环境正在发生变化，消费者的购买行为也日趋个性化，其在交易中的主导地位也更加突出。企业必须准确把握网络消费者的特征、购买行为及其变化趋势，这样才能制订并实施有效的网络营销策略。

任务一　了解网络市场

知识基础　网络市场的含义、分类与特征

完成本任务所需要的知识基础包括网络市场的含义、分类和特征。

一、网络市场的含义

营销学领袖菲利普·科特勒（Philip Kotler）指出："市场是由一切具有特定欲望和需求、并且愿意和能够以交换来满足这些需求的潜在顾客所组成的整体。"市场是社会分工和商品交换的产物，具有交换、分配和服务 3 大功能。随着现代科学技术的发展及其在市场活动中的广泛应用，现代市场发生了很大变化，尤其是借助现代计算机技术和网络技术实现了国际互联网的建成与应用，使得广大消费者（用户）可以通过互联网进行交易谈判、合同签订，最终实现商品交易，网络市场也因此应运而生。

网络市场是指那些具有对某种产品和服务具有特定购买欲望和需求、并且愿意和能够通过互联网来购买这些产品和服务的顾客所构成的整体。作为市场，网络市场也必须具有一般市场的 3 要素，即商品、愿意购买商品的人和相应的购买力。网络市场交易的主体包括企业、政府组织、团体机构、网络中介机构和网民等。网络市场作为企业网络营销活动的对象，其规模、结构、行为、特征等各因素都会对企业的网络营销战略和网络营销策略产生重要的影响。企业在制订网络营销战略之前，必须深入了解自己所面对的网络市场的特征，这样才能做到因地制宜、有的放矢。

二、网络市场的分类

一般情况下，开展网络营销活动的企业并不能满足所有网络顾客的所有需求。企业应按一定的标准对网络市场进行分类，针对不同类型市场中的顾客的需求特点，制订不同的网络营销策略。

1．按照顾客的购买目的划分

网络市场上的顾客的购买目的是不同的。按照顾客购买目的的不同，网络市场可划分为网络消费者市场和网络组织市场两大类，如图 4-1 所示。

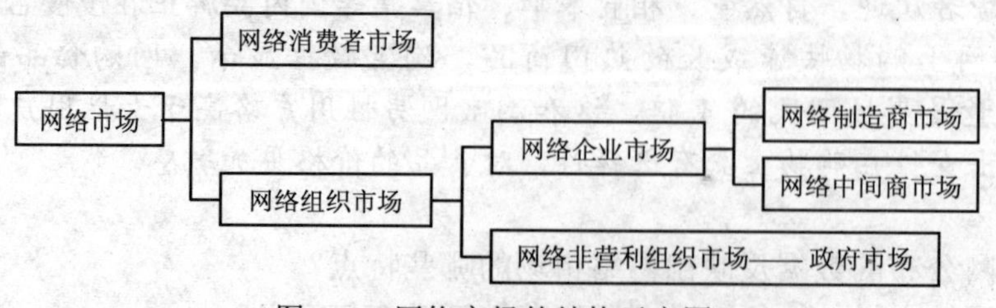

图 4-1　网络市场的结构示意图

（1）网络消费者市场　个人和家庭是市场的基本购买单位。网络消费者市场是指以满足个人或家庭消费为目的、由网民构成的市场。研究网络消费者的购买目的、动机、影响其购买行为的主要因素以及购买过程等，对制订网络营销策略、有效地开展网络营销活动至关重要。

（2）网络组织市场　企业组织、政府部门及其他非营利组织在购买商品时，通常以组织消费或再生产、再销售为目的，故由它们所组成的网络市场称为网络组织市场。制造商购买产品和服务的目的在于生产其他产品或劳务，以供销售、出租；中间商购买产品和服务的目的在于转售或出租给他人；各级政府和非营利组织购买产品和服务的目的在于执行政府的职能，维持机构的正常运作。

2．按照市场交易主体和对象划分

按照市场交易主体和对象的不同，网络市场主要可分为B2B、B2C、C2C3类。

（1）B2B　B2B（Business to Business，BtoB）是指企业与企业之间通过网络进行产品、服务及信息等方面的交易。B2B交易形式有两种，即面向制造业或商业的垂直B2B和面向中间交易市场的水平B2B。

面向制造业或商业的垂直B2B又称行业B2B，可以分为上游和下游两个方向。生产商或商业零售商可以与上游的供应商之间形成供货关系，比如戴尔公司与上游的芯片和主板制造商就是通过这种方式进行合作的。生产商与下游的经销商可以形成销货关系，比如思科公司与其分销商之间进行的交易。企业可以借助互联网为每笔交易寻找最佳合作伙伴，完成从订购到结算的全部交易行为。

面向中间交易市场的B2B又称区域性B2B，这种交易模式是水平B2B，是指将各个行业中相近的交易过程集中到一个场所，从而为采购方和供应方提供交易机会，比如阿里巴巴、中国制造网、环球资源网等。

（2）B2C　B2C（Business to Customer，BtoC）是指企业通过网络向个人消费者销售产品或提供服务。随着互联网的广泛应用，网上商店种类繁多、数量巨大，网上销售发展迅速，比如当当网上书店、亚马逊以及淘宝商城等。

（3）C2C　C2C（Consumer to Consumer，CtoC）是消费者借助互联网平台与消费者之间进行的个人交易。网络服务商通过为买卖双方提供在线交易平台而为其提供交易机会，实现个人间的网上交易。著名的C2C电子商务平台有eBay网、淘宝网等。

目前，网络市场的主要交易模式是B2B和B2C，其中B2C基本上是指电子零售业。此外，还有B2S（Business to Shop，主要是信息交换）和B2G（Business to Government，主要是政府采购）等。

三、网络市场的特征

消费者是企业产品或服务的购买者，企业能否在市场上实现其价值，关键在于有没有消费者购买其产品。在网络市场中，网络和电子商务系统的巨大信息处理能力为大量的产品和服务信息提供了展示的平台。消费者通过网络检索机制取得全方位的产品和服务信息，从而做出满足自己需求的、理性的决策，网络市场也真正成为买方市场。网络在信息传播方面的特殊性决定了网络市场具有诸多不同于传统市场的特点。

1．构成特征

网民构成了网络市场的主体。随着互联网的广泛应用，我国网民的结构也在不断地变化。深入分析、研究网民的结构及把握网络消费者群体的需求状况是企业必须考虑的重要问题。我国网民的结构特征主要包括网民的总体规模、性别结构特征、年龄结构特征、学历结构特征、职业结构特征、收入结构特征等。

根据中国互联网络信息中心（CNNIC）于 2012 年 1 月发布的《第 29 次中国互联网络发展状况统计报告》的数据，截至 2011 年 12 月底，中国网民总数为 5.13 亿人，其中，手机网民规模达到 3.56 亿人；在性别结构特征方面，我国网民中男性所占比例为 55.9%，比女性高出 11.8 个百分点；在年龄结构特征方面，10～39 岁群体所占比重最大（见图 4-2），其中，20～29 岁群体的互联网使用率最高；在学历结构特征方面，初中、高中学历人群占到网民总数的 60%以上（见图 4-3），大专及以上学历人群的互联网使用率已达 96.1%；在职业结构特征方面，学生仍然是网民中规模最大的群体，所占比例为 30.2%，其次为个体户/自由职业者、企业/公司的一般职员（见图 4-4）；在收入结构特征方面，网民中收入在 2000 元以上的群体所占比例达到 40.2%，500 元以下及无收入群体占网民总数的 25.4%（见图 4-5）。随着我国宽带网络基础设施建设工作的开展，互联网接入和使用门槛进一步降低，将会有更多高龄人群、低学历人群等新技术的晚期接受者使用互联网工具，他们将成为网络市场的新顾客。

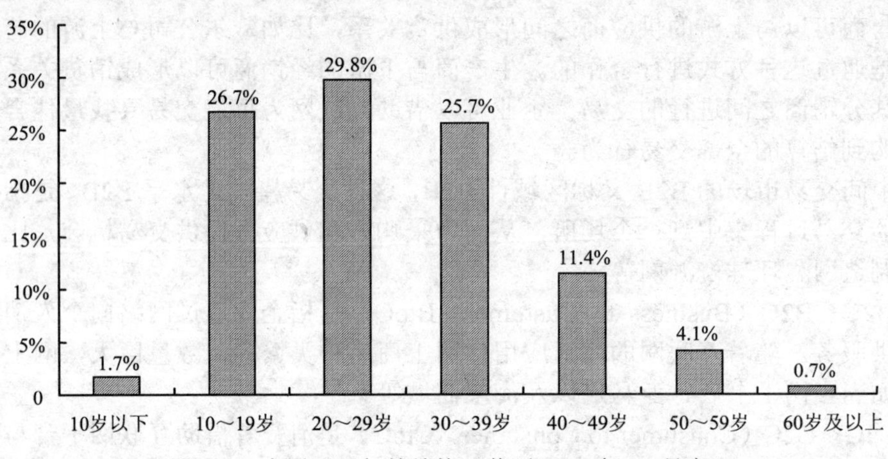

图 4-2 中国网民年龄结构（截至 2011 年 12 月底）

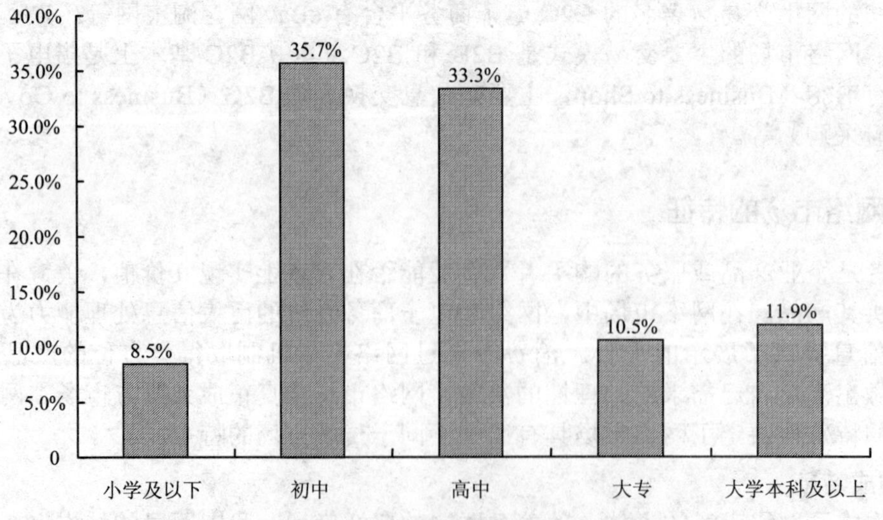

图 4-3 中国网民学历结构（截至 2011 年 12 月底）

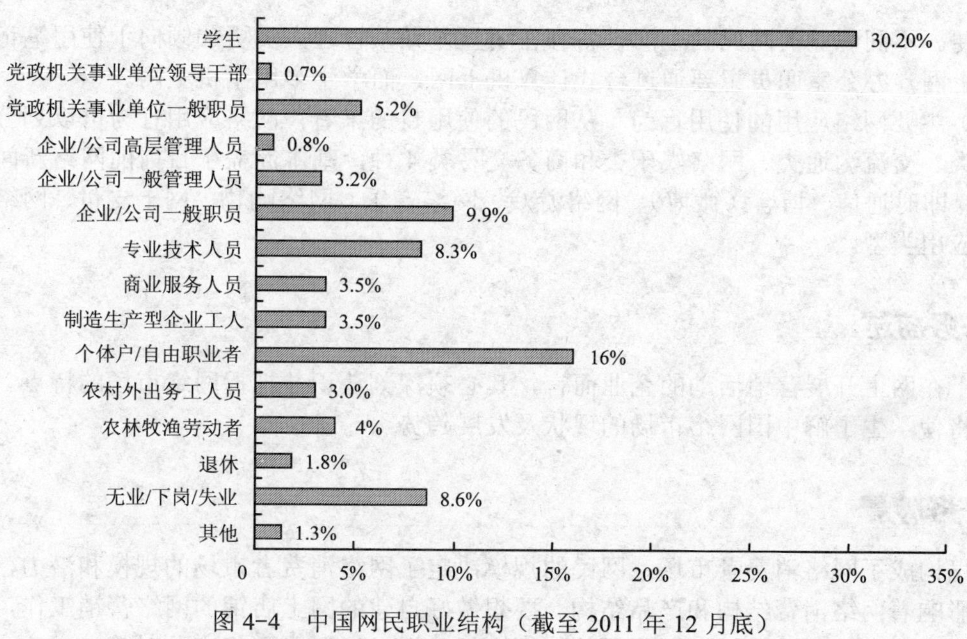

图 4-4　中国网民职业结构（截至 2011 年 12 月底）

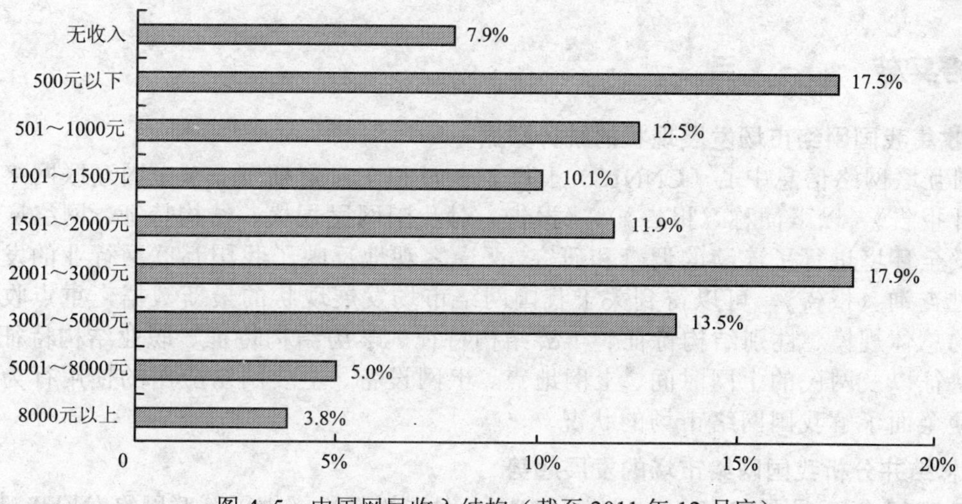

图 4-5　中国网民收入结构（截至 2011 年 12 月底）

2. 网络使用特征

（1）上网时间　上网时间是各种网络应用的基础和使用程度的客观反映。一般而言，网民上网时间越长，使用的各种网络应用就越丰富，网民的网络行为成熟度就越高。网民上网时间与网龄之间存在密切关系，网龄越长，则上网时间越长。

（2）上网地点　上网地点对网上购物活动的安全性及便利性有重要影响，上网地点越接近网民的生活场所，其购买活动就越常规化，支付安全也越有保障。家庭是我国网民上网的最主要场所，有近九成的网民在家上网，其次是在单位上网。不同身份的网民的上网地点存在着明显的差异，其中，体力工作者和下岗失业人员主要在网吧上网。

（3）上网设备　上网设备的便携性制约了网上购物活动的便利性。对于广大手机网民来说，随时随地使用手机浏览商品页面、购买所需商品，能够使其充分体验网上交易的快捷与方便。不同职业的网民的上网设备存在明显差异，管理人员更加倾向于使用笔记本式计算机上网，办公室职员主要通过台式计算机上网，而学生多用手机上网。

（4）主要网络应用的使用行为　从网民的使用目的来看，网络应用行为可以划分为信息获取类、交流沟通类、网络娱乐类和商务交易类 4 种，基本涵盖了目前的网络新闻、搜索引擎、即时通信、博客（微博）、网络游戏、网络音乐、网络购物、网上支付、网络金融等具体应用类型。

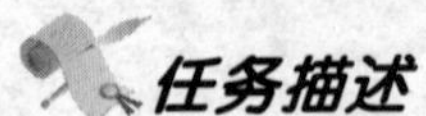

任务描述

对于在网上开展营销活动的企业而言，其必须深刻认识并把握网络市场的特点。本工作任务将使学生了解中国网络市场的现状及发展趋势。

任务情景

网民构成了网络消费者市场，网民的规模决定了网络消费者市场的规模和潜力，网民的结构影响着网络消费结构和产品结构。要想做好自建的网上店铺的网络营销工作，就必须对网络消费者的群体特征，即网民的特征进行分析，以便采取相应的对策。

任务实施

1. 收集我国网络市场发展现状的统计数据

中国互联网络信息中心（CNNIC）于每年 1 月和 7 月定期发布《中国互联网络发展状况统计报告》（以下简称《报告》）。《报告》对我国网民规模、结构特征、网络应用和互联网安全环境进行了连续的调查和研究，严谨客观地反映了我国互联网行业的发展现状。通过查询《报告》，可以得到关于我国网络市场发展现状的最新数据，重点收集关于网民的总体规模、性别结构特征、年龄结构特征、学历结构特征、职业结构特征、收入结构特征以及网民的上网时间、上网地点、上网设备、主要网络应用的使用行为等数据，以便全面了解我国网络市场的状况。

2. 总结并分析我国网络市场的发展趋势

查询 2010 年 1 月至 2012 年 1 月间 CNNIC 发布的 5 次《中国互联网络发展状况统计报告》，分别收集各次报告中关于网民的总体规模、性别结构特征、年龄结构特征、学历结构特征、职业结构特征、收入结构特征以及上网时间、上网地点、上网设备和网络应用等数据，进行纵向汇总，将结果填入表 4-1 和表 4-2 中。

表 4-1　我国网络市场发展状况汇总表（1）

项　目	网民的总体规模	宽带网民比例	男女性别比例	上　网　时　间	家庭上网比例	手机网民比例
2010 年 1 月						
2010 年 7 月						
2011 年 1 月						
2011 年 7 月						
2012 年 1 月						

表 4-2　我国网络市场发展状况汇总表（2）

项　目	20～39 岁网民比例	高中以上学历的网民比例	学生网民比例	2000 元以上收入的网民比例	主要网络应用
2010 年 1 月					
2010 年 7 月					
2011 年 1 月					
2011 年 7 月					
2012 年 1 月					

3．判断我国网络市场的发展趋势

通过将各组数据制作成曲线，可以得出我国网络市场的发展轨迹，并据此判断未来我国网络市场的发展趋势，这对于我们掌握网络市场的发展动向具有重要意义。

任务要求

（1）小组分工完成，每个小组收集并整理近 3 年中国网络市场发展状况的数据，并完成表 4-1 和表 4-2。

（2）根据所收集的数据资料和汇总分析的结果，完成我国网络市场特征分析报告的编写工作。

（3）根据网络市场特征分析报告制作 PPT，并在课堂上进行讨论。

任务二　分析网络消费者

知识基础　网络消费者

完成本任务所需要的知识基础包括网络消费者的类型及特征、网络消费者的购买行为等基本理论。

一、网络消费者的类型及特征

从狭义上看，网络消费者是指通过互联网在网络市场中进行消费和购物等活动的人群。但是，由于所有网络用户在上网过程中都会使用各种网络应用，即使其所使用的网络应用是免费的，比如免费的邮箱、免费的即时通信软件等，对提供该网络应用的企业来说，这些用户也都被看做消费者。因此，从广义上看，网络消费者包括所有网民，既有网上购物者，也有网上冲浪者。

1．网络消费者的类型

消费者行为是对消费者进行分类的有效方式之一，而网络消费者的网络应用行为则是对网络消费者进行分类的有效方式之一。企业应根据网络应用情况对网络消费群体进行细分，重点分析不同类型的网络消费者的行为特征，并且结合自己及自身产品的特点为网络营销活动提供更为精准的目标群体定位依据，以便制订相应的营销策略。

依据网络消费者的网络应用行为的不同，网络消费者可分为以下 4 种类型：

（1）娱乐型　娱乐型的网络消费者的网络应用较为单一，主要是网络游戏、网络音乐、网络视频。这一群体在年龄上偏向于低龄。娱乐类网站和相关信息对此类型的网络消费者具有较大的吸引力，企业在网站上提供娱乐类新闻、小游戏或音乐和视频，能够在很大程度上吸引娱乐类网络消费者的关注和浏览。

（2）交流型　交流型的网络消费者热衷于网上的交流活动，他们喜欢即时通信、博客、论坛/BBS、交友等具有社交特征的网络应用，是网上的活跃用户。企业为用户提供的个人空间、博客和微博、网站的论坛等，能够对这类消费者产生吸引力。

（3）信息搜集型　信息搜集型的网络消费者在网络上的主要活动就是利用各种搜索引擎、政府及媒体的网站等搜集所需的信息，他们是网民中最大的一个群体。对这类网络消费者来说，电子书、免费的信息服务和各种数据资料都能够吸引他们的关注。

（4）购物型　购物型的网络消费者是近两年增长速度较快的网络消费群体，有超过 1/3 的网民应用或曾经应用过网络购物，网上支付、商务预订等网络应用项目也比较受这一类型的网络消费者的关注。随着网络购物服务的深化、支付便捷性的增强和物流系统的完善，越来越多的网民通过网购实现日常消费，这一类型的网络消费者规模也将越来越大。由于此类群体是直接的网上商品购买者，因此，以网上销售业务为主的企业尤其应当关注购物型的网络消费者，同时，企业应当采取合适的网络营销策略，鼓励没有网购经验的网民尝试网上购物活动，以帮助更多的网民获得网上购物体验，实现从潜在消费者到现实消费者的转化。

阅读资料

中国网民的分群状况

CNNIC 于 2009 年 1 月发布的《第 23 次中国互联网络发展状况统计报告》，将网民的网络应用行为进行分群，将网民分为 7 大群体，如图 4-6 所示。

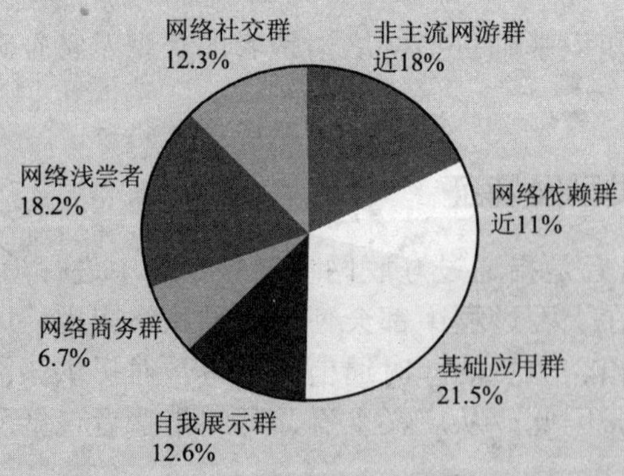

图 4-6　中国网民分群群体命名和群体规模示意图

其中，网络依赖群在各种网络应用上的群体特征值都高于总体平均水平，他们所使用的网络应用最多、每周上网时间也最长，他们是互联网最忠实的用户。网络商务群是网民中最小的一个群体，虽然此群体在上网时长、网络应用数量上都远低于网络依赖群，但在电子商务、在线炒股、旅行预订等应用上的特征明显强于搜索引擎、即时通信、电子邮件等基础应用。网络社交群在即时通信、博客、论坛/BBS、交友网站等社区类网络应用上的渗透率明显偏高。基础应用群是最大的一个群体，此群体在搜索引擎、电子邮件、即时通信等互联网基础应用上的使用比例远高于总体水平，而在其他应用上的使用率却明显偏低。自我展示群的用户全部拥有博客，而在其他应用上，他们的使用率明显低于总体水平。非主流网游群中的网民全部玩网络游戏，除此之外，他们在其他应用上的指数都低于总体水平。网络浅尝者在各个应用上的群体特征都不突出，他们上网时间最少，使用的网络应用数量最少，同时他们也是网龄最短的群体，但是他们却是平均年龄最大的群体，此群体显示了互联网向高年龄群体的扩张。

动手动脑

你属于哪一类型的网络消费者？

2．网络消费者的特征

网络消费者的特征是网络营销人员制订营销策略的重要依据。网络消费群体有着与传统消费者不同的心理及行为特征，主要表现在以下 4 个方面：

（1）注重自我　目前，网络用户以年轻人为主，他们拥有不同于他人的思想和喜好、有独立的见解和想法，而且需求变化极快、个性化特征极为突出。因此，从事网络营销的企业应尊重他们的意见和建议，想方设法地满足其独特的需求，而不是用大众化的标准来寻找大批的消费者。

（2）头脑冷静、擅长理性分析　目前，在网络用户中，城市居民、高学历的年轻人占有很大比例，他们不会轻易受舆论左右，对各种信息有较强的分析、判断能力，因此，具有较好品牌形象、信誉和企业文化的产品更容易为他们所接受。

（3）对新鲜事物有较强的接受能力　网络上的大批年轻人对新鲜事物较为热衷，无论是新闻、时政还是网上娱乐、网上视频，都能够引起他们的兴趣。

（4）缺乏耐心　由于网络用户以年轻人为主，因而表现得比较缺乏耐心，当他们搜索信息或浏览网页时，其比较注重所花费的时间，如果链接、传输的速度比较慢，打开网页所需的时间稍长的话，他们一般会马上离开这个站点。

应用实例

杰克琼斯对网络消费者的精准定位

杰克琼斯是淘宝网上著名的男装品牌，其目标消费群是 18～35 岁之间，并且机敏、明智、受过良好教育、热衷社会活动的男性。他们对生活有独特的理解，穿着随意，追求时尚。这群人生活在繁杂的大都市，对新事物有着敏锐的洞察力，因此品位独特。可以说，中国网民的平均年龄正好落在杰克琼斯目标消费群的年龄区间，同时，杰克琼斯目标消费群的性格特征也与中国网民较为相似。为了满足网络消费者的消费需求，杰克琼斯采取了独特的营销策略。一方面，杰克琼斯在其网店上开辟了“达人笔记”板块和网友讨论区，每天由时装编辑、模特、知名服装设计师、时尚达人等与网友在线进行沟通、互动；杰克琼斯还在网店上设置了讨论专区，主要介绍当下流行装扮、推荐下季潮流趋势、解答网友提出的关于着装及搭配技巧的问题，与消费者进行最直接的时尚交流。另一方面，杰克琼斯在网站上设置了FANS俱乐部。在FANS交流区，消费者可以讨论经典款式收藏和流行趋势；在FANS资讯区，杰克琼斯会公布品牌的最新动态，并且组织不定期的会员或团购活动，同时允许会员间交换二手闲置服装，从而大大提升了人气和流量；在FANS话题区，消费者可以进行直接的交流与沟通。通过精准定位和针对性极强的网络营销模式，杰克琼斯牢牢地把握住了一大批忠实的顾客群。

【问题】杰克琼斯是如何根据其定位的目标顾客开展网络营销活动的？

3．网络消费者的需求特征

网络消费是一种新型的消费形式，网络消费者的需求特征明显不同于传统消费者，主要表现在以下7个方面：

（1）消费需求的个性化趋势明显　随着消费品的日益丰富和消费者个性化需求的不断增强，消费者开始制订自己的消费准则，营销的重心回到了对个性化需求的满足上。个性化消费正在成为消费的主流，而网络应用的普及为网络消费个性化的实现提供了条件，也使网络消费个性化特征日益显现。

应用实例

个性化的左开门冰箱

2000年7月，海尔公司在获悉哈尔滨市民宋先生求购海尔左开门冰箱后，立即组织技术人员进行技术攻关。为了满足用户的个性化需求，海尔冰箱事业部经过紧张的现场研制和技术改造，克服了一系列技术方面的难题，4天后终于生产出了完全符合质量标准的左开门海尔小小统帅冰箱，并如期送到了购买者宋先生的家中。这台定制的海尔冰箱是海尔通过电子商务售出的第一台个性化冰箱，也是国内第一台通过网上定制的家电产品。通过网上定制，消费者可以根据自己的需求、喜好来设计自己所喜爱的产品，海尔则实现了家电业由传统营销模式向新经济时代满足消费者个性化需求经营方式的战略转移。

【问题】企业将如何面对个性化需求成为新经济时代的消费趋势？

（2）消费的主动性增强　在社会分工日益细化和专业化的趋势下，消费者的消费风险随产品服务选择性的增加而上升。在选择大件耐用品或高技术产品时，消费者往往利用各种渠道搜集有关产品服务信息，并且通过分析和比较做出最为合理的购买决策，以减少购买的风险和购买后的后悔感。网络应用的普及和网络营销的开展，为消费者搜集相关产品服务信息提供了方便、快捷的手段，大大提高了消费者选择的主动性和满意程度。事实上，消费主动性的增强来源于现代社会不确定性的增加和人类追求稳定、平衡欲望的增强。

应用实例

玫琳凯积极满足消费者主动体验的需求

玫琳凯（中国）化妆品有限公司的网站（www.marykay.com.cn）中包含了许多女性消费者所希望了解的商品信息。网站上介绍了玫琳凯公司的历史、企业文化、特色服务、国际分布、产品系列及促销信息等。消费者可以通过网站了解玫琳凯公司的产品、营销策略；可以通过模拟彩妆大师，在线测试化妆效果；可以直接在线购买产品。通过为顾客提供主动体验，玫琳凯公司加深了消费者对其产品的信任程度，也强化了顾客的购买欲望。

【问题】什么是体验营销？

（3）购买的方便性　追求购买的方便和快捷是网络消费者需求的重要特征之一。随着生活节奏的加快，企、事业单位的工作人员所承受的生活及工作压力越来越大，节省时间、便捷购物成为其购买行为的主要特征之一。同时，一边享受着网上的娱乐活动、一边浏览网上店铺的商品、一边与网友讨论产品服务信息且在网上下单购物，已成为许多网民所热衷的休闲购物方式。

（4）购买的低价性　从消费的角度来说，尽管价格不是决定消费者购买的唯一因素，但却是影响消费者购买选择的主要因素。物美价廉是许多中、低收入消费者选择商品的重要标准。现代信息技术的应用，能够帮助企业降低成本、减少库存、节约营销费用，从而保证商品以较低的价格提供给顾客，这也是网上购物具有较强的吸引力的重要原因之一。

（5）消费需求的差异性　网络营销的发展使网络消费者的个性化需求和定制需求特征日趋突出，个性化需求必然带来消费者需求的差异性。不同的网络消费者因个人特征和所处的环境不同，会有不同的需求。企业开展网络营销，必须分析和研究消费者需求的差异性及差异产生的原因，从产品的构思、设计、制造到产品的定价、包装、运输、销售，都要根据需求的差异性来设计，并针对不同消费者的需求特点来制订相应的营销策略、营销措施和方法。

（6）消费需求的层次性　在传统的商业模式下，人们的消费层次一般从低层次需求开始，逐渐向高层次需求延伸，即先满足个人的生存需求（比如对食品、服装等产品的需求），然后在此基础上追求精神上的需求（比如享受、休闲、娱乐等）。网络消费者的消费需求也具有层次性，但其层次的扩展方向与传统消费需求层次的扩展方向相反。在网络市场的发展过程中，由于大部分网民不了解网上购物活动，所以他们往往选择图书、音像制品等满足精神需求的产品来积累网上购物体验，并且减少因购买决策失误而带来的风险对日常生活的影响；在积累了足够的购物经验的基础上，网民所购产品逐渐向日常生活用品转移（比如食品、服装等），将其日常购物活动完全融入网络市场中，因而其消费需求的层次性体现为由高层次需求向低层次需求扩散。

（7）消费需求的超前性和可诱导性　追求时尚和新颖是许多网络消费者消费需求的特征，也是许多青年消费者的主要购买动机。产品及服务的款式、格调和流行趋势往往成为他们选择产品的主要依据，这与其个性化消费需求也有着紧密的联系。网络营销企业必须借助丰富、及时的网络信息资源，追踪和引导消费流行趋势，适时开发网络消费者所喜欢的时尚产品和服务，以满足网络消费者的需求。

二、网络消费者的购买行为

在网络的虚拟世界中，提高顾客的忠诚度比推销产品更加重要。只有了解网络消费者的特点、把握消费者需求的方向、分析网络消费者在网上购物时的行为特征，企业才能制订合适的营销策略以满足消费者的需求，从而获取较高的收益。

1. 网络消费者的购买动机

消费者的消费需求是由购买动机引起的。网络消费者的购买动机是指在网络购买活动中，能使网络消费者产生购买行为的某些内在的动力。只有了解消费者的购买动机，才能预测消费者的购买行为，同时制订相应的营销策略和促销手段。网络消费者的购买动机可以分为两大类：需求动机和心理动机。

（1）需求动机　网络消费者的需求动机包括兴趣、聚集和交流。

1）兴趣。许多网络消费者之所以热衷于上网活动，是因为他们对网络抱有极大的兴趣。这种兴趣的产生，主要源自两种内在驱动力，一是探索的内在驱动力，即网民出于好奇的心理，驱动自己沿着网络提供的线索不断地向下查询，希望能够找出符合自己预想的结果，甚至到了不能自拔的境地；二是成功的内在驱动力，即当网民在网络上找到自己所需的信息、软件、游戏或达成某项具体目标时，他们会产生一种成功的满足感。

2）聚集。网络为具有相似经历或相同兴趣爱好的网民提供了聚集和交流的平台，这个平台不受时间和空间的限制。通过网络平台聚集起来的网民形成了一个极具民主性的群体，在这个群体中，所有成员都是平等的，每个成员都有独立发表自己观点和意见的权利，这使得在现实社会中经常处于紧张状态的人们在虚拟社会中能够得到放松和解脱。

3）交流。交流是很多网民上网的主要需求之一。随着信息交流频率的增加，网上交流的范围也在不断扩大，这促使对某种产品或服务有相同兴趣和需求的网民聚集在一起，形成商品交流的网络平台，即网络商品交易市场。在这个虚拟的交易市场中，参与者大多是有目的的，他们所交流的信息涉及产品质量、价格、库存量、新产品的种类等，这些信息和经验多是他们的亲身体会。网络营销人员参与并搜集相关信息，不仅可以了解消费者的需求、制订切实可行的营销策略，还可以有效地组织生产、降低生产成本、提高劳动生产率。

（2）心理动机　心理动机是基于人们的认识、感情、意志等心理过程而引起的购买动机。网络消费者购买行为的心理动机主要体现在理智动机、感情动机和惠顾动机 3 个方面。

1）理智动机。理智动机建立在网民对网上所售商品的客观认识的基础上。网络消费者多为年轻人，他们具有较强的分析和判断能力，其购买决策是在反复比较各网上商场的商品之后做出的，其对所选购商品的特点、性能、使用方法等进行了深入的了解，这种购买类型为理智型。在理智购买动机的驱使下，网络消费者首先关注的是商品的先进性、科学性和质量，其次是商品的经济性。理智购买动机具有客观性、周密性和控制性的特点。

2）感情动机。感情动机是基于网民的情绪和感情所引起的购买动机。感情动机又可以分为两种形态，一是低级形态的感情购买动机，它是基于喜欢、满意、快乐、好奇的基础上而产生的，一般具有冲动性和不稳定性的特点；二是高级形态的感情动机，它是基于道德感、美感、群体感的基础上所产生的，具有较强的稳定性。同时，网上商场为网络消费者提供的异地送货业务，也促进了感情动机的形成。

3）惠顾动机。惠顾动机是基于理智经验和感情之上的，对特定的网站、图标广告、商品产生特殊的信任与偏好而重复地、习惯性地深入了解产品服务信息，并且产生购买意愿的心理动机。具有惠顾动机的网络消费者，一般是某一站点的忠实浏览者。他们不仅自己经常光顾相关站点，而且对周围网民也具有较大的影响，甚至在企业的产品或服务出现某种瑕疵时，也能予以谅解。

2．网络消费者的购买过程

网络消费者在网上购物前，首先会在网上搜索、浏览相关产品或服务的信息，为做出购买决策提供依据，然后再进行购买。消费者的购买决策过程实际上是一个信息搜集、分析和评价的过程。网络消费者的购买过程一般分为 5 个阶段：购买动机产生、搜集信息、比较选择、做出购买决策和购物后的评价。

（1）购买动机产生　网络购买过程的起点是诱发并唤起需求。对网络营销者来说，诱发网络消费者的需求动因局限于视觉和听觉，即吸引网络消费者的注意是成功的基础。为此，网络营销者必须充分了解与自己产品有关的实际需要和潜在需要，把握诱发消费者需求的其他因素，并且依此设计相应的促销内容以吸引更多的消费者浏览网页，从而激发访问者的需求和欲望。

（2）搜集信息　在需求被诱发后，每个消费者都希望自己的需求能得到有效的满足。为此，消费者往往会积极地搜集相关信息。

一般来说，消费者搜集信息的渠道可分为内部渠道和外部渠道。内部渠道是指消费者个人所存储、保留的市场信息，包括购买商品的实际经验、对市场的观察以及个人购买活动的记忆等。外部渠道是指消费者从外界搜集信息的通道，包括个人渠道、商业渠道和公共渠道等。消费者首先会在自己的记忆中搜寻可能与所需产品相关的知识与经验，而在内部信息不充分或有缺失时，其便会通过外部渠道搜集相关信息。

根据消费者搜集信息的范围和努力程度的不同，搜集信息可分为 3 种模式。

广泛问题的解决模式：它是指在消费者尚未建立评判特定产品或特定品牌的标准、也不存在品牌偏好倾向的情况下，广泛地搜集某种产品或服务信息。当消费者因好奇、消遣或其他原因对某种不熟知的产品产生兴趣时，就会广泛搜集相关信息以便进一步了解产品，为做出购买决策提供依据。

有限问题的解决模式：它是指在消费者已建立了评判特定产品的标准，但还没有产生特定品牌偏好时，有针对性地搜集产品信息。此时搜集的信息对消费者购买决策有直接的影响。

常规问题的解决模式：它是指在消费者对将要购买的产品或品牌已有足够的经验和明确的购买倾向的情况下，搜集有关产品销售、售后服务等方面的信息，以便正常或合理使用产品。此时搜集的信息主要是有关产品的使用信息等，对购买决策影响不大。

（3）比较选择　消费者需求的满足以其支付意愿和实际支付能力为基础。没有支付能力的购买欲望只是空中楼阁，不会产生实际购买行为。能满足消费者同一需求的产品及服务有很多，在比较分析的基础上，消费者根据自己的支付意愿和实际支付能力做出购买决策。比较选择是网络消费者购买过程的重要环节。消费者对从各渠道汇集而来的信息进行比较、分析和研究，了解各种产品服务的特点和性能，然后才会做出购买决策。

应用实例

泡泡网的“产品对比栏”

泡泡网（www.pcpop.com）为用户提供的“产品对比栏”功能，如图 4-7 所示。用户在选择产品时，只要根据一些筛选条件，比如品牌、价格等，就可以搜索出相关产品，在搜索结果中再通过比较来选择最满意的产品。用户在使用“产品对比栏”功能时，只需点击“加入对比”按钮，就在“产品对比栏”中添加了需要进行对比的产品，再点击“进行对比”按钮，就会显示选中的几款产品的对比结果，如图 4-8 所示。

图 4-7　泡泡网的产品对比功能页面

综述 | 报价 | 图片 | 参数 | 点评 | 评测 | 促销 | 论坛 | 网上购买

参数显示：◉显示全部参数 ○隐藏相同参数

森海塞尔MX270 属于森海塞尔Street系列耳机，森海塞尔Street系列共13款耳机　　森海塞尔Street系列耳机 森海塞尔耳机大全

产品名称	森海塞尔 MX270	森海塞尔 MX271	森海塞尔 PC131	铁三角 ATH-C100M
产品图片	共19张图片	共1张图片	共53张图片	共13张图片
产品价格	￥150	￥150	￥199	￥95
	排除比较 >	< 排除比较 >	< 排除比较 >	< 排除比较
基本参数	森海塞尔 MX270	森海塞尔 MX271	森海塞尔 PC131	铁三角 ATH-C100M
耳机佩戴方式	耳塞式	耳塞式	头戴护耳式	耳塞式
耳机类型	有线动圈耳塞	有线动圈耳塞	有线动圈耳麦	有线动圈耳塞
功能用途	普通耳机	普通耳机	语音耳机	普通耳机
单元直径	-	-	-	13.5 mm
频响范围	19Hz-20KHz	19Hz-20KHz	30Hz-18kHz	18Hz-22kHz
最大功率	-	-	-	40mW
阻抗	16.0欧姆	16.0欧姆	32.0欧姆	16.0欧姆

Street系列其它耳机

森海塞尔 MX880	￥445 [比较]
森海塞尔 HD598	￥2400 [比较]
森海塞尔 MX270	￥150 [比较]
森海塞尔 MX580	￥350 [比较]
森海塞尔 MX470	￥230 [比较]
森海塞尔 MX271	￥150 [比较]
森海塞尔 MX 370	￥199 [比较]
森海塞尔 MX471	￥220 [比较]
森海塞尔 MX 371	￥200 [比较]
森海塞尔 CX280	￥425 [比较]
森海塞尔 CX 271	￥330 [比较]
森海塞尔 MX581	￥350 [比较]
森海塞尔 CX 281	￥425 [比较]

图 4-8　泡泡网的产品对比结果

【问题】（1）“产品对比栏”能够帮助消费者解决产品比较方面的问题吗？

（2）如果消费者想要在不同的网站上比较同类产品，你有什么好的建议吗？

一般来说，消费者的评价指标包括产品的功能、可靠性、性能、样式、价格和售后服务等。

网络购物在虚拟的网络上进行，消费者不直接接触实物，其对产品的比较依赖于企业所提供的信息，包括文字描述和图片等。网络营销者对产品描述不充分或过度夸张、甚至带有虚假的成分，都会误导消费者，甚至失去消费者的信任。

（4）做出购买决策　网络消费者在完成对商品的比较和选择后，会做出购买决策。与传统的购买方式相比，网络消费者的购买决策有 3 个特点：一是网络消费者的理智动机占主导，感情动机多处于次要地位；二是网络购物受外界影响小；三是网上购物的决策时间短、速度快。通常，影响消费者购买决策的因素有两种：一是他人的态度，包括其他人对产品的评价和意见；二是一些偶然因素。

（5）购物后的评价　购买商品后，通过一段时间的使用，消费者会对自己的购买选择进行总结、做出评价，并且重新考虑购买决策的正确性。为了提高企业的市场竞争力、提高顾客的忠诚度，企业必须虚心倾听顾客反馈的意见和建议，改进营销策略。方便、快捷的电子邮件及论坛、网络社区和其他网上交流工具，为企业与顾客提供了沟通渠道，也为网络营销人员搜集消费者购物后的评价信息提供了便利。

3．影响网络消费者购买行为的因素

随着网络营销的发展，网上购物逐渐为消费者所熟悉和接受。影响网络消费者购买行为的因素有很多，包括个人收入水平、产品服务价格等经济因素，消费者心理、需求与动机等个人因素，社会文化、职业环境和相关群体等社会文化环境因素。概括起来，影响网络消费者购买行为的因素主要有以下 6 个方面：

（1）产品与服务的价格　价格是影响消费者消费心理及消费行为的主要因素，也是市场竞争的主要手段。一般来讲，价格与需求量呈反比关系。由于网络的跨时空性和搜索的方便性，顾客的迁移成本极低，顾客可以较为容易地比较不同网上商店的同一产品的价格，一旦发现其他网上商店有价格更低而且能满足其需求的产品时，顾客可以直接迁移至此进行购买，这也给企业带来了更大的竞争压力，这要求企业必须应用更加灵活的营销策略来吸引网络消费者。

（2）交易时间　交易时间包括网上交易合同订立的时间和交易过程耗费的时间。与网下交易不同，网上交易合同可以在任何时间签订。网络消费者为交易花费的时间主要是网上信息资料的收集、分析时间及产品与服务的选择、比较、谈判、达成协议的时间和物流时间。网上交易一般比网下交易所花费的时间少，并且网上交易可以在网络消费者认为的任何合适的时间完成，其无需抽出时间、花费精力去逛街购物，这使得人们可以边工作或边聊天休闲而边与商家进行网上谈判。

（3）产品的特征　目前，网上交易的产品多为时尚、流行的产品，这些产品往往在价格上占有绝对优势，比如 3C 类产品。随着网络营销的发展和网上品牌的建立，网上交易产品的种类也将越来越丰富，一些大件产品、非标准化产品，比如服装、珠宝首饰、汽车、房产等，也可以在网上交易。

（4）安全可靠性　一部分网络消费者有稳定的收入、青睐的品牌，他们喜欢时尚，也重视品质，他们对网络购物缺乏信任和安全感，担心没有售后服务或售后服务差。同时，许多网络消费者对目前的网络支付系统也不满意。他们认为网络支付系统要么太复杂，使用不方便；要么缺乏安全性。许多网络消费者还对注册时要提交自己的真实姓名、住址和联系方式等私人信息心存疑虑，担心会被网站泄露而给自己的生活带来不便。网上欺诈、网购纠纷的频繁发生也严重影响了网上交易的发展。因此，企业想要吸引更多的网络消费者，就必须消除其对安全性和隐私权的担心，为其提供安全可靠、值得信赖的网上购物环境。

（5）购物的便捷性　节省时间、操作方便是网络消费者网上购物的重要动因，也是网上购物的优势所在。在网下交易中，顾客既要与商家谈判，又要掌握商品服务的信息和知识，需要耗费大量的时间和精力。现代快节奏的生活使白领阶层更愿意将有限的时间和精力用于休闲娱乐，从事一些有益于身心健康的活动，充分享受生活。网络购物能使消费者在轻松上网的同时，方便快捷地完成购物。同时，便捷性和易操作性也是很多网络消费者选择购物网站的一个重要标准，比如网站提供的“购物车”、“一站式购物”、“快捷支付”等服务，能够吸引很多不愿进行复杂操作、喜欢方便快捷的网上购物活动的消费者。

（6）其他因素　影响网络消费者在线交易的因素还包括上网的便利性、网速、网上支付方式、送货方式等。

任务描述

本工作任务将使学生学会分析影响网络消费者购买行为的因素，能够针对网络消费者的购买决策过程来把握网络营销工作的重点。

任务情景

顾客是企业服务的对象，企业通过满足顾客的需求获得利润。企业必须认真研究顾客的所想所要、分析顾客的购买行为，这对有效地开展营销活动是至关重要的。

每个开展网络营销的企业都有其提供产品和服务的对象，即目标消费者。不同的网上店铺因提供的产品和服务不同，所面对的目标消费者也不同。我们必须对目标消费者的特征进行分析，找出影响消费者购买的因素，针对消费者的购买过程做好营销工作的部署。

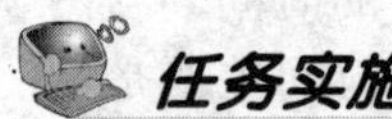

任务实施

1．掌握目标消费者的基本特征

首先，针对网上店铺打算销售的商品，初步考虑其对应的目标顾客的类型和这些顾客群体的基本特征，具体包括年龄特征、职业特征、学历特征、收入特征、地域特征等。只有准确地把握本店铺的网上消费者的基本特征，才能有针对性地开展下一步的营销活动。其次，通过浏览网上销售同类商品的店铺，观察并记录其商品购买者的基本情况，或者以买家身份与同类产品的销售者进行交流，了解其顾客来源和构成。再次，当面对陌生顾客时，通过灵活的询问引导，获取顾客的基本信息，并且加以总结分析，验证之前对目标消费者的定位和特征的把握是否准确，若有偏差，应及时调整。

2．分析目标消费者的心理和购买行为特征

当有陌生顾客对本店铺所售商品进行咨询时，积极与目标顾客进行交流，并且细致观察其行为特征。顾客详细询问产品的有关细节、对价格比较在意、透漏出曾反复比较过同类商品、曾经有过类似的购买经验等，均能够在很大程度上反映出该顾客的心理状况。通过积累这类资料，逐渐形成对本店铺目标顾客心理和购买行为特征的规律性的认识，同时，积极进行总结归纳，将目标顾客对不同商品的不同心理和购买行为特征填入表4-3中。

如果本店铺没有陌生顾客咨询购买，那么请小组合作完成此项工作任务。两个小组合作进行角色扮演，双方分别扮演对方小组网上店铺的购买者，访问对方的网上店铺，浏览其产品，与卖家进行交流咨询，并且尝试购买。然后，小组通过访谈法调查购买者的动机和购买的影响因素，进行总结，并填写表4-3。

表 4-3 目标顾客心理和购买行为特征归纳表

	商 品 A	商 品 B	商 品 C	备 注
需求动机				
心理动机				
购买影响因素				
其他				
简评				

3. 根据对网络消费者的分析部署网络营销工作重点

通过总结归纳本店铺网络消费者的心理和购买行为特征，充分了解目标市场状况，并且根据购买过程中目标顾客在不同阶段所表现出的不同特征，详细部署该阶段的网络营销工作重点，并且将购买过程的不同阶段的目标顾客需求重点和网上店铺的网络营销工作重点填入表 4-4 中。

在诱发需求阶段，顾客处于对网上店铺和所售产品不了解的状态，其可能是随机性地浏览了本店铺的商品。此时，如果顾客产生了一定的兴趣并进行咨询，为了给其留下良好的印象，客服人员应当将介绍本店铺及其产品作为重点，并且将本店铺的简介及主营项目设置为自动回复内容，使顾客第一时间浏览到这些信息。当顾客进一步询问产品细节时，客服人员应当为其提供更多具体的产品信息，帮助顾客完成搜集信息的工作。当顾客表示看到有其他店铺销售同类产品时，客服人员应当主动将本店铺所售产品与其他店铺所售产品进行比较，客观真实地分析各自的优点和缺点，帮助顾客进行比较选择。

不同的小组也可以结合购买对方网上店铺商品的经历，在小组范围内进行交流和讨论，互相启发并填写表 4-4，同时将部署的网络营销工作重点落实到本店铺的经营活动实践中。

表 4-4 目标顾客需求重点和网络营销工作重点安排表

购 买 过 程	目标顾客需求重点	网络营销工作重点	备 注
诱发需求			
搜集信息			
比较选择			
购买决策			
购物后的评价			

4. 撰写网上店铺的网络消费者报告

对所搜集的资料和分析结果进行汇总，形成网上店铺的网络消费者分析报告，格式如下：

××网上店铺的网络消费者分析报告

一、网上店铺的目标顾客概况

1. 目标顾客定位的依据
2. 对目标顾客的定位
3. 目标顾客的基本情况

二、目标顾客的心理和行为特征

1. 特征一

2. 特征二

三、所采取的网络营销工作重点

任务要求

（1）小组分工完成，每个小组均应完成表 4-3 和表 4-4 中要求的分析和总结。

（2）根据上述分析，以书面报告的形式完成网上店铺的网络消费者分析报告。

（3）根据网络消费者分析报告制作 PPT，并在课堂上进行讲解和讨论。

项 目 小 结

知识基础一：网络市场的含义、分类与特征

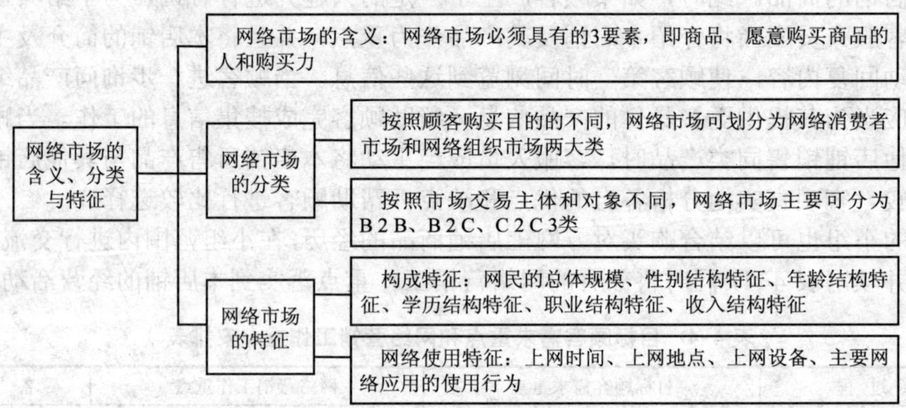

知识基础二：网络消费者

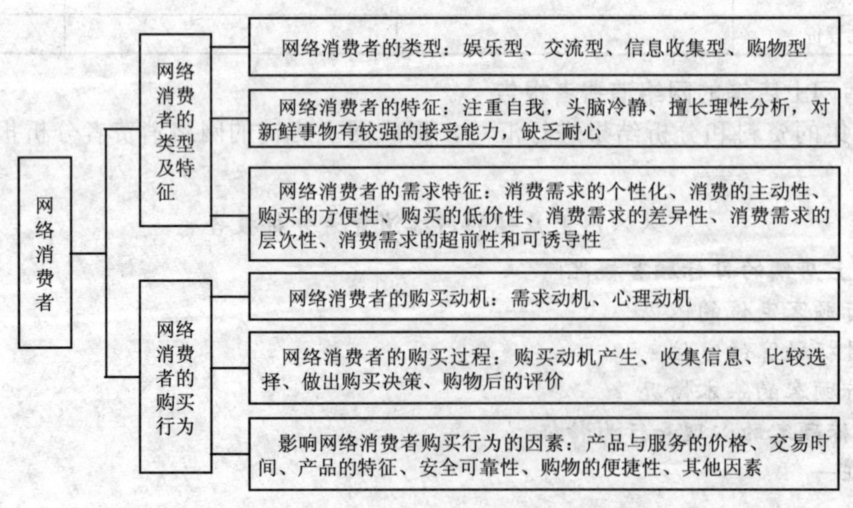

课后练习

一、单项选择题

1. 要开展有效的网络营销活动，必须深入了解网上用户群体的（　　）。
   A．需求特征、购买行为模式和购买动机
   B．购买行为模式、购买时间和购买动机
   C．需求特征、购买行为模式和购买地点
   D．需求特征、购买行为模式和购买时间
2. 网络购买过程的起点是（　　）。
   A．诱发并唤起需求　　B．搜集信息
   C．比较选择　　D．购买决策
3. 消费者会利用在网上得到的信息对商品进行反复比较，以决定是否购买，这体现出网络消费者个体行为的（　　）特征。
   A．主动性　　B．超前性　　C．交叉性　　D．差异性
4. 下列不是网络营销诱发消费者购买的直接动因是（　　）。
   A．产品质地　　B．文字的表述　　C．图片的设计　　D．声音的配置
5. 相比网络购买而言，传统购买方式的特点是（　　）。
   A．决策行为较网络购买的决策行为要快得多
   B．传统购买的感情动机比重较大，理智动机的比重较小
   C．受外界影响小
   D．传统购买的感情动机比重较小，理智动机的比重较大

二、多项选择题

1. 网络市场具有以下特点，即（　　）。
   A．全天候市场　　B．虚拟性市场
   C．实体性市场　　D．互动性市场
   E．全球性市场
2. 网络消费者的需求特征有（　　）。
   A．消费的个性化　　B．消费的主动性
   C．购买的方便性　　D．购买的低价性
   E．消费需求的层次性
3. 网络消费的心理动机包括以下几种（　　）。
   A．理智动机　　B．追求自由的动机
   C．感情动机　　D．惠顾动机
   E．需求动机
4. 影响网络消费者购买行为的主要因素有（　　）。
   A．交易时间　　B．产品的特征
   C．安全可靠性　　D．购物的便捷性
   E．产品与服务的价格

5．在虚拟市场中，网民间联系的目的是满足虚拟环境下基本需求，即（　　）。
A．兴趣　　B．交流　　C．休闲　　D．聚集
E．成功

三、简答题

1．简述网络市场的类型。
2．简述网络消费者的特征。
3．简述网络消费者的购买过程。
4．简述网络消费者的购买动机。
5．简述影响网络消费者购买的因素。

四、案例分析题

腾讯公司的“一站式”在线生活

腾讯公司是中国市场上规模最大的即时通信软件开发商。腾讯的业务涵盖了B2B、B2C、C2C，已形成了即时通讯业务、网络媒体、无线和移动增值业务、互动娱乐业务、互联网增值业务、电子商务和广告业务7大业务体系，并初步形成了“一站式”在线生活的战略布局。

在腾讯的网络营销模式中，多元化发展、高黏性的用户群、体验式营销和创新增值产品及服务是吸引数亿网民成为其用户的关键所在。首先，腾讯在“一站式”在线生活的战略布局中，建立了以门户网站为代表的信息服务、以QQ为代表的沟通服务、以QQ空间和腾讯微博为代表的展示和共享服务、以QQgame为代表的娱乐服务和以拍拍网为代表的电子商务服务，其逐渐向人们的工作和生活中不断渗透。其次，腾讯在即时通讯领域占得先机，形成了庞大而高黏性的用户群，QQ好友间的紧密联系使客户很难放弃QQ而改用其他即时通讯软件，这也使腾讯拥有了可以进入互联网任何领域的巨大潜力。再次，腾讯准确把握住网络消费者的需求特征，开发了QQ秀、QQ表情、QQ炫铃等一系列备受年轻人喜爱的、极具个性化的产品和服务，并以QQ群、个人空间和微博的形式满足了网民交流、聚集的需求。最后，腾讯为了满足网络消费者日益发散的应用需求，为用户提供了如移动QQ、QQ邮箱等丰富的增值服务，在移动商务领域实现了创新发展。

【问题】（1）腾讯公司把握住了目标消费者的哪些需求特征？
（2）腾讯公司如何通过网络营销活动，满足了目标消费者的需求？

项目五　制订网络营销战略与计划

知识目标

- 了解网络营销战略的含义与作用
- 了解网络营销战略管理过程
- 了解网络营销活动的过程
- 了解网络营销计划的内容

实训目标

- 会结合企业的特点制订网络营销战略
- 会根据企业网络营销战略制订网络营销计划

问题导入

联想电脑公司的“大联想”网络营销战略

联想集团是生产并销售服务器、商用计算机、家庭计算机等产品的企业，是目前全球第三大个人计算机（PC）制造商。作为计算机公司中的后起之秀，联想集团能够在激烈的竞争时代站稳脚跟，进而取得竞争优势，得益于其“大联想”的网络营销战略的成功，即从过去的PC供应商逐步成为Internet技术和产品的供应商、应用方案的集成商和信息服务的运营商这样“三合一”的Internet中坚力量。

首先，联想集团实施互联网战略转移。1999年是联想集团经营战略全面转向Internet的第一年，其战略重点开始由产品供应商向全面的产品、服务供应商转变。开发电子商务系统是其开始转型的一个重要策略和先行措施。

其次，联想集团建立互联网时代的经销渠道。1999年6月，公司正式开通了电子商务系统和专门用于专卖店的信息管理系统。该系统开通后，集团80%以上的订单来源于网络。网络的运用，实现了联想集团与供应商、代理商、最终用户之间的互动式交流，使联想集团能迅速了解代理商及市场情况，及时调整产品线，有效降低库存，缩短供货周期，并且为用户提供个性化服务，提升了服务水准。

再次，联想集团提升渠道的专业化水平。在“大联想”战略指导下，联想集团从长远出发，不仅把合作伙伴纳入销售、服务体系，而且还把他们纳入自己的分配、培训体系，竭尽全力让合作伙伴充分发挥优势，运用个性化的客户服务系统，走上专业化道路。

最后，联想集团开发设计具有互联网特色的产品。1999年11月16日，联想集团在美国拉斯维加斯99Comdex大会上，举行了联想因特网计算机——Conet的发布会。Conet计算机采用多项专有技术使其能够便捷地接入因特网。互动的操作界面、“频道”式网页设计配合独特的频道旋钮，使Conet更加平易近人。Conet计算机外观设计新颖、独特，有强烈的视觉震撼效果，产品一经亮相即获得了与会同行和美国用户的广泛赞誉。

【问题】

（1）“大联想”战略为联想集团提供了什么样的发展方向？

（2）网络营销战略对企业的长期发展有何影响？

【点评】随着互联网的普及与广泛应用，企业的决策者和管理者必须从战略的高度预见网络经济的发展趋势，研究网络营销和传统营销的整合，为企业制订有效的网络营销策略提供战略指导。

任务一　制订网络营销战略

知识基础　分析网络营销战略

完成本任务所需要的知识基础包括网络营销战略的含义和作用、网络营销战略管理过程等理论。

一、网络营销战略的含义和作用

1．网络营销战略的含义

网络营销战略是企业市场营销战略的组成部分，企业在分析和确定网络营销战略之前，必须明确市场营销战略，了解本企业市场营销战略的特点与具体要求。企业的市场营销战略是企业为实现长远的经营目标，从全局的角度，对企业在较长时期内的市场营销发展的总体设想进行的设计和规划。

网络营销战略是企业以市场需求为导向，在网络营销环境分析的基础上，对企业网络营销的任务、目标以及实现目标的方案、重点和措施做出的总体的和长远的谋划。它是指导企业网络营销活动、合理分配网络营销资源的纲领。

阅读资料

战略与企业战略

战略（Strategy）一词起源于军事，“战”指战争，“略”指“谋略”，战略指军事将领指挥军队作战的谋略。在现代，“战略”一词被引申至经济领域，其含义演变为泛指统领性的、全局性的谋略、方案和对策。

企业战略是指企业为实现长远发展而进行的重要决策、采取的途径以及为实现战略目标对企业主要资源进行分配的一种模式。企业战略决定企业发展的方向、经营的范围。

企业战略分为3个层次：一是企业的总体战略，其涉及企业的经营发展方向、各经营单位之间的协调、整个企业的价值观念和文化环境的建立等。二是经营单位战略。企业从组织上把具有共同战略因素的若干事业部或其中某些部分组合成一个经营单位，每个战略经营单位一般都有自己独立的产品和细分市场。经营单位战略是在企业总体战略的制约下，指导和管理具体经营单位的计划和行动，为企业整体目标服务。三是职能战略，其是经营单位内主要职能部门的较短期战略，可使职能部门管理人员更有效地运用研究开发、市场营销、生产、财务、人力资源等方面的经营职能，从而保证企业目标的实现。

✍ 动手动脑

请分析战略和策略的区别。

提示：战略是对方向性的把握，而策略则是实现战略的具体措施。策略是从属于战略的，没有战略指导的策略是无价值的；而战略也是需要各种策略支持的，只有把握时机采取准确的策略，才能实现战略。

2．网络营销战略的作用

越来越多的企业开始实行战略管理，并且在企业组织机构中建立有效的战略管理系统，为决策者提供决策依据。网络营销战略管理的作用主要有以下5个方面：

（1）适应动态环境　战略管理的首要工作就是对企业经营环境进行分析和研究。企业借助互联网开展营销活动，要重点分析网络虚拟环境给企业提供的机会和带来的威胁，研究环境的变化趋势，科学地确定企业发展的方向，增强企业经营活动对环境变化的适应性。

（2）统一协调活动　网络营销战略决策关系到企业的经营和长远发展，决定企业网络市场开发、扩张的速度和规模，同时也制约着网络营销产品开发的进程。从全局出发来制订网络营销战略，能够统一协调网络营销各项活动，促进企业健康、稳定发展。

（3）指导营销实践　制订网络营销战略的目的是指导网络营销实践。在战略实施过程中，企业要根据环境的变化对战略计划进行评价和修改，不断完善战略计划。

（4）合理配置资源　网络营销活动的开展离不开人、财、物和网络技术等资源。企业的网络营销战略从全局出发，将长远的战略目标与近期的作业目标结合起来，有效配置企业的各种资源，从而实现战略目标。

（5）持续创新　战略管理不只是规划企业未来的发展方向，而且也计划如何实现企业的持续创新。以“计划是否继续有效”为指导，重视战略的评价与更新，使企业管理者能不断地在新的起点上对外界环境和企业战略进行连续性的探索，从而增强创新意识。

二、网络营销战略管理过程

为在激烈的市场竞争中求得生存并不断发展，企业必须重视和做好战略管理。企业应在充分分析外部环境和内部条件的基础上，确定和选择能实现企业目标的有效战略，并且将此战略付诸实施，同时对战略的实施过程进行控制和评价，以实现企业的网络营销战略目标。

1．网络营销战略分析

网络营销战略分析是制订网络营销战略的基础，是企业战略管理的起点。当企业的决策者和管理者意识到企业面临着关系生存和发展的机会或威胁时，或者在新的时期应有新的目标时，企业便开始进行新一轮的战略管理。

网络营销战略分析主要是对企业开展网络营销活动的环境进行分析和研究。企业通过对外部网络营销环境（比如政治法律环境、经济环境、科技环境、社会文化环境等）进行分析，发现企业面临的机会和威胁；通过对内部环境（比如企业的可控资源、生产经营状况、技术水平、营销能力等）进行分析，识别企业自身的优势和劣势。综合研究机会和威胁、优势和劣势，并且分析其产生和变化的趋势及这些变化对企业发展的影响，为企业制订网络营销战略提供依据。

2．明确网络营销目标和任务

网络营销战略的核心是战略目标，不同类型的企业有不同的网络营销战略目标。企业应在网络营销战略分析的基础上，明确网络营销活动的目标和任务。网络营销目标选择可以是增加销售、加强与顾客之间的联系、促进公共关系的建立、塑造良好的企业形象、降低销售费用等，或者是其中几项的结合。

（1）销售型网络营销目标　销售型网络营销目标是指企业借助网络的交互性、直接性、实时性和全球性，为顾客提供方便、快捷的网上信息展示。目前，许多传统的零售店在网上设立销售点，就属于销售型网络营销目标。

（2）服务型网络营销目标　服务型网络营销目标主要是指企业为顾客提供网上联机服务、远程咨询和售后服务支持等。目前大部分信息技术型企业都建立了此类站点。

（3）品牌型网络营销目标　品牌型网络营销目标是指企业通过网络宣传品牌形象，加强与顾客的联系和沟通，建立顾客的品牌忠诚，为企业的后续发展奠定基础。品牌型网络营销目标应配合企业现行的营销目标来实现。很多传统的生产型企业的网站都属于此类型。

（4）提升型网络营销目标　提升型网络营销目标是指企业通过网络营销替代传统营销手段，全面降低营销费用，提高营销效率，促进营销管理和提高企业竞争力。戴尔公司、海尔公司的网站就属于此类型。

（5）混合型网络营销目标　混合型网络营销目标力图同时达到上面目标中的几种。比如，亚马逊以网上书店作为其主要销售业务站点，同时创立世界著名的网站品牌，并且利用新型营销方式提升企业竞争力，既是销售型，又是品牌型，同时还属于提升型。

在确定网络营销目标时，企业应广泛征求多方面的意见，包括股东、员工、顾客、经销商等，同时结合企业发展的历史及现状、决策者或管理者的意图、生产经营环境的发展变化、企业的核心竞争力、企业可控资源的状况等各方面因素，提高目标任务的可行性。

3．网络营销战略的选择

企业在明确了网络营销任务后，就要结合网络营销任务、产品和服务的特点及目标市场的需求特性，选择合适的网络营销战略，从而确保网络营销战略目标的实现。

（1）网络营销发展战略的选择　与传统的企业营销市场发展战略相同，网络营销市场发展战略的选择包括密集型战略、一体化战略和多元化战略的选择。

密集型战略是指企业在现有业务范围内，充分利用在产品和市场方面的优势，挖掘潜力，实现企业长期发展的战略。其战略重点是对现有产品和市场的开发。当企业现有的产品和市场尚有潜力可挖时，企业可选择密集型战略。该战略下可供选择的产品—市场组合有3种：一是市场渗透策略，即企业进一步挖掘市场潜力，提高现有产品在目标市场中的占有率；二是市场开发策略，即企业为现有产品开辟新市场，扩大市场覆盖率；三是产品开发策略，即企业向现有市场提供新产品或改进的产品，满足目标市场的不同需求，比如改变产品的外观、造型，赋予产品新的特色、内容，推出不同档次的产品，丰富产品项目等。

一体化战略是指由若干关联单位组合在一起形成经营联合体，以提高企业的市场竞争力和抗风险能力。一体化战略选择有3种：一是后向一体化，即企业收购或兼并若干原材料供应企业，拥有或控制其供应系统，实行供产一体化；二是前向一体化，即企业谋求对分销系统甚至用户的控制权，比如收购、兼并批发商和零售商，以增强企业的销售力量和对渠道的控制能力；三是水平一体化，即企业争取与同类型其他企业实行各种形式的联合经营，扩大生产规模和经营实力，或者取长补短，共同利用市场机会。当企业所在行业有发展前途，在供、产、销方面实行合并更有效时，企业可以考虑在其市场销售系统的框架中增加新的业务，采用一体化战略。

多元化战略又称多角化战略，是指企业同时经营两种或两种以上基本经济用途不同的产品或服务的战略，即向本行业以外发展，扩大业务范围，实现跨行业经营。多元化战略选择有 3 种：一是同心多元化，即企业以原有技术、特长和经验为基础，有计划地增加新的业务，开发新的市场；二是水平多元化，即企业针对现有市场，采用不同技术来增加新的业务，满足目标市场更多的需求；三是综合多元化，即企业以新的业务进入新的市场。新业务与企业现有的技术、市场及业务毫无关系。当本行业缺乏进一步发展的机会或其他行业更有吸引力时，企业可以采用多元化战略，以实现新的发展。

（2）网络营销竞争战略的选择　与传统的企业竞争战略相同，网络营销的竞争战略选择包括 4 种：一是高质量竞争战略，即企业以质量为竞争手段，致力于树立高质量的企业形象，并且力图在竞争中以高质量超越竞争对手；二是低成本战略，即在市场竞争中，企业通过建立完善的网络营销系统，实现企业的组织、管理和生产等方面的协调配合，不断降低成本，保持企业的低成本竞争优势；三是创新战略，即企业通过不断创新，在信息技术、营销策略、营销方式等方面保持领先地位，降低对价格竞争的依赖性，保持企业的非价格竞争优势；四是集中优势战略，即企业集中精力向个别消费者或某一消费群体提供产品或服务，在局部市场形成明显的竞争优势。

（3）网络营销战略模式的选择　在明确了网络营销战略目标和选择了网络营销战略之后，企业必须根据自己的特点和顾客的需求特征，选择合适的网络营销战略模式。通常，企业可以考虑选择以下 6 种网络营销战略模式：

一是留住老顾客以增加销售的模式。企业通过向老顾客提供更多的增值服务和提高服务质量，以更好地满足顾客需求，改善与顾客的关系，提高顾客忠诚度，达到增加产品销售的目的，如图 5-1 所示。

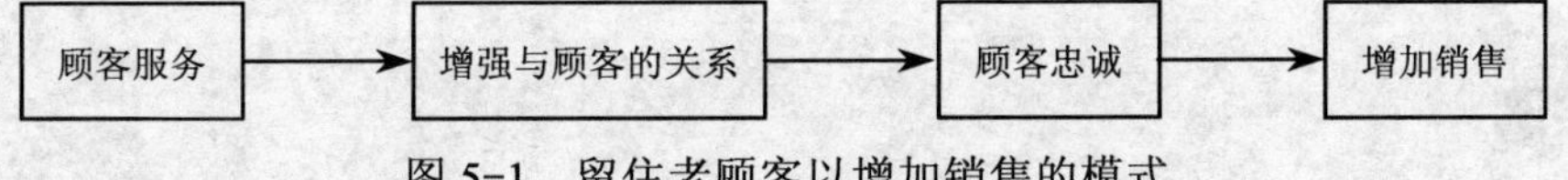

图 5-1　留住老顾客以增加销售的模式

二是提供有用信息以刺激购买模式。这种模型主要适用于零售企业。企业通过网络向顾客连续提供有用的产品与服务信息，其中包括新产品信息、产品的新用途等，并且企业不断更新站点的内容，保持网站的新鲜感和吸引力，以有用的信息刺激顾客的消费欲望，从而增加产品的销售量，如图 5-2 所示。

图 5-2　提供有用信息以刺激购买的模式

三是直复营销模式。对使用网络进行销售的企业来说，其最直接的效益来源于其直复营销功能，即通过简化销售渠道、降低销售成本，最终达到减少管理费用的目的，如图 5-3 所示。本模式适用于将网络用作直复营销工具的企业。企业利用网络实施直复营销，可以方便顾客购买，减少顾客在购物时间、精力和体力上的支出与消耗，同时，还可实现企业自身简化销售渠道、降低销售成本、减少管理费用的目的。网上的书籍、鲜花和礼品等产品销售经常采用这种模式。

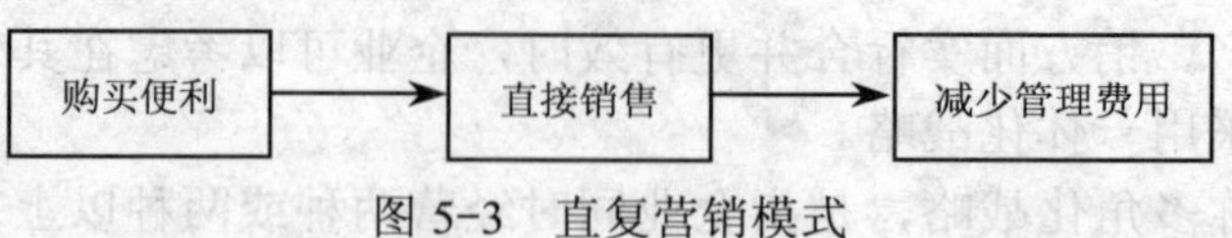

图 5-3 直复营销模式

四是顾客参与以提高顾客忠诚度模式。企业在网站上为顾客提供交流机会，通过引发顾客的兴趣和共同话题，形成“网络社区”，以此来提高客户忠诚度、增加顾客重复购买的次数，如图 5-4 所示。这种模型主要适应于信息服务业，比如电子报纸、杂志出版商等。

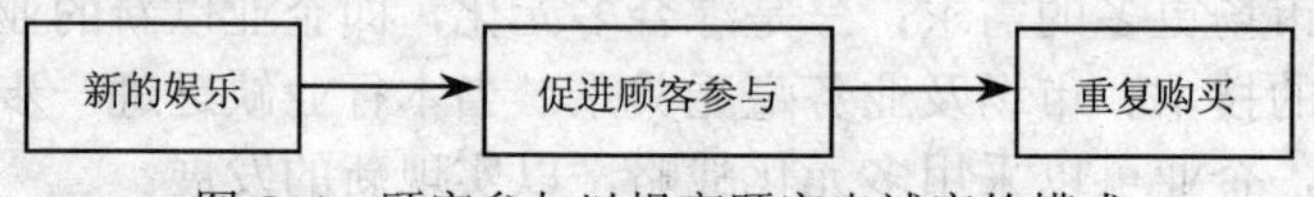

图 5-4 顾客参与以提高顾客忠诚度的模式

五是提高品牌知名度以获取更高利润的模式。将品牌宣传作为营销活动重点的企业可通过网页设计的美化来提升企业的品牌形象。企业把网站作为宣传推广的重要工具，突出品牌宣传，建立顾客忠诚度，从而最终达到提高市场占有率的目的，如图 5-5 所示。比如可口可乐公司，不是将网络作为直复营销的工具，而是将网络作为提升品牌形象的工具。

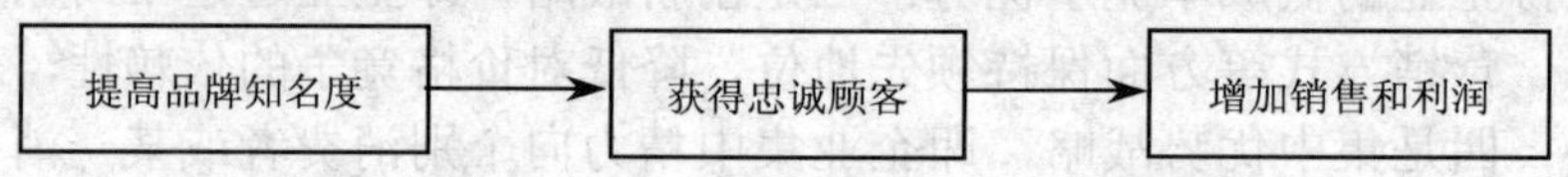

图 5-5 提高品牌知名度以获取更高利润的模式

六是数据库营销模式。网络是建立强大的、精确的营销数据库的理想工具。网络的即时性和互动性特点，使企业可以对营销数据库实现动态管理。拥有一个即时追踪市场状况的营销数据库，是公司管理层作出动态的、理性的决策的基础。传统营销学中的一些仅停留在理论上的设想，可以通过在网络上建立的营销数据库来实现，比如对目标市场的准确细分、对商品价格的及时调整等。数据库营销模式是传统营销模式的现代化，具有科学性和预测性的优势。

应用实例

戴尔（Dell）公司的数据库营销

美国戴尔公司通过网上直销与顾客进行交流，在为顾客提供产品和服务的同时，还建立起本公司顾客和竞争对手顾客的数据库。这个数据库包括顾客的购买能力、购买要求和购买习惯等信息。根据这些信息，戴尔公司将顾客分成 4 类：摇摆型的大客户、转移型的大客户、交易型的中等客户以及忠诚型的小客户。公司通过对数据库中的数据的分析，针对不同类型的顾客制订不同的销售策略，不仅提高了营销策略的针对性，还在减少营销费用的同时提高了销售收入。

【问题】数据库营销成功的关键在于什么？

4. 网络营销战略的规划与实施

在选择网络营销战略模式后，企业就要组织制订并实施战略规划。

（1）网络营销战略的规划　对许多企业来讲，网络营销是一场营销革命，是对企业传统营销观念、营销策略和营销渠道的突破，涉及企业的组织、文化和管理等各方面。为有效实施网络营销战略，企业的网络营销战略规划应包括以下 4 个方面的内容：

一是目标规划。在企业确定网络营销战略的同时，应选择与之相适应的营销目标、营销策略及策略组合。目标规划包括短期目标规划、中期目标规划和长期目标规划。

二是技术规划。网络营销的实施离不开技术和技术人员的支持，技术规划就是要根据企业网络营销战略的需要，制订相应的技术开发、技术引进和人才培养计划，从而满足企业网络营销发展的需要。

三是组织规划。开展网络营销要求企业建立数据库、实行信息化管理。组织规划就是要求企业根据营销战略，对企业自身的组织结构和形式进行必要的调整和改革，确保网络营销战略的实现。比如，建立技术支持部门、数据采集处理部门、网络营销服务部门，或者对传统的生产、技术、售后服务和营销部门进行有效整合。

四是管理规划。为满足网络营销的需要，企业必须根据组织的变化调整企业的管理，制订相应的管理规划。比如，企业将生产、客户服务、咨询、市场调查、技术支持有效地整合为一体，加强对综合型管理人才的培养和引进。

随着网络经济的发展和技术的进步，企业的网络营销规划也应根据市场的变化和实施情况进行调整，以适应发展的需要。

（2）网络营销战略的实施　企业网络营销战略的实施要求企业将规划目标分解为网络营销各部门和各环节的目标，形成一套完整的目标和执行体系，并且制订网络营销计划。

网络营销战略的实施是一项系统工程。首先，要求网络营销计划具有可行性；其次，在计划的执行中，企业应及时评估执行的情况，判定是否能够充分发挥企业的竞争优势；再次，企业应识别计划在执行过程中出现的问题，找出原因并及时改进；最后，企业应评估其采用的网络信息技术的发展情况。在网络环境下，新技术的应用会影响企业的竞争优势和网络营销的时效性，这就要求企业必须根据技术的发展和网络营销的需要对技术进行不断的升级改造或更新。

任务描述

本工作任务要求学生为自己的网店制订具有长期性、前瞻性的网络营销战略，以保证网上店铺的长期运营和稳定发展。

任务情景

没有战略的组织就好像没有舵的船，只会在原地打转。——乔伊尔·罗斯（Jowell Rose）

作为网上店铺的经营者，你考虑过未来 1 年、5 年、10 年之后网上店铺的发展方向吗？你希望未来达到什么样的目标呢？当前网上店铺的运营重点是什么？未来将会调整这些重点吗？为了实现既定的目标，你打算在各阶段采取什么样的措施？这些长远的问题，都是网络营销战略所需要考虑的。在经营之初，我们就应当对网上店铺的发展进行战略规划，以明确发展的方向、目标和所应采取的措施。

任务实施

首先，明确网上店铺的战略目标。刚开始经营的网上店铺，以销售为主，因此，销售型网络营销战略目标是网络营销的最初状态。此时，战略重点应当是获取更多的订单、销售更多的商品。然后，在销售稳定、经营活动有序开展之后，应当考虑服务型或品牌型的网络营销目标。

其次，选择网络营销战略模式。为了实现所确立的战略目标，应当选择合适的网络营销战略模式。我们可以选择提供有用信息以刺激购买的模式、直复营销模式、顾客参与以提高顾客忠诚度的模式、提高品牌知名度以获取更高利润模式、数据库营销模式等几种模式中的一种或几种。无论选择哪一种，都应当符合实现当前及未来网络营销战略目标的需要。

再次，根据网络营销战略目标和战略模式，制订网络营销战略规划。在目标规划方面，应选择与网络营销战略目标相适应的短期、中期和长期的营销目标、营销策略及策略组合；在技术规划方面，应当根据网络营销战略的需要，制订相应的技术开发、技术引进和人才培养计划，满足未来网络营销发展的需要；在组织规划方面，应当根据网络营销战略，对原有的不适应的网络营销战略要求的组织结构和形式进行必要的调整和改革，确保网络营销战略的实现；在管理规划方面，应当根据组织结构的变化来调整管理方式和制度，制订相应的管理规划、合理分工、明确职责。

任务要求

（1）以小组形式完成，每个小组都制订出网上店铺的网络营销战略、选择合适的战略模式，并且制订相应的战略规划。

（2）以书面报告的形式，完成网上店铺的网络营销战略的制订。

任务二　制订网络营销计划

知识基础　网络营销活动的过程和网络营销计划的内容

完成本任务所需要的知识基础包括网络营销活动的过程、网络营销计划的内容等理论。

网络营销战略明确了企业前进的方向和目标，其实施需要企业根据营销战略制订切实可行的网络营销计划。网络营销计划是在网络营销战略的指导下，对网络营销活动的实施进行的全面而有序的安排。网络营销计划的制订目的是明确网络营销活动的目标和责任。好的网络营销计划能够帮助管理者正确把握对企业有利的形势，优化企业的资源分配，使企业资源得到合理的使用，并且加强内外部沟通。

一、网络营销活动的过程

明确网络营销活动的过程是制订网络营销计划的基础和依据。网络营销活动的过程一般包括以下 9 个阶段：分析网络营销环境、确定网络营销目标、确定网络营销预算、分配网络营销任务、规划网络营销活动的内容、设计有效的界面和信息丰富的网页、与互联网连接、网络营销的测试与网页改进、网站的维护。

应用实例

Levi's（李维斯）进军中国网络市场

成立于1853年的Levi's目前是全球牛仔裤市场第一品牌，业务遍及全世界。为了进一步巩固其在中国市场中的优势地位，2011年，Levi's抢先进入淘宝商城，进军中国快速崛起的网络市场。在淘宝商城的Levi's官方旗舰店中，Levi's推出了近200款产品，并且计划在未来通过更广的产品线来满足各年龄层顾客的需求。同时，公司还将通过官方旗舰店适时推出一定量的特别款式且只通过网络销售，与实体店铺实现部分差异化以期寻求更合理、更多样化的产品组合。

Levi's有着属于自己的广大爱好者，而通过网络店铺的形式，这些爱好者们能更快地得到新品的信息，选购自己喜欢的产品。同时，网络店铺也可以帮助原先不熟悉Levi's的顾客来了解Levi's的产品，从而使得Levi's获得更广大的顾客群体。

【问题】Levi's应当从哪些方面制订计划来实现其网络营销目标？

二、网络营销计划的内容

根据网络营销活动的一般过程，编制网络营销计划。

1. 确定网络营销目标

网络营销目标是企业实施网络营销所希望达到的结果和目的，是制订网络营销计划的核心。只有明确网络营销目标，才能编制营销计划，并且将计划付诸实践和评价网络营销的实施结果。

不同的企业有不同的特征和网络营销战略，面对不同的市场环境和市场竞争结构，网络营销目标的选择也不同。影响企业确定网络营销目标的因素有以下9个方面：

（1）企业内部因素　企业内部因素包括企业的信息化程度、劳动生产率、成本控制能力和水平；企业的管理水平和员工的整体素质；企业当前的经营业绩和变化趋势；企业进入网络市场的意愿和能力；企业的资金、技术和人才条件；与网络营销相配套的物流系统、网上支付系统的运行状况。

（2）目标市场因素　目标市场因素包括目标市场中的顾客是否经常上网并浏览有关产品或服务的信息；目标市场中的顾客对网上订购的态度和意愿，企业是否能够影响顾客的这种态度和意愿；顾客的个性化需求特征和要求；与顾客沟通的效果及顾客满意度；企业能否有效地向目标市场传递产品信息、能否准确地把握目标市场的需求等。

（3）市场竞争因素　市场竞争因素包括企业现有的市场竞争状况和手段；企业开展网络营销是否有利于市场竞争力和经营业绩的提高；企业的网络营销活动对竞争对手有何影响及竞争对手所采取的市场反应等。

（4）市场调查因素　市场调查因素包括网络营销是否有利于企业全面了解行业发展趋势和市场变化，是否有利于企业吸引潜在顾客的关注；企业是否具备开展网上调查的可行性等。

（5）市场拓展因素　市场拓展因素包括企业开展网络营销是否有利于扩大市场覆盖面、提高服务效率和质量、刺激顾客的购买欲望。

（6）产品销售因素　产品销售因素包括产品是否适合在网上销售；开展网络营销能

否向新市场销售老产品或销售那些传统渠道销售不畅的产品；企业能否进行产品和价格测试、产品展示、辅助产品促销等。

（7）公共关系因素　公共关系因素包括企业能否利用站点与媒体建立友好的关系，及时向媒体传递企业信息；企业能否有效地向员工、股东和分销商传递企业和产品信息；是否有利于企业进行双向沟通，帮助顾客解决问题；是否有助于企业应对危机，向社会公众和媒体传达企业应对危机事件的态度、处理意见和方法。

（8）广告宣传因素　广告宣传因素包括企业能否开展网上广告测试，检测网上广告的效果；是否有利于企业结合其他媒体（如直邮、明信片、电视和印刷品广告）进行宣传，以传达企业理念，从而树立企业形象。

（9）产品费用因素　产品费用因素包括开展网络营销是否能够帮助企业降低产品销售费用；是否有利于精简机构和人员，提高效率；能否通过网络支持，降低服务费用。

2．广泛征求各部门的意见

网络营销计划关系整个企业的生产、管理和销售。广泛征求各部门的意见和建议，让全体员工充分理解计划的内容和要求，是计划实施的重要因素。

3．制订网络营销预算

网络营销的实施需要资金的支持，企业应当根据网络营销目标制订网络营销预算、合理安排资金，从而提高资金的使用效率。营销预算应包括预算指标、预算项目和费用控制指标等内容。

4．网络营销测试与网页改进

企业实施网络营销，首先要设计网页，包括页面的格式和内容的设计。随着网络营销的开展和顾客需求的变化，企业需要及时更新网站内容，更好地展示商品的特点、性能、规格、技术指标信息，传递产品服务信息和质量承诺，促进产品销售。同时，改进网页内容和形式，也有利于建立企业与顾客之间的信任关系，树立良好的企业形象，实现企业与顾客之间的无障碍信息交流和感情沟通。

5．网站的维护

网站的维护是网络营销顺利实施的关键。作为网络营销计划的一部分，网站维护包括企业的网上形象的维护和更新、访问者的信息处理和反馈、网上服务论坛和电子邮件自动转发、常见问题的内容更新和信息查询等。

6．网络师的职能

网络师（Web Master，简称 WM）的工作权限类似于编辑。根据要实现的目标和网页内容，网络师的职责范围可大可小，其既可以是一个企业新经营思想的缔造者，也可以是一个注重细节的技术人员。

一般来说，网络师应具备的基本素质包括：同时处理多项任务、品牌、创新的能力；财务预算管理和规划的能力；对 HTML 的深刻理解和运用能力；与企业的整个管理信息系统相协调的能力；较强的设计能力和沟通能力；良好的人际关系和语言表达能力。

7．网络资源管理部门的设置

网络资源管理部门主要负责企业内的信息交流与协调工作。设置统一的网络资源管理部门有利于制订整个企业的网络营销计划，协调各部门的矛盾和冲突，提高企业网络资源管理效率和信息处理能力，统一企业的网络营销信息。

8. 网络服务商的选择

企业在选择网络服务商时，首先要听取其他客户的意见，进行初步筛选；然后，根据初步筛选的结果亲自了解网络服务商的经营管理情况、品牌知名度，获取有关网络服务商的工作质量和能力的第一手材料；最后，对备选的网络服务商进行评估，做出选择决策。

在评估和比较网络服务商时，企业应考虑网络服务商提供的服务、站点特性、费用、设备及性能、业务背景等因素。

9. 其他问题

除上述内容外，网络营销计划还应包括其他内容，比如网络营销与传统营销和企业形象的一致性，网络营销信息支持资料，网络营销的互动性实施，顾客网上购物选择分析，网络营销服务、管理人员的构成及职责，网络营销计划与企业整个营销计划的关系等。

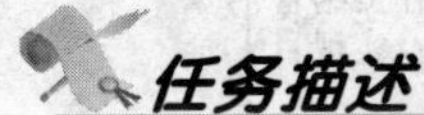

任务描述

本工作任务要求是根据之前所确定的网络营销战略制订切实可行的网络营销计划，在网络营销活动中执行该计划，并且及时进行控制和调整。

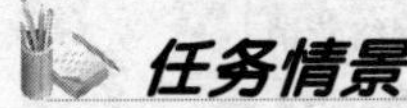

任务情景

正确的网络营销战略保证了企业的发展方向，正确的网络营销计划保证了网络营销战略的实现。

为了将网络营销战略转化成具体的、可以执行的网络营销方案，我们需要在营销预算、营销组合和营销资源分配上做出基本的决策，这就是制订网络营销计划。我们应针对网上店铺的每一项网络营销活动，在网络营销战略的指导下，都制订出详细的网络营销计划，以保证这些活动能够向着既定的目标发展。

任务实施

在目前网上店铺处于运营初期时，我们可以尝试制订一个短期的网络营销计划，

首先，考虑影响网上店铺运营管理的各种因素，包括现有资源、目标市场、竞争环境、产品等，在此基础上制订网上店铺的网络营销目标。网络营销目标可以详细而具体，能够量化考核，比如利润额、销售额、价格水平、客户服务水平、品牌知名度等。

其次，大致估算网络营销成本。其包括购置计算机软件与硬件、铺设网络、接入互联网、网上店铺的简单装修等费用和采购、人员等成本。

再次，为实现网络营销目标，制订一个或多个详细的网络营销行动方案。其包括具体活动内容、开始和完成时间、任务要求、人员配备、所需费用等。

最后，通过讨论和交流，对拟订的网络营销计划进行调整和完善，在此基础上将其付诸实施，并且进行管理和控制，使之能够被循序渐进地贯彻执行。在执行过程中，应定期检查各计划项目的完成情况。对未实现目标的部分，应分析原因并提出改进措施。

任务要求

（1）在网上店铺经营管理中，不同的小组成员根据各自的分工，针对自己负责的部分制订短期的网络营销计划。

（2）将各个成员的计划进行汇总并讨论，形成本小组的网络营销计划。要求每个成员熟悉计划的目标和内容。

项 目 小 结

知识基础一：分析网络营销战略

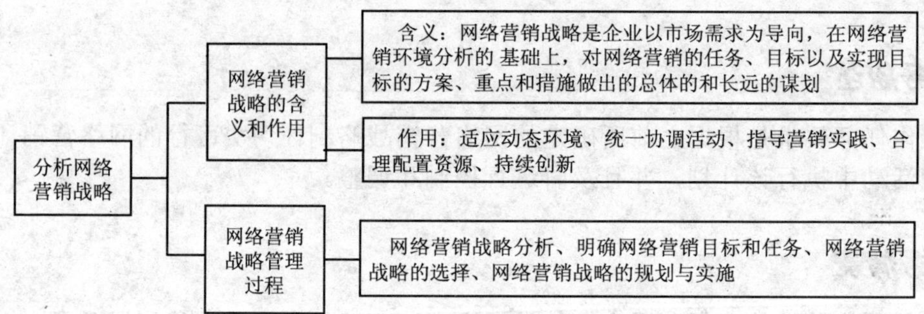

知识基础二：制订网络营销计划

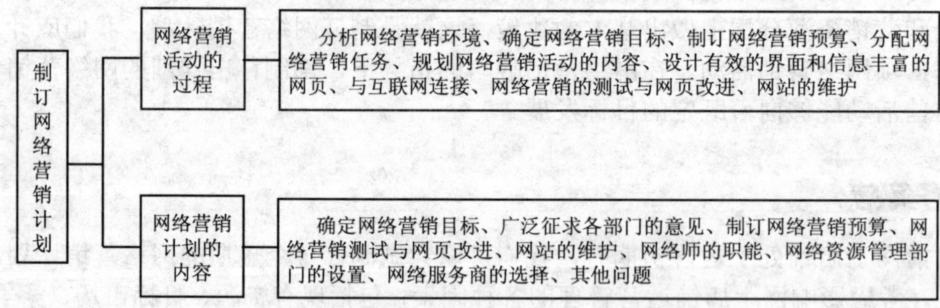

课 后 练 习

一、单项选择题

1．（　　）的网络营销战略模式是企业通过向老顾客提供更多的增值服务和提高服务质量，以更好地满足顾客需求，改善与顾客的关系，提高顾客忠诚度，达到增加产品销售的目的。

A．提供有用信息以刺激购买　　　　B．直复营销

C．留住老顾客以增加销售　　　　　D．顾客参与以提高顾客忠诚度

2．旨在通过网络营销替代传统营销手段，全面降低营销费用，提高营销效率，促进营销管理和提高企业竞争力的网络营销战略目标属于（　　）。

A．销售型网络营销目标　　B．服务型网络营销目标

C．品牌型网络营销目标　　D．提升型网络营销目标

3．可口可乐公司将网络作为提升品牌形象的工具，在网络营销战略模式中属于（　　）。

A．提供有用信息以刺激购买

B．直复营销

C．提高品牌知名度以获取更高利润

D．顾客参与以提高顾客忠诚度

4．企业通过给顾客提供购买便利，给予其折扣，减少销售成本，这属于（　　）网络营销战略模式。

A．提供有用信息以刺激购买

B．直复营销

C．提高品牌知名度以获取更高利润

D．顾客参与以提高顾客忠诚度

二、多项选择题

1．网站维护包括（　　）。

A．网上服务论坛和电子邮件自动转发

B．促进产品销售

C．访问者的信息处理和反馈

D．常见问题的内容更新和信息查询

E．企业的网上形象的维护和更新

2．下列说法中正确的是（　　）。

A．网络营销战略分析是对企业开展网络营销活动的环境分析和研究

B．网络营销战略分析的目的是发现企业面临的机会和威胁

C．网络营销战略分析的目的是识别企业自身的优势和劣势

D．网络营销战略分析综合研究机会和威胁、优势和劣势，并且分析其产生和变化趋势

E．网络营销战略分析为企业制订网络营销战略提供了依据

3．网络营销目标选择主要有（　　）。

A．增加销售　　B．加强与顾客之间的联系

C．塑造良好的企业形象　　D．促进公共关系的建立

E．降低销售费用

4．在确定网络营销目标时，企业应（　　）。

A．广泛征求多方面意见　　B．不需考虑企业的发展历史

C．关注经营环境的发展变化　　D．结合企业的核心竞争力

E．不需考虑决策者的意图

三、简答题

1．什么是网络营销战略？

2．可供选择的网络营销发展战略有哪些？

3．举例说明几种网络营销战略模式。

4．网络营销计划需要从哪几方面编制？

四、案例分析题

三一汽车制造有限公司的网络营销战略

三一汽车制造有限公司成立于2002年7月，是三一集团投资控股的核心企业，主要从事工程机械设备、工程重型设备、工程车辆、豪华客车的研发、制造和销售。根据三一汽车制造有限公司制定的市场营销战略，即全面降低营销费用、改进营销效率、促进营销管理、加强售后服务、强化品牌知名度、建立客户对品牌的忠诚度、提高企业竞争力，公司把建立起服务型、品牌型、提升型、销售型四型混合的网络营销体系确立为网络营销战略目标，并确定了企业的网络营销战略重点，即公司业务流程的优化和对企业管理组织机构、人员的重组，进行客户关系再造，实现营销的个性化、定制化，为开拓国际市场做好准备、打下基础。

在战略模式选择上，三一汽车制造有限公司是以生产豪华客车为主的汽车制造商。由于其产品价值高、使用时间长、维修技术复杂且维修成本高，对客户的影响很大，因此，客户在购买时会慎之又慎。公司在产品功能、销售促进、配送、售后服务和技术支持上，应当为客户提供最大便利，以实现客户最大价值作为考量，以公司、客户双赢作为目标，这样才可能在激烈的市场竞争环境中赢得客户、获得客户忠诚并影响潜在消费者的态度以促使其购买公司的产品，从而扩大销售、促进公司发展。所以，根据三一汽车制造有限公司的网络营销战略目标及公司产品的特点，确立三一汽车制造有限公司在网络营销实施过程中，可以通过采用向客户提供有用信息、加大为客户服务的力度、提高三一汽车品牌的知名度等方式来扩大销量、获取更高的利润，从而促进公司的生存和发展。

为了实现公司的战略目标，三一汽车制造有限公司大力推广公司站点，积极开展网络市场调研，进行网络市场细分，确定目标顾客。公司根据网络市场调研结果，进行产品、服务的设计和开发，使产品、服务迎合网络时代的消费者消费主动性增强、个性化消费潮流的发展趋势。公司根据产品的市场情况、顾客情况，设计营销组合，在宣传推广方面主要实施“推战略”，将企业的产品推向市场，获得客户的认可；而网络站点营销主要实施“拉战略”，主要功能是将客户牢牢地吸引过来，保持稳定的市场份额。

【问题】（1）三一汽车制造有限公司的网络营销战略模式属于哪种类型？

（2）三一汽车制造有限公司制定网络营销战略模式的依据是什么？

项目六　实施网络营销组合策略

知识目标

- 掌握网络营销产品的概念和特点
- 理解网络域名品牌策略
- 了解网络营销服务的工具
- 掌握网络营销定价目标和定价策略的选择
- 掌握网络促销的特点和方法
- 了解网络广告的概念、特点、类型和计费模式

实训目标

- 会选择适合网上销售的产品
- 会结合产品及服务特点选择适当的网络定价方法和定价策略
- 会结合产品及服务特点选择合适的网络渠道和促销策略
- 会结合产品或企业特点选择适当的网络广告策略

问题导入

京东商城的网络营销策略

从2004年开始涉足电子商务领域的京东商城，目前是中国B2C市场中最大的3C网购专业平台。其定位销售计算机、数码、通信、家用电器产品，以具有较强消费能力的25～35岁的白领阶层和对3C类产品兴趣浓厚的男性消费者为主要目标顾客，采取了有效的网络营销策略。

在产品策略方面，京东商城以3C类产品为主打，在线销售家用电器、手机数码、计算机、家居家装、服饰鞋帽、母婴、图书、食品饮料等数万个品牌的数百万种商品。相比一些其他的B2C同行关注注册用户数量，京东商城更注重商品的价格、质量和服务。京东商城保证每件产品都是正品，同时为顾客争取到最低的价格并提供最好的售后服务。

在定价策略方面，由于京东商城没有实体门店，这为其节省了销售额的10%；无批发环节则可以节省销售额的20%；没有中间商可以节省销售额的20%，这些节省下来的费用使其商品价格比传统零售企业更具有竞争力。

在渠道策略方面，京东商城采用两套物流配送系统，一套是自建的物流系统，通过在北京、上海、广州的物流配送中心，实现辐射范围内80%的订单24小时送货上门；另一套物流系统是这3个城市之外的其他城市，京东商城和当地的快递公司合作完成产品配送工作。在配送大件商品时，京东商城选择与厂商合作。因为厂商在各个城市均建有自己的售后服务网点，并且有自己的物流配送合作伙伴。比如，海尔在太原就有自己的仓库和合作的物流公司。

在促销策略方面，京东商城做了很多有针对性的促销活动。比如，2010 年 6 月投入 3000 万元推出“京东 12 年疯狂 618”庆典活动，计算机、手机、数码、日用百货等各类商品最高降价幅度达 70%，这是近年来国内 B2C 市场最大手笔的一次网购促销活动。

京东商城以低价策略抢占市场份额，挑战 3C 产品的传统销售渠道，建立了快速的物流体系，大大缩短了客户从下订单到收货的时间，以多种支付手段相结合的方式来满足不同消费群体的需求。京东商城还建立了完善的售后服务系统，充分保证了消费者的利益。这些都是京东商城“以人为本”服务理念的体现。

【问题】

（1）京东商城的网络营销策略有什么特点？

（2）京东商城如何运用各种网络营销策略来巩固自己的优势？

【点评】在“以人为本”服务理念的指导下，京东商城的正品质量保证、低价策略、完善的物流配送体系以及针对性强的促销手段，使其在短时间内获得了快速发展。很多网络营销企业的成功经验均来源于合理而有效的网络营销策略组合，这也是企业网络营销水平的重要体现。

任务一　选择网络营销产品

知识基础　网络营销产品策略的基本理论

完成本任务所需要的知识基础包括网络营销产品的概念、适合网络营销的产品类别、域名品牌等基本理论。

一、网络营销产品概述

1. 网络营销产品的概念

产品是企业营销活动的轴心，也是营销组合中的首要因素。企业的营销活动是以产品为基础展开的。网络营销作为现代市场营销体系的有机组成部分，离开产品也就无从谈起。网络营销研究的产品是一个整体的概念，由核心产品、期望产品、形式产品、延伸产品和潜在产品 5 个层次构成，是传统市场营销的产品概念在互联网环境下的延伸。网络营销的整体产品层次如图 6-1 所示。

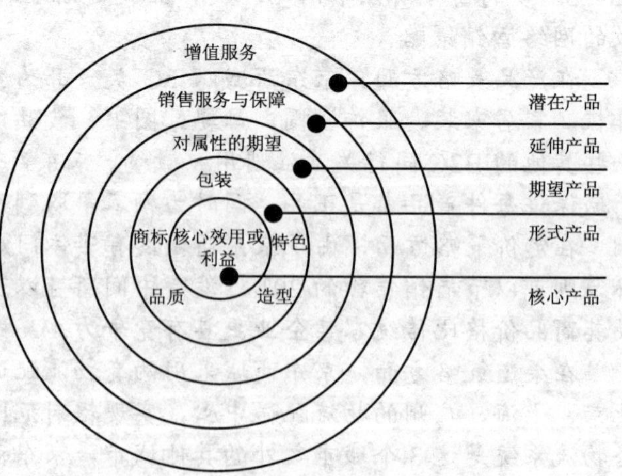

图 6-1　网络营销的整体产品层次

（1）核心产品　核心产品是指产品提供给顾客的实际利益和效用，是满足顾客需求的基本所在。顾客购买产品的目的是满足其未被满足的需求，通过产品或服务的消费获得实际利益和效用。因此，顾客购买的并不是产品的本身，而是产品所带来的利益和效用，而产品只是传递核心利益的载体。

（2）形式产品　形式产品是指产品在市场上出现时所呈现的实体外形，包括产品的造型、包装、品质、特色、品牌商标等。形式产品是核心产品的表现形式，核心产品借助于形式产品展现给顾客。随着社会经济的发展，顾客对形式产品的需求也在不断变化，包装精美、造型时尚的产品越来越受顾客的欢迎。

（3）期望产品　期望产品是指顾客在购买产品之前，对所购产品的质量、款式、功能等已经有所预期，从而形成的能满足其个性化需求的利益总称。营销主体应借助网络信息系统，根据顾客对产品的不同需求，设计出满足顾客个性化需求的产品或服务，从而满足甚至超越顾客对产品的期望。

（4）延伸产品　延伸产品是指企业提供给顾客的、与产品消费有关的一系列附加利益，包括产品的储运、安装、维修服务和质量保证等。延伸产品虽然不会增加产品的核心利益，却有助于产品核心利益的实现，促进产品的销售。因此，为顾客提供高品质的延伸产品是改善营销效果的重要手段。

（5）潜在产品　潜在产品是指由企业提供的、延伸产品之外的、能满足顾客潜在需求的产品，主要指产品的超值利益。与延伸产品不同，潜在产品的存在与否并不影响产品的核心利益和效用的实现。目前，许多产品的潜在利益和需求还没有被顾客认识和发现，这需要企业的积极引导和支持。

随着社会经济的发展和消费水平的不断提高，顾客对产品的需求逐渐由核心产品转向整体产品，这就要求企业必须为顾客提供整体产品解决方案，并且不断完善整体产品。

2. 网络营销产品的分类

在网络营销中，按照产品所呈现的形态不同，网络营销产品可以分为两大类，即实体产品和虚体产品，见表 6-1。实体产品是指以一定的实物形态呈现出来、有具体物理形状的物质产品；虚体产品是无实体形态的产品，其产品本身的性质和性能必须通过其他载体表现出来，虚体产品的功效和核心利益通过满足顾客的心理需求得到体现。网络营销的虚体产品可以分为两大类：数字化产品和服务。

表 6-1　网络营销产品类型

产品形态	产品种类	产品品种
实体产品	普通产品	一般为有形产品，比如计算机、服装、家电等
虚体产品	数字化产品	系统软件、应用软件、网络游戏、视听产品、电子书籍、新闻信息
	服务	普通服务：远程医疗、法律救助、航空订票、预订服务、饭店旅游服务预约、网络交友等
		信息咨询服务：市场调查、投资咨询、法律咨询、医药咨询、金融咨询、资料库检索等
		网络营销服务：网站建设、维护和推广服务、搜索引擎、电子信箱和网上商店平台

3. 影响网络营销产品选择的因素

由于网络的虚拟性，顾客在网上无法直接接触和感受产品，这限制了产品的网上营销体验，也使得顾客对产品的某些因素的重要性的关注程度有所不同。影响网络营销产品选择的因素主要包括以下 6 个方面：

（1）产品形式　通过互联网可以销售各种形式的产品，但最适合网络营销的产品大多属于易于数字化、信息化的产品，比如音像制品、软件等。这类产品可以直接通过网络进行传输，采用试用等方式吸引顾客，并且允许顾客在试用后决定是否购买。

（2）产品式样　产品式样是影响顾客选择的重要因素。适合网络营销的产品式样应能够根据顾客的需求特点进行个性化设计，满足顾客的个性化需求。

（3）产品品牌　网络营销产品的品牌不仅包括生产商的品牌，还包括网络经营商的品牌。网上购物活动中的实体产品销售不能支持购物体验，网络消费者只能通过认牌购物来降低购买风险。

（4）产品质量　一般在购买前顾客就可以确定或评价质量的产品更适合在网上销售，这类产品的标准化程度较高，比如书籍、计算机、数码产品等；而需要通过试用或直观体验才能确定质量的产品不太适宜网上销售，比如食品等。

（5）目标市场　由于网络技术的发展，网络营销可以覆盖全球市场，但是也受到物流等因素的制约，企业应当根据用户特点和自身情况选择目标市场。当企业的产品需要覆盖较大地理范围且配送相对简单时，企业适宜选择网络营销，比如图书、软件、其他信息类产品等。

（6）产品价格　网购人群一般都对网上销售的产品有较低的价格预期，因此，如果某类产品通过网络进行销售的成本低于其他渠道，即企业具备低价策略的基础，则该企业可以通过网络营销获得价格优势，从而吸引和稳定顾客，比如服装、珠宝首饰等产品的网络营销。

一般来讲，企业在从事网络营销时，可以首先考虑选择下列产品：①易于数字化、信息化的产品；②个性化的产品；③名牌产品；④消费者仅从网上获取信息即可做出购买决策的产品；⑤网络群体目标市场容量较大、便于配送的产品；⑥网络营销费用远低于其他销售渠道费用的产品。

阅读资料

网上最受欢迎的商品类别

根据中国互联网络信息中心（CNNIC）于2011年2月发布的《2010年中国网络购物市场研究报告》发现，网络购物商品生活化趋势明显，服装鞋帽类商品在网上最为畅销，计算机数码产品、图书音像制品、充值卡等虚拟卡类产品也比较受网购人群的青睐，如图6-2所示。

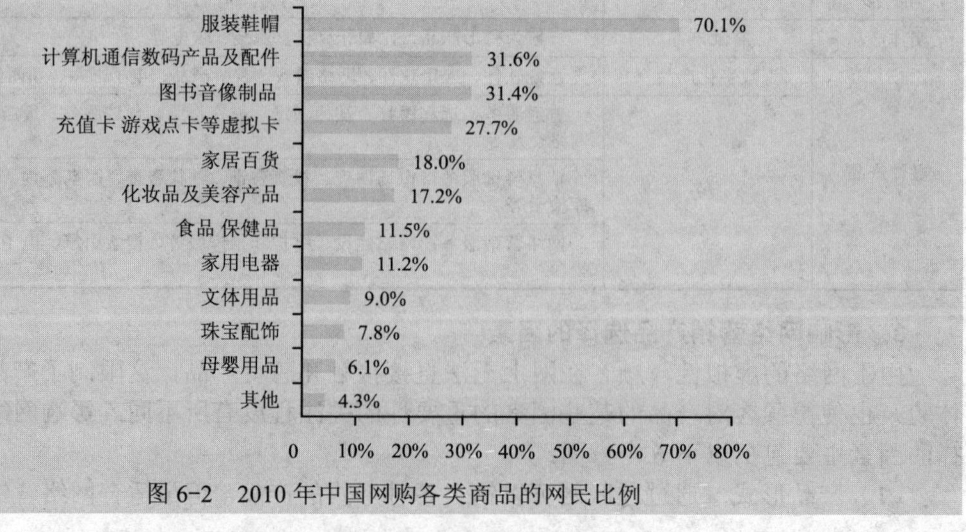

图6-2　2010年中国网购各类商品的网民比例

应用实例

通用公司网上卖车

央视网消息：通用汽车公司和 eBay 网从 2009 年 8 月 11 日至 2009 年 9 月 8 日在美国加利福尼亚州合作开展“网上卖车”试验，加利福尼亚州 250 家通用经销商中的 225 家都参加了这次活动。在试验期间，消费者可以在通用和 eBay 的联名网站上浏览通用旗下别克、雪佛兰等品牌 2008 年至 2009 年出产的各类车型，还可以在线向经销商咨询，同时还能在线“砍价”。而在此前，消费者在网上询价后还要去经销商的实体店“砍价”，要想买到相对便宜的车往往要不厌其烦、花费大量的时间和精力。

通用汽车公司认为，作为一种创新的销售模式，这次经销商直接参与的“网上卖车”试验，将极大增强消费者对在线购车的信任度。公司希望这样的新形式可以提高通用在加利福尼亚州的汽车销量。通用汽车公司还表示，如果效果显著则将在美国其他州大力推广。

【问题】(1) 汽车是一种适合网络销售的产品吗？为什么？

(2) 通用公司为何选择 eBay 作为网上销售渠道进行产品销售？

二、网络域名品牌概述

绝大多数企业都为自己的产品和服务赋予了品牌（Brand）。品牌是一种名称、属性、标记、符号或设计，或者是它们的组合运用。其目的是借以辨认企业的产品或服务，并且使企业的产品和服务与竞争对手的产品和服务区别开来。

品牌是整体产品的重要组成部分。在网络营销中，网络品牌是消费者选择产品和服务的重要依据，因而也是企业网络营销竞争的重要手段。

1. 网络品牌的概念

企业在开展网络营销活动时，首先要为企业的网站设计域名，以便消费者访问和浏览；然后在知名门户网站进行注册，以便用户查找，这构成了企业网络品牌的主要内容。概括来讲，网络品牌包括企业域名（中、英文）、域名标志、网站名称、图案等。

与品牌一样，网络品牌在市场竞争中也具有识别、宣传、质量承诺、维护权益和充当竞争工具的作用。受网站访问者数量和群体特征的影响，网上优势品牌具有较强的局限性。在某一群体中具有较高知名度的网络品牌，在其他群体中知名度可能较差，甚至不为人所知。

传统品牌与网络品牌之间存在一定的联系，但相关性较低。企业要想开展网络营销，就必须抛开对原有品牌优势的依赖，根据网络营销的特点和目标市场的选择，重新规划、设计和塑造网络营销优势品牌。

2. 企业域名品牌

域名是网络品牌的重要组成部分。域名作为企业标志的“虚拟商标”的作用日趋明显。有效发掘域名的商业价值、在网络虚拟市场环境下进行域名品牌的管理与建设，是提高企业在网络市场中的竞争力的重要手段。

(1) 域名的概念　域名是由个人、企业或组织申请的、独占使用的互联网网上标志。

域名为互联网的使用者提供了一种易于记忆的方法。比如网易的域名是 www.163.com，其中“www”是万维网，“163”是域名的识别部分，“.com”是国际顶级域名。

阅读资料

域名的分类

表 6-2 列出了部分按国家或行政区分类的顶级域名。表 6-3 列出了部分按机构类别分类的顶级域名。

表 6-2 按国家分类的顶级域名（部分）

域 名	国家或行政区	域 名	国家或行政区	域 名	国家或行政区
.cn	中国	.ca	加拿大	.uk	英国
.au	澳大利亚	.jp	日本	.sg	新加坡
.ru	俄罗斯	.de	德国	.fr	法国

按行政区分类的顶级域名:.tw 是我国台湾的顶级域名,.hk 是我国香港的顶级域名,.mo 是我国澳门的顶级域名。

表 6-3 按机构类别分类的顶级域名（部分）

域 名	类 别	域 名	类 别	域 名	类 别
.com	商业组织	.edu	教育机构	.gov	政府机构
.mil	军事组织	.net	网络相关机构	.coop	合作组织
.int	国际组织	.org	非盈利性组织	.info	信息相关机构

域名不仅具有商标的一般功能,还为访问者提供了网上信息交换和交易的虚拟地址。域名与商标在属性方面的不同导致域名与商标不是完全一致的，其区别具体表现在以下 4 个方面：

首先，域名具有唯一性，即绝对专有性。这一属性使网上不可能出现两个完全相同的域名；而商标则完全可以因为产品类型的不同而为不同的主体所拥有。

其次，域名具有全球性，商标只有地域性，这使得本来合理共存的同一商标所有人在域名领域不能共存，导致某些商标权人不能将自己拥有的商标注册为域名。

第三，域名注册的民间性、注册程序的简单化和“先申请，先注册”的原则，导致大量知名商标以域名形式被抢注。

第四，域名命名方式的规定性和技术的局限性，使域名暂时还不可能和商标拥有相同的构成形式。

（2）域名的商业价值 随着互联网的发展，域名的商业价值越来越受企业的重视。域名的商业价值首先取决于它所传递的信息以及带来商机的能力，其次取决于域名的广告价值。

阅读资料

域名价值评估的 3 个“C”

美国 Greatdomains 是目前互联网上著名的域名交易商，其公布的域名估价模式具有很高的权威性和参考价值。它采用三个“C”来估计域名的价值，这三个“C”分别为Characters（域名长度）、Commerce（商业价值）和.Com（所在的顶级域名）。三个“C”综合起来决定了域名的价值。

3．网络域名品牌策略

（1）企业域名品牌的命名策略　一个优秀的域名品牌依赖于对域名识别部分的精心设计。

第一，域名要有一定的内涵和寓意。域名要能够反映企业所提供产品或服务的特性，比如拍拍网的www.paipai.com、招聘网的www.zhaopin.com等，让人一看便知其经营内容和范围。同时，域名还要能够反映企业的经营理念，寓意应当深远。

第二，域名应该简单易记、便于输入。一个好的域名应当简短而顺口、便于记忆，而且读起来发音清晰，不会导致拼写错误，比如qq.com、163.com等。域名是否简单易记、便于输入，是评价域名的最重要因素。

第三，域名要与企业名称、商标或产品名称相关。从塑造企业统一形象和网站推广的角度来讲，域名与企业名称、商标或产品名称相关，既有利于顾客在网上和网下不同的营销环境中准确识别企业及其产品与服务，也有利于网络营销与传统营销的整合，使网下宣传与网上推广相互促进。

目前，大多数企业在注册域名时，考虑到与企业名称、商标的相关性，通常采用以下4种方式：①以企业名称的汉语拼音作为域名，比如新飞电器（www.xinfei.com）。②以企业的英文名称作为域名，比如中国电信集团（www.chinatelecom.com.cn）。③以企业名称的缩写作为域名。其中一种是以汉语拼音的缩写作为域名，比如泸州老窖集团有限责任公司（www.lzlj.com.cn）；另一种是以英文缩写作为域名，比如通用电气公司（www.ge.com）。④用中英文结合或数字与字符结合的形式注册域名，比如前程无忧网（www.51job.com）。一般来讲，域名命名应有特色，并且与网站的服务内容相一致，这样才能对网站推广起到较好的促进作用。

第四，域名要尽量避免文化冲突。不同的民族和地区具有不同的文化，一些域名在本地区是通俗易懂的，但是可能会与其他地区的文化相违背，导致其他地区用户的不满和抵制，从而影响企业网络营销活动的效果。因此，在设计企业域名时，企业应尽量避免可能引起的文化冲突。

阅读资料

新浪网的域名争议

新浪网的域名www.sina.com.cn曾因“sina”在日语中和“支那”（日本在明治维新以后对外侵略时对中国的蔑称，1945年日本战败投降后已停止使用）的发音相同而受到质疑，这一域名引起了一些在日本的华人的不满。新浪虽然没有因此改名，但其他企业应引以为戒，在选择域名时应该尽量避免可能引起的文化冲突。

第五，选择域名应符合互联网的基本要求和我国的具体规定。在选择国际域名时，26个英文字母、10个阿拉伯数字以及中横杠“－”可以用做域名，但域名不能以中横杠“－”开头或结尾；字母的大小写没有区别；一个域名最长可以包含67个字符（包括后缀），但每个层次最长不能超过26个字母。对于国内域名注册，未经国家域名管理部门的正式批准，不得使用含有“China”、“Chinese”、“cn”和“national”等字样的域名；不得使用公众知晓的其他国家或地区的名称、外国地名、国际组织名称等；未经地方政府批准不得使用县级以上（含县级）行政区划名称的全称或者缩写；不得使用对国家、社会或者公共利益有损害的名称。

动手动脑

淘宝网（www.taobao.com）在与易趣网（www.eachnet.com 和后来的 www.ebay.cn）的竞争中胜出，这一结果是否有域名因素的影响呢？

（2）企业域名品牌的保护策略　企业要建设自己的域名品牌，必须采取措施保护自己的域名。

首先，域名要及时注册。根据现行规定，域名与企业名称、产品名称及商标名称并不一定必须一致。一个域名只能由一家企业注册，该企业也并不一定要拥有与该域名相同或相似的商标或产品名称。实际上，顾客常常根据自己知晓的企业及其产品或商标名称搜索其网站，如果企业及其产品或商标的名称被他人抢先注册，企业的合法权益就可能受到侵犯，企业积累的无形资产会因此流失。域名注册遵循“先申请，先注册”的原则，企业在设计好域名后，应立即申请注册，以防止被别人抢注。

应用实例

从腾讯域名纠纷看企业域名保护

由于域名存在着巨大的商业价值，加之其唯一性与排他性的特征，这使得关于域名的纠纷与争议不断。而一些企业未能及时注册本企业的域名，在开展网络营销时，不得不采取其他措施来弥补域名被抢注带来的网上品牌在价值上的损失。比如，康柏计算机公司曾于 1998 年出资 500 万美元购回了被他人抢注的域名；美国麦当劳公司不惜按照 mcdonalds.com 域名善意注册人——美国一家杂志社记者乔士华的要求向一所中学捐款，换回了属于自己的域名。

由于我国网络营销起步较晚，国内企业域名遭抢注的情况则更为常见。其中，腾讯公司的遭遇最为典型。1999 年 2 月，腾讯公司推出了 OICQ 软件，并先期注册了 oicq.com 和 oicq.net 域名。然而之后，拥有 ICQ 软件和 icq.com 域名的 AOL（美国在线）强烈要求腾讯公司将 oicq.com 和 oicq.net 免费转让给 AOL。腾讯公司多次交涉无果，最终美国仲裁机构于 2000 年 3 月将这两个域名判给了 AOL。痛失 OICQ 域名后，腾讯公司只好启用新域名 tencent.com。为了避免日后潜在的知识产权纠纷，腾讯公司果断地将所有 OICQ 产品更名为 QQ，并于 2003 年 3 月从美国软件工程师罗伯特·亨茨曼手中买回了 qq.com 域名。同时，腾讯公司发现 qq.com.cn 已经于 1999 年 6 月被杨飞雪注册，立即投诉杨飞雪恶意注册、使用 qq.com.cn 域名，但是由于杨飞雪注册该域名的时间早于腾讯公司转型后 QQ 的出现时间，因此，2003 年 1 月，仲裁委员会驳回了腾讯公司的投诉。仅仅 2 个月后，2003 年 3 月，中国“.cn”顶级域名向全球开放。黑龙江数据通信局于“.cn”域名开通注册当日成功地将原先的 qq.hl.cn 升级为顶级域名 qq.cn。10 天后，腾讯公司才发现 qq.cn 域名已经“名域有主”。由于 qq.cn 的注册商以及中国互联网络信息中心（CNNIC）都认定 qq.cn 的注册完全符合 CNNIC 的规定，因此，再次将腾讯公司的投诉驳回。

【问题】(1) 腾讯公司遭遇多次域名纠纷的主要原因是什么？
(2) 结合腾讯公司的域名纠纷遭遇，分析企业应当如何保护域名。

其次，申请注册网站名称。网站名称是企业为自己的网站所起的名字，比如搜狐、网易、一搜等。网站名称一般作为网站徽标的一部分，放置在网页最显著的位置。企业应及时将网站名称于当地工商管理部门注册登记，以免自己的合法权益受到侵害。比如，网站名称都为"中国商品网"的网站却是域名为 www.cscst.com 和http://ccn.mofcom.gov.cn/的两个不同的网站。

再次，采取多域名策略。域名后缀为".com"或者".net"的域名在分属不同所有人所有时，很容易造成混淆，比如www.baidu.com是百度搜索引擎的域名，而www.baidu.net曾经是上海百度密封材料有限公司的域名。同时，域名的拼写较为接近时，也容易造成混淆，比如搜狗搜索引擎网站（www.sogou.com）和搜狗网（www.sougou.com）域名就颇为相似。多域名策略可以避免竞争者因为域名拼写相似等原因而获得利益。

动手动脑

登录百度，搜索免费域名注册的网站，为自己注册一个域名。

(3) 域名品牌的管理策略　域名品牌管理主要是针对域名所对应的站点的管理。顾客访问网站的目的是为获取网站的相关信息和服务，站点页面内容才是域名品牌的真正内涵。企业必须加强站点管理，不断丰富和更新页面信息和内容，这样才能吸引访问者。具体的域名品牌管理策略有以下 5 种：

一是一致性策略。域名作为企业网络品牌资源的重要组成部分，应与企业的传统品牌和形象保持一致。页面内容与企业经营和服务也应相一致。这样，企业在为访问者提供相关信息和知识的同时，强化自己的品牌和形象。

二是网站内容丰富性策略。企业开展网络营销的目的是通过向访问者传播企业文化和形象定位，促进访问者对企业的了解，从而推广企业的产品和服务。企业的信息、产品和服务是网站的核心内容，但不应是全部内容。为吸引访问者、延长访问者的浏览时间，企业应当丰富网站的内容，使访问者能够获得更多的知识和信息，以便提高访问者的访问频率。

三是时效性策略。社会经济的快速发展和各类信息的日新月异，使消费者越来越关心环境、健康和发展等社会热点问题，关心企业在新产品开发或服务方面的动向。这就要求企业必须及时更新网站内容，确保信息的新颖性和时效性，吸引访问者经常访问企业的网站。

四是知识性和趣味性策略。网络的互动性使消费者有条件参与企业产品开发和各类游戏活动，从中学习一些相关知识，了解有关的法律法规等。网页内容的知识性与趣味性的有机结合，无疑对访问者具有很强的吸引力，延长访问者的停留时间。

五是国际化策略。互联网的迅速发展消除了各个国家和地区间的时空距离，而社会经济的国际化趋势促进了产品和服务的国际化标准的形成和推广。网站国际化策略就是指企业网站要适应国际化趋势，满足不同国家和地区的顾客需求。

任务描述

本工作任务要求学生为自己的网上店铺选择适合网上销售的产品，同时将产品发布到网上店铺中，在经过简单的店铺装修后，使网上店铺进入正常经营的状态。

近年来，网络购物作为一种新型服务业态在国内呈现高速发展态势。数据显示，2011年中国网络购物市场交易规模达到7735.6亿元，较2010年增长67.8%，占到社会消费品零售总额的4.3%。预计2012年，中国网络购物市场交易规模将超过万亿元。如此巨大的网络市场吸引了7700万个网商参与竞争，其中个人网商达到6500万个。在强大的竞争压力下，我们的网上店铺面临的首要问题就是产品策略的选择。究竟什么样的产品能够帮助我们脱颖而出，获得网上消费者的关注呢？

任务实施

1. 选择适合网上销售的商品

由于同学们只能够以兼职的方式来经营网上店铺，并且资金、人员、场所有限，因此，在产品选择时，需要考虑以下3点：第一，产品体积较小，便于储存和运输，同时能够降低运输成本，比如小饰品、化妆品等；第二，产品价格不高，便于成本控制，比如二手的图书、光盘等；第三，信息化的产品，这样则无实体商品快递的环节，既可以节省物流费用，又可以免去发快递占用的时间，比如充值卡、游戏点卡、电子优惠券等。

2. 确定网上店铺商品的货源

为了解决货源问题，同学们应当综合考虑各种可利用的资源，以下4种货源渠道都能够为网店提供合适的货源。一是批发市场货源。这是最常见的进货渠道，适合服装、饰品等产品。在批发市场寻找货源需要具备较高的沟通技能和议价能力，同时要与批发商建立良好的关系。二是厂家货源。一般来说，厂家货源较为稳定，但起点较高，需要足够的资金支持且有压货的风险。三是特别进货渠道。比如外贸产品，其价格相对低廉，国外或在外地的亲朋好友能够提供这种具有地域特色的产品。四是个人的闲置物品或二手商品。此外，还可以为一些经销商做代理，由其提供商品，卖家只负责销售。这种渠道风险小，占用资金少，也需要卖家与经销商进行细致沟通，以确定较为平等的代理协议。

3. 商品发布

解决了商品的货源问题后，就可以在淘宝网上发布商品了。淘宝网提供了3种商品发布方式，即发布一口价商品、发布拍卖商品以及发布闲置商品。现以发布一口价商品为例，讲解商品发布过程。

首先，登录淘宝网，进入“卖家中心”，点击“我要卖”，进入商品发布页面。其次，选择“一口价”方式发布商品，再选择商品类目。此时要注意，根据淘宝网发布的《消费者保障服务协议》，在上架销售某些商品时，必须缴纳消费者保障服务的保证金，比如网络游戏点卡、3C类产品等，基础保证金均为1000元。为了节省这项成本，可以选择闲置商品或二手商品进行发布。再次，设置商品属性。在网上，商品标题、商品图片、商品描述统称为网络商品三要素，为了提高顾客对商品的关注度，需要注意这3个要素的细节：一是为商品设计一个好的标题，标题应涵盖商品的关键信息，比如店名、出售的商品名称和属性、品牌名称、顾客最为熟悉或搜索频率较高的词语等，还应加上如低价之类的刺激销售的词语；二是为商品准备几张清晰的图片，尤其是细节图片，能够帮助顾客在无法接触实物的情况下对商品形成直观的认识，可以适当使用图片处理技术，但处理不应过当，同时，图片不应过大，以免影响顾客的浏览速度；三是全面、真实地描述商品细节，将商品的全部特性完整地提供给顾客，比如商品的质地、款式、尺寸、产地、功能、包装等，还可以提供售后服务信息、卖家的承诺等，也可以在其中加入更多的图片和视频，以求全方位展示商品，但是要注意顾客打开页面的速度可能会因此受到影响。

4. 店铺装修

与传统店铺装修类似，网上店铺同样需要进行装修，使店铺的页面更加美观，力求给顾客留下较好的第一印象。同时，简单且整洁的商品分类可帮助顾客更好的选择所需产品。为了达到这两个目的，店铺装修需要运用一些技巧。第一，店铺装修风格应当与产品风格保持统一，使顾客获得身临其境的购物体验，比如销售护肤品，可以选择清爽洁净的风格；销售图书，可以选择富有书香气的风格等。第二，根据顾客的需求设置商品分类。可以选择多种分类方式交叉应用，但是应注意将功能性分类放在靠前的位置，使顾客能够更方便地找到所需商品。第三，在设置商品分类之后，要将商品按照分类进行归纳，避免商品与分类不符的情况出现。第四，可以选择网站自带的模板，或者使用其他网站提供的模板，也可以自己动手制作店铺装修模板。在网上店铺经营初期，最好不购买店铺装修模板。

网上店铺的经营是一项长期的活动，其中的技巧和经验需要在实践中不断探索和积累。前期通常会遇到无业绩、无顾客、无浏览量等情况，此时需要经营者耐心细致地经营管理，也需要经营者结合其他网络营销策略来解决。

5. 撰写策略分析报告

策略分析报告的内容及格式如下：

××网上店铺商品策略分析报告

一、商品选择分析

1. 所选择的商品类型和特点
2. 主要消费群体
3. 选择此类商品的原因
4. 网上此类商品的竞争状况

二、网上店铺商品货源分析

网上店铺商品货源分析内容包括该类商品的主要供给情况、主要货源、可利用的货源、实际选择的货源等。

任务要求

（1）以小组形式完成，每个小组在所开设的网上店铺中至少上架 10 件商品，商品信息设置符合淘宝网所规定的商品发布规则，然后进行店铺的简单装修，设置商品分类，并且将商品归入相应的类目。有条件的小组成员可以独立完成自己所开设的网上店铺商品发布、店铺装修等工作。

（2）以书面形式完成网上店铺商品策略分析报告。

（3）在课堂上展示各小组开设的店铺和发布的商品，并进行交流讨论。

任务二　设计网络营销服务系统

知识基础　网络营销服务策略的基本理论

完成本任务所需要的知识基础包括网络营销服务的含义、内容和特点及网络营销服务的形式等基本理论。

在网络营销环境下，企业间的竞争已从实物产品延伸至服务，传统的产品策略已转化为实物产品策略、服务策略和信息策略三位一体的网络营销产品策略。互联网与其他媒体的重要差异在于网络的互动性，而最能发挥这种特性的是服务。通过实施交互式的网络营销服务策略、提供满意的顾客服务，正是许多企业网络营销成功的关键所在。

一、网络营销服务的含义、内容和特点

1．网络营销服务的含义

服务是指除了所提供或销售的产品之外的、所有能促进企业与顾客关系的交流与互动的活动内容。网络营销服务是指企业通过使用各种网络工具与顾客建立一对一的关系并为其提供个性化的服务。网络营销服务借助互联网，可以加强企业与顾客的沟通，使企业随时搜集、整理、分析顾客反馈的信息，以便更好地满足顾客的个性化需求，从而提高顾客的满意度和忠诚度。

2．网络营销服务的内容

在传统营销中，企业向顾客提供的服务主要集中在产品销售过程中的服务和售后服务，比如营销人员现场为顾客介绍产品特点、使用方法，为顾客包装产品，免费送货，上门安装、维修等。在网络营销中，由于顾客的选购活动是在网络虚拟环境中进行的，顾客无法通过眼、手、耳等感觉器官来感受商品，因此，企业必须向顾客提供更为周到细致的服务，包括售前、售中、售后服务及顾客要求的其他个性化服务。

（1）售前服务　售前服务是在产品销售前，企业利用互联网为顾客提供的信息服务。售前信息服务的方式有两种：一种是企业利用自己的网站宣传和介绍产品信息，这要求企业的网站具有一定的知名度；另一种是企业利用网上商城或网上虚拟市场向顾客提供产品信息。在网上虚拟市场中，企业可以免费发布产品信息、提供产品样品、介绍产品订购的信息。售前服务中提供的信息要全面、可靠，能让顾客充分了解产品并依据这些信息做出购买决策。同时，在条件允许的情况下，网上售前服务还应包括接受顾客自行设计的产品、让顾客直接参与营销过程，从而提高顾客的满意度。

（2）售中服务　售中服务主要是指交易关系已确定、在产品送达指定地点的过程中的服务，包括查询、支付银行款项，了解订单执行情况和产品运输状况等。让顾客充分了解销售的执行情况是售中服务的重要内容。企业必须为顾客提供订单执行情况的在线查询，这样，一方面能够消除顾客对网上购买活动的不信任感，另一方面能够帮助企业节约成本，提高服务质量。比如目前大多数快递公司通过网络平台，将包裹和邮件在递送过程中的信息录入到数据库中，顾客可以直接通过互联网查询邮件的最新动态。

（3）售后服务　售后服务是企业利用互联网直接沟通的优势，可满足顾客对产品的使

用帮助、技术支持及产品维护等方面的需求。网上售后服务主要有两类，一类是基本的网上产品支持、技术服务，即企业为顾客提供的为其解决产品在使用过程中可能遇到的问题的服务。网上服务是24小时不间断的，用户可以随时随地上网寻求帮助；同时，网上服务的自助化和开放性也降低了企业在服务上的开支。比如，美国的波音公司通过网站公布其零件供应商的联系方式，并且发布有关技术资料，以供各地的飞机维修人员及时索取最新资料和寻求技术帮助。另一类是增值服务，即企业为满足顾客的附加需求而提供的服务。比如软件供应商为其用户提供软件网上免费升级或免费补丁服务。定期给顾客发送邮件、主动询问顾客对产品的使用情况、发送最新的产品信息、与顾客保持密切联系，都有利于减少顾客对网上服务的陌生感和不信任感。

（4）网上个性化服务　网上个性化服务要求企业把每个顾客视为独立的单一个体，随时整理和更新顾客自愿提供的个人信息、订单记录、历史交易等资料，形成顾客资料数据库，并且通过对客户资料的收集、统计、分析和追踪，发现客户个性化需求的统计特征，同时通过了解顾客偏好和专业化的经营管理，使顾客获得高度个性化的服务。企业在开展个性化服务时，要特别注意保护顾客的隐私，要使顾客感到受尊重、安全、愉快和方便。

3．网络营销服务的特点

（1）便捷性　网络营销服务突破了时空的限制，即顾客可以随时随地上网寻求支持和帮助。同时，互联网技术和计算机技术的相互结合，提高了网上服务的自助化程度，使顾客通过辅助系统自行寻求服务，避免了时空分离所带来的不便。

（2）灵活性　网上的服务综合了许多技术人员的知识、经验和以前顾客出现问题的解决办法，顾客可以根据自己的需要从网上寻求相应的帮助，了解其他人的解决办法。

（3）自助性　网络营销服务从某种意义上说是自助式服务。顾客自己搜寻有关信息，自己解决问题，企业只需提供相应的服务工具或安排少量的技术人员进行在线解答以指导顾客。

（4）经济性　网络营销服务的自助化和开放性，使得企业可以减少技术支持人员的数量和大量重复的服务活动，大大减少了不必要的管理费用和服务费用。

二、网络营销服务的形式

良好的网络营销服务能够提高顾客的满意度。目前，网络营销服务的主要形式有常见问题解答、电子邮件（E-mail）及在线表单、网络社区、消费者自我设计区、即时信息和跟踪服务系统等。

1．常见问题解答

常见问题解答（Frequently Asked Questions，简称FAQ）旨在帮助有目的的顾客迅速找到他们所需要的信息，使顾客获得常见问题的现成答案。FAQ，一方面可以使顾客就遇到的问题直接在网上得到解答，无需专门写信或发电子邮件咨询；另一方面可以帮助企业节省大量的人力、物力。

（1）FAQ的内容　网站的FAQ内容一般分为两部分：一是在网站正式发布前已准备好的内容，通常是用户常遇到的问题的解答，这要求企业站在用户的角度，对在不同的场合中用户可能遇到的问题给出解答；二是在网站运营过程中用户不断提出的问题。列出常见问题对客户服务部门的人员来说是比较容易的。客户服务部门只需把客服人员集中起来集思广益，常见问题列表很快就能列出来。为提高服务效率，FAQ通常设置两套方案：一是面向新顾客和潜在顾客的，即主要提供关于企业及产品的基本信息，意在使浏览者对企业及其产品有初步的了解和认识；二是面向老顾客的，即主要提供一些更深层次的详细的技术细节、技术改进等方面的信息。

（2）FAQ 的设计　对于 FAQ 系统，效用是首要的标准。为方便顾客查找答案，FAQ 的内容不能太短，应包括所有可能遇到的问题；问题应依据顾客提问的频率进行排列，以节省顾客的搜索时间；同时，应保证有一定的信息量及广度和深度；对问题的回答也应尽可能地包含足够的信息，以做到至少对 80%的顾客有实际性的帮助。易于导航是第二个标准。FAQ 通常按频率或常见性列出问题并提供搜索功能，客户只要输入关键词就可以直接找到有关问题的答案。在问题较多时，FAQ 可以采用按主题分类的分层目录式结构来组织内容。此外，FAQ 为顾客提供了与企业有关的重要信息，但企业不必把所有关于产品、服务及企业的情况公布出去，特别是对顾客没有太大用途的信息，反而可能给竞争对手窥探企业机密提供机会。所以，信息披露要适度，这个“度”应以对顾客产生价值又不让竞争对手了解企业的内部情况为准。

2. 电子邮件及在线表单

电子邮件和在线表单都是在线联系工具。利用电子邮件和在线表单，顾客可以将咨询信息发送给企业相关人员。这两种发送信息的方式不同，其效果也存在一定的差异。

（1）电子邮件　企业利用电子邮件为顾客提供服务有很强的主动性，主要表现在以下 3 个方面：首先，企业主动向顾客提供企业的最新信息，包括企业新闻、产品促销信息、产品升级信息等，以便加强顾客对企业的了解；其次，当获得顾客的需求信息时，企业可以主动将其整合到企业的设计、生产、销售等环节中，以便更好地满足顾客需求；再次，在设计产品时，企业可以通过电子邮件直接向顾客询问设计要求，以便设计和生产出适销对路的产品。

（2）在线表单　在线表单的作用与电子邮件类似，但在使用上存在区别。顾客在浏览器界面上的表单内填写咨询内容并提交到网站上，再由相应的客服人员进行处理。企业会事先设定在线表单的一些格式化的内容，比如顾客姓名、地址、问题类别等，因此，通过在线表单提交的信息比一般的电子邮件收到的信息更容易处理，许多网站都采用这种方式来了解顾客的需求。图 6-3 为海尔公司在征询客户意见时使用的在线表单。

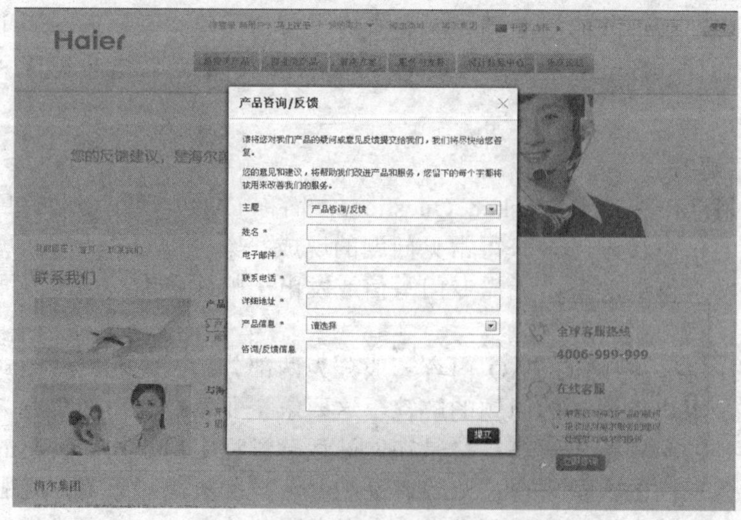

图 6-3　海尔公司的在线表单页面

在线表单的格式化限制了用户的个性化要求，使一些顾客信息无法正常表达；当表单提交成功之后，信息提交到什么地方、多长时间能得到回复，顾客都是无从知晓的；而且在线表单无副本保留，也不便于日后查询。这些因素在一定程度上影响了在线表单的使用。为提高在线表单的使用价值和服务质量，在应用在线表单时，企业应站在用户的角度设计表格项目，注意对一些细节问题的处理，从而增进客户关系。比如，在联系信息的表单页面上同时给出其他联系方式，比如电子邮件地址、电话号码等；对顾客做出服务承诺，给出回复用户问题的时间；提醒用户对有关咨询的问题自行用其他方式保留副本等。

3. 网络社区

网络社区与现实的社区类似，是随着网络和人们在网络社会中的行为的扩展而出现的人类社会活动的新型空间。网络社区在商业活动中是一种重要的顾客服务工具，也是一种有效的公共关系手段。网络社区的主要形式有在线论坛和新闻组两种。

（1）在线论坛　通过在线论坛，顾客可以发表观点和意见，网站服务人员和其他顾客可以通过论坛对问题进行解答。在线论坛可以作为对 FAQ 的一种有效补充，更好地解决 FAQ 无法为顾客解决的问题。

（2）新闻组　新闻组是为不同地区的用户提供的、供其登录访问、阅读他人信息并参与讨论的计算机组合。在建立新闻组时，企业需要预先设计好议题，而顾客在反馈意见和评论时可按不同的议题归类。对于新闻组，企业必须安排专门的人员负责管理，对问题进行分类、派送，并且处理紧急情况。

4. 消费者自我设计区

网络良好的开放性和互动性，使消费者与企业间的直接对话成为现实。借助于互联网沟通平台，企业把消费者当做伙伴，利用网络经常与消费者沟通，让消费者参与产品的设计和改进，为消费者提供符合其要求的个性化产品和服务。

阅读资料

哈雷的个性化定制

哈雷·戴维森公司是全球最大的摩托车生产企业。为了树立其品牌影响力，哈雷公司在改造生产环节中，采用了个性化的定制生产制造系统。全世界的消费者，都可以在哈雷公司的网站上，在设计师或经销商的指导下，根据哈雷公司提供的上千种的部件和配件，来组装或改装哈雷摩托车，使其更加个性化。消费者在选定配件后，将订单交给公司，公司将为其制造专属的哈雷摩托车。通过这种方式，哈雷公司把消费者追求驾驶的乐趣和实现自我价值，最终转化为对品牌的忠诚。为了支持定制生产系统，哈雷公司建立了全球互通的信息网络，这个网络不仅可以协助哈雷公司查看功能部件、摩托车配件与附属产品的存货状况，还可使经销商通过这个网络进行订货。

5. 即时信息服务

以即时通信工具（QQ、MSN 等）为代表的即时信息（Instant Messaging，简称 IM）服务已经成为企业常用的网络营销服务工具。即时通信工具在使用时，对服务人员要求高，占用人工较多；同时，顾客必须与在线服务人员同时使用相同的即时通讯工具，才能与在线服务人员交流信息。

6．跟踪服务系统

企业应当建立一套跟踪服务系统，以便使顾客在下订单并确认后，可以查询订单的处理过程，跟踪、监督订单的执行情况。对于某些仓促做出决定的顾客，企业应当允许他们在一段时间内修改订单。当产品发运之后，企业还要经常与顾客保持联系，直到客户收到产品为止。

尽管网络营销服务的形式多种多样，但并不能满足所有顾客的需求。因此，企业不应忽视传统服务（如电话和普通邮件等）在增进网下顾客关系、满足网下顾客服务要求方面所起的重要作用。选择顾客服务方式的关键不是区分网上和网下，而是以提高服务效率和顾客满意度为标准，根据顾客需求的特点，采取网上与网下相结合的方式。

应用实例

亚马逊的“One-Click”功能

根据亚马逊的经验，图书订购常规的方式是“五步走”：把选择的商品放入购物车、点击购物车、查看购物车内的商品、选择服务方式、提交订单。为方便顾客购买，亚马逊提供了一种更为健康的“One-Click”设计。顾客只要在网站有过购买记录，其通信地址和信用卡账号就会被安全地存储下来。当顾客再次购买时，其只要用鼠标点一下货物，网络系统就会帮顾客完成以后的所有流程。这一工具简化了顾客的购物活动，体现了亚马逊以顾客为中心的经营思想。

【问题】根据上述案例分析网上客户服务的核心是什么？

任务描述

本工作任务要求学生为自己的网上店铺选择合适的网络营销服务工具，并且尝试进行客户服务。

任务情景

在网上购物活动中，客户难免遇到各种问题和顾虑，在这种状况下，顾客服务变得尤为重要。我们应该运用什么样的客户服务工具并通过怎样的方式跟顾客进行沟通，才能使网上消费者满意，进而达成交易呢？

任务实施

1．选择合适的网上店铺客户服务工具

淘宝网上的店铺，可以采用淘宝网开发的阿里旺旺作为客户服务工具，为顾客提供在线服务，解答顾客的提问。同时，手机也是常用的客户服务工具。QQ、飞信、MSN 等其他即时通信工具也可作为辅助客户服务工具。从本质上说，网上店铺的客户服务工具就是要在客户需要帮助的时候，为其提供任何他能够寻求帮助的方式。

兼职网商很难做到 24 小时在线为顾客提供服务，那么就需要在店铺内设置自助购物系统，或者在商品信息页面提供足够且全面的信息，从而帮助顾客自助购买。比如，虚拟物品的销售可以通过自动发货软件来完成。当然，这类自动发货软件是需要购买的，实体商品销售则可以借助购物车来为顾客提供减免运费等服务。

2. 完成日常客户服务管理

日常客户服务管理包括 4 个方面的内容：第一，订单管理。登录网上店铺后台，进行订单管理。确认每天的订单，包括商品是否能够正常下单，付款是否成功，采用哪种方式支付，是否有漏单的情况以及漏单的原因和处理情况；查看客户订单详情，包括地址是否一致，不一致的要及时跟客户取得联系以确认发货地址；订单状态的跟进，对于已完成发货的订单，要及时更新订单状态，使顾客能够随时了解订单执行情况；掌握仓库库存状况，及时补货。第二，邮件管理。邮件是客服人员与客户沟通的主要渠道之一，客服人员在回复邮件时应该注意语气和用词，尽量做到简洁明了；认真对待并解决客户提出的每一个问题，并且对客户的问题进行总结。第三，问题处理。在查看网上店铺后台时，客服人员应及时处理各种问题，包括客户退换货、消费投诉、付款不及时等。第四，清单管理。处理销售清单并及时记录销售报表，有助于网商了解每一阶段的业绩，掌握网上店铺的运营情况；做好退款等处理的相关纪录，有助于网商查询和总结。

3. 掌握网上店铺客户服务的技巧

当卖家与顾客进行沟通时，尽管无法直接面对顾客，但是顾客同样能够通过语言、语气等，感受到卖家的态度与服务。因此，卖家首先要对顾客有端正、积极的态度和足够的耐心与热情，及时解答顾客疑问，帮助顾客解决问题，给顾客带来一种信任感；其次，要使用礼貌、亲切、规范的语言，避免负面、具有对抗性的语言，使顾客感受到真诚与温暖，以便能够顺利地与客户建立起良好的关系；再次，要倾听顾客的意见，站在顾客的角度考虑，想顾客所想，把自己变成一个买家助手；最后，要争取做一个专业卖家，全面了解自己所销售的商品的特性，给顾客提供准确的商品信息，坦诚介绍商品的优点及缺点，增强顾客的信任感。专业的客户服务能够更好地帮助顾客做出购买决策。

任务要求

（1）以小组形式完成，在所开设的网上店铺中设置不少于两种的客户服务工具。淘宝店铺可以选择阿里旺旺、手机、QQ 等。

（2）在阿里旺旺等客户服务工具中，设置自动回复。

（3）在有顾客提问时，尝试与顾客进行交流，练习沟通技巧。不同小组成员之间可以相互练习。

（4）完成日常网上店铺的客户服务工作。

任务三　实施网络营销价格策略

知识基础　网络营销价格策略的基本理论

完成本任务所需要的知识基础包括网络营销定价的特点、定价的目标以及定价策略等。

一、网络营销定价的特点

网络营销定价是指企业为网上销售的产品或服务制定一个合理的价格。在工业经济时代，产品或服务供求双方沟通的障碍导致信息不对称，企业从自身的需要来制定价格，消费者只能是价格的接受者。而网络经济的发展在很大程度上解决了产品开发和销售中存在的信息不对称问题，使企业能够利用互联网充分了解目标市场的需求和为获得产品所愿支付的成本，提高了产品定价的有效性和企业的市场竞争力。

网络营销定价呈现出以下 3 个特点：

1. 全球性

在网络经济时代，企业面对的不再是传统的、受地域限制的顾客，而是无国界的市场，任何国家和地区的用户都可以直接通过网络订购企业的产品或服务。而各地区社会经济环境的差异和顾客对产品需求的不同，使企业产品定价变得更加困难，定价时需要考虑的因素也更多。市场全球化并不等于定价全球化。面对差异性极大的全球网络市场，企业必须采用全球化和本地化相结合的策略，根据各市场的特点进行差异化定价。

2. 顾客主导定价

顾客主导定价就是指在决定产品价格时，顾客处于主导地位。企业借助网络能够充分了解目标市场的需求和支付能力，并且据此提供相应的产品、确定顾客愿意接受的价格。顾客主导定价并不意味着低价或无利润销售，它只是消除了企业获取超额垄断利润和进行价格欺诈的可能性。相反，在顾客主导定价的驱使下，企业通过不断创新，不仅能够满足顾客需求，也能够取得相应的利润。

不是所有的产品都适合顾客主导定价，顾客主导定价的产品一般应满足 4 个条件：一是产品属于个性化需求产品，企业必须为客户定制；二是企业充分掌握目标市场需求信息和支付能力信息；三是产品成本低于顾客愿意支付的成本，企业能够取得一定利润；四是企业具有较强的创新能力，能满足顾客不断变化的需求。

3. 低价位定价

低价位定价是网络营销定价的显著特点之一。网络经济的发展是通过提供免费信息实现的。目前，很多企业的网络营销活动仍处在发展的初期阶段，免费或低价仍是网络营销定价的主流，企业需要通过免费提供信息、服务或低价产品吸引客户购买商品，从而直接或间接地取得经济利益。从成本费用的角度来看，借助于快速高效的网络信息系统，无论是网络信息服务还是网上产品销售，都具有低价位定价的条件；从网络营销发展的角度来看，低价位定价也是企业促进产品网上销售、扩大市场规模的重要手段。

二、网络营销定价的目标

定价目标是指企业希望通过产品定价所要达到的目的或结果。定价目标是企业营销战略在产品定价方面的具体化，是产品定价方法的选择和最终定价的依据。不同的企业有不同的定价目标，同一企业在不同的发展阶段的定价目标也不同。同时，企业定价目标往往不是单一的，而是多元化的。网络营销定价目标主要有以下 6 种：

1. 生存目标

生存是发展的基础。生存目标是指企业以生存作为产品或服务定价的首选目标，暂时不考虑赢利和发展。在以生存目标进行产品定价时，企业首先考虑在弥补产品成本费用的基础上选择低价策略，以维持企业生存。

2．利润最大化目标

利润最大化目标是指企业根据当前市场需求和供给状况，结合企业的产品优势和市场竞争优势，选择以利润最大化作为定价目标。并不是每个企业都能够以利润最大化作为产品定价目标，只有那些产品品牌知名度较高、顾客愿意为获得产品而支付较高价格的企业或垄断性企业才有可能选择利润最大化目标。

3．市场占有率最大化目标

市场占有率最大化目标是指产品定价以能否增加市场份额为考虑因素，实现企业扩大市场占有率的目标。产品的销售量一般与价格成反比，即价格越低，销售量就可能越大，市场占有率就越高。因此，以市场占有率最大化为定价目标的企业一般采用低价策略，以希望在最短的时间内占领市场。许多具有一定竞争优势的企业在市场成长期往往选择此定价目标。

4．销售额增长率最大化目标

销售额增长率最大化目标是指产品定价以能否增加销售额为考虑因素，实现企业提高销售额增长率的目标。销售额的增长有赖于销售量的增加和价格的提高，而产品的销售量往往与价格成反比，降低价格能否带来销售额的增加取决于产品需求的价格弹性。因此，以销售额增长率最大化为定价目标，必须考虑产品需求的价格弹性，并据此决定是采用高价策略还是低价策略。

5．产品质量最优目标

产品质量最优目标是指企业的产品定价以产品质量为基础，并且有利于提高产品质量。产品质量与价格一般成正比。产品质量不仅包括性能质量，还包括服务质量。网络营销服务的低成本特点，使企业有条件为顾客提供高质量的服务，从而提高顾客满意度。同时，产品的性能质量是由顾客界定的，它以顾客的需求和支付成本为基础。因此，严格意义上的最优质量是不存在的。

6．应对和防止竞争目标

在激烈的市场竞争中，大多数企业对竞争者的价格都十分敏感。应对和防止竞争目标就是指企业在分析自身产品竞争能力和市场竞争地位后，以应对和防止竞争作为定价目标。当企业具有较强的实力、在行业中居于价格领导地位时，其定价目标主要是应对竞争者或阻止竞争对手，故企业常常首先变动价格。当企业具有一定竞争实力、居于市场竞争挑战者位置时，其定价目标是攻击竞争对手、侵蚀竞争对手的市场份额，故其制订的价格相对较低。而市场竞争力较弱的中小企业，在竞争中为防止竞争对手的报复，其一般不首先变动价格，在制定价格时主要跟随市场领导者的价格。

在选择网络营销定价目标时，企业必须考虑战略目标、目标市场的选择、产品的市场定位和特性、相关产品的生产成本和服务费用、产品所处的生命周期阶段、市场竞争状况等因素。

三、网络营销定价策略

网络营销定价策略是指网络营销企业在制定产品价格时所采用的基本策略，是企业营销策略的重要组成部分。网络营销定价策略主要有以下 8 种：

1. 竞争导向定价策略

竞争导向定价策略是企业通过分析市场竞争状况和变化趋势，及时了解顾客需求，研究竞争对手的反应，确定产品定价的营销策略。竞争导向定价策略要求企业准确把握市场竞争状况和竞争对手的反应模式，根据市场竞争和市场需求的变化及时调整价格，以使价格保持在同类产品竞争中相对优势的位置。

竞争导向定价策略中常见的是先发制人定价策略和市场追随定价策略。

2. 免费价格策略

免费是网络营销的基本特征之一。在网络营销中，免费价格策略是一种非常有效的定价策略。免费价格的形式有4种：一是产品和服务完全免费，即产品和服务从购买开始到使用和售后服务的所有环节都是免费的；二是产品和服务限制免费，即规定产品或服务免费使用的期限或次数，即超过一定期限或者使用次数后，顾客若想继续使用就要付费购买；三是产品和服务部分免费，比如一些销售视听产品的公司，把一部电影的最精彩的部分让用户免费观看，以引发用户观看全部影片内容的欲望，此时，用户若想获取影片的全部内容就必须付款购买；四是产品和服务捆绑式免费，即购买某产品或者服务时赠送其他产品和服务。

动手动脑

（1）你是否在网上使用过免费的商品？能列举出一些例子吗？

（2）企业在采用免费价格策略后，其收益如何保障？

产品和服务采取免费策略受到一定条件的制约，并不是所有的产品和服务都适合免费策略。一般说来，采用免费策略的大多是一些易于数字化的虚体产品，比如软件、信息、电子图书等。虚体产品可以直接通过互联网进行传输，实现零成本的配送。并且，对于这些虚体产品，企业只需要投入研制费用，待开发成功后，通过简单复制就可以实现无限制的生产，即生产成本为零。此外，免费产品必须能够吸引客户，有利于企业占领市场，为企业未来发展打下坚实基础，帮助企业通过其他渠道获取间接收益。

应用实例

Netscape 与 IE 的纠葛

1994年12月，美国网景公司发布了Netscape浏览器1.0版本，允许用户免费下载使用。该软件能够让网民更为方便地浏览网页，因此深受欢迎。Netscape凭借先入为主的优势成为当时最流行的浏览器产品。Netscape的主要目的是在用户形成使用习惯之后开始收费，为用户提供免费产品只是其商业计划的开始。

此时，Windows95操作系统已经慢慢普及，互联网的应用也获得快速的发展。1995年8月，微软发布了Internet Explorer1.0（IE1.0）浏览器，并随后推出IE2.0、IE3.0版本。1997年4月，微软开始推出IE4.0版本，但用户对这个版本的评价一般，同样发展到4.0版本的Netscape却一路高歌猛进。

到了Windows98时代，微软公司决定将IE浏览器与Windows98捆绑在一起免费向用户提供，并且不断免费升级。绝大多数用户认为既然操作系统中提供了浏览器，就不需要再单独购买。结果在很短时间内Netscape的用户群体迅速萎缩，市场占有率急剧下降，最终导致其商业计划直接破产。

【思考题】（1）企业在为用户免费提供产品时会遇到哪些风险？

（2）如何规避免费价格策略中的风险？

3．低价定价策略

低价定价策略是企业常用的一种定价策略，主要包括直接低价定价、折扣定价和促销定价 3 种方法。直接低价定价策略在定价时采用成本加一定利润、甚至是零利润的方式，因此采用这种策略制订出的价格比同类产品的低。折扣定价是以在原价基础上进行折扣来定价的，这种定价可以让顾客直接了解产品的降价幅度，以促进顾客购买产品。促销定价除了包括折扣销售策略外，还包括有奖销售策略和附带赠品销售策略等。

实施低价定价策略时要注意以下 3 个问题：一是企业不宜销售那些顾客对价格敏感而企业又难以降价的产品；二是对不同的消费对象（消费者、零售商、批发商）提供不同的价格信息发布渠道；三是企业在网上发布价格时要注意比较同类站点公布的价格。

动手动脑

哪些商品在网上销售时适合采用低价定价策略，请列举出几个具体的商品类别或名称。

4．特殊品价格策略

特殊品价格策略是指企业在提供满足一些顾客特殊需求的产品时所采用的定价策略。特殊品包括创意独特的新产品、纪念品及有特殊收藏价值的产品等。特殊品具有其他产品无法替代的核心利益和效用，其市场竞争者较少，故一般定价高。

5．差别定价策略

差别定价策略包括：按顾客身份差别定价，比如互动出版网（www.china-pub.com）把注册登录的用户按照累计消费金额分为普通会员、星级会员，并且在用户购物时给予不同的价格优惠；按产品的形式差别定价，比如给简装版和精装版的书籍制订不同的价格；按产品销售时间差别定价，比如预订机票等。

应用实例

亚马逊的差别定价试验

为提高在图书和音像制品等商品销售上的赢利，亚马逊在 2000 年 9 月中旬开始了著名的差别定价试验。亚马逊选择了 68 种 DVD 碟片进行动态定价试验。其根据潜在客户的人口统计资料、在亚马逊的购物历史、上网行为以及上网使用的软件系统确定这 68 种碟片的报价水平。例如，名为《泰特斯》（Titus）的碟片对新顾客的报价为 22.74 美元，而对那些对该碟片表现出兴趣的老顾客的报价则为 26.24 美元。通过这一定价策略，部分顾客付出了比其他顾客更高的价格，亚马逊因此提高了销售的毛利率。

但是，这一差别定价策略实施不到一个月，就有细心的消费者发现了这一秘密，通过在 DVDTalk（www.dvdtalk.com）音乐爱好者社区中的交流，成百上千的消费者知道了此事，那些付出高价的顾客当然怨声载道，纷纷在网上以激烈的言辞抨击亚马逊的做法，有人甚至公开表示以后绝不会在亚马逊网站购买任何东西。这次事件曝光后，消费者和媒体开始怀疑亚马逊是否利用其收集的消费者资料作为其价格调整的依据，这样的猜测让亚马逊的价格事件与敏感的网络隐私问题联系在了一起。

【问题】你认为亚马逊公司的差别定价是否合适？为什么？

6．捆绑销售定价策略

捆绑销售是指一些企业为促进产品销售，把一些互补性产品或关联产品组合起来销售。捆绑销售定价策略是捆绑销售策略的重要组成部分。一般来讲，组合起来销售的产品价格低于各独立产品的价格之和，其目的是使顾客在获得所需产品的同时，能得到额外的利益和满足，并且增加产品销售量。

7．定制生产定价策略

定制生产定价策略是指企业在具备定制生产条件的基础上，利用网络技术和辅助设计软件，帮助顾客选择配置或者自行设计能满足自己需求的个性化产品，同时承担自己愿意支付的成本。

8．使用定价策略

使用定价是指顾客在企业的网站注册后，无需完全购买就可以直接使用企业的产品或服务，企业则按照顾客使用产品的数量或接受服务的次数进行计费。采用使用定价的产品要适合互联网传输和远程调用。目前，软件、音乐、电影等产品多采用使用定价策略。使用定价策略一方面减少了企业为完全出售产品而进行的不必要的大量的生产和包装浪费，同时还可以吸引心存顾虑的顾客试用产品；另一方面，顾客根据使用次数付费，省去了购买、安装、处置产品的麻烦，还可以节省不必要的开销。

动手动脑

分析图 6-4 中该网站对商品采用了哪些定价策略？

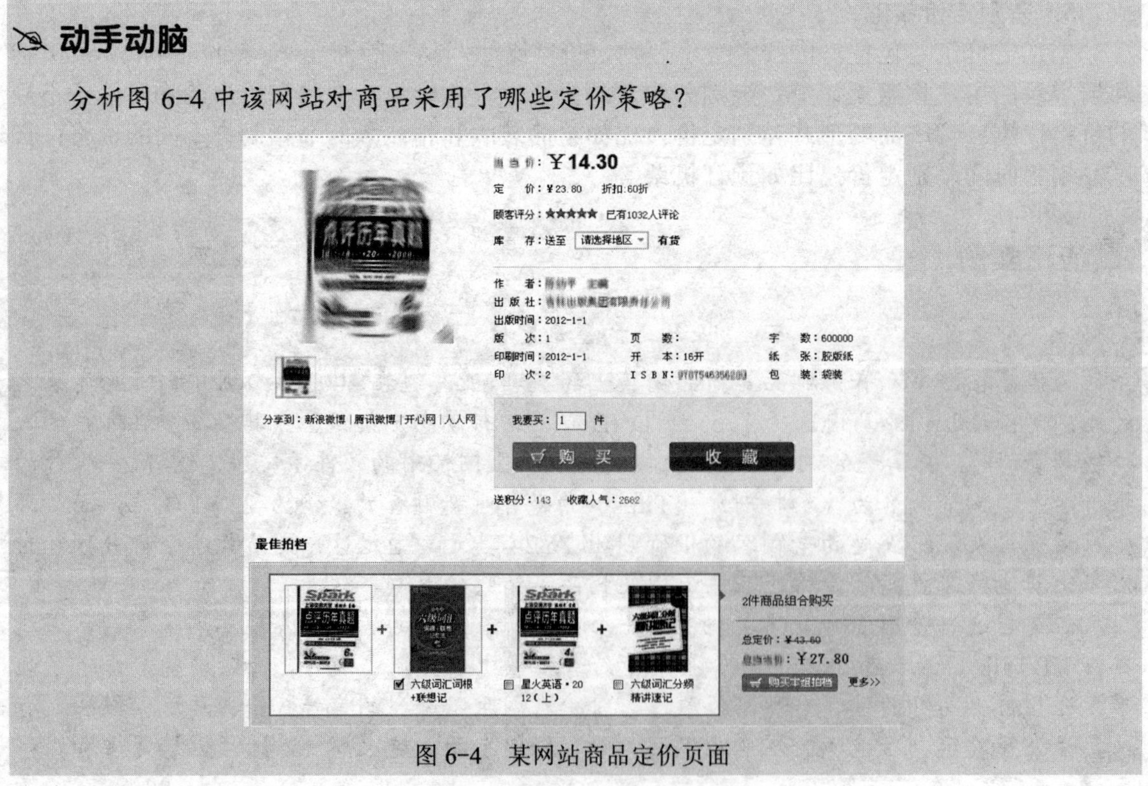

图 6-4　某网站商品定价页面

网上定价策略有很多，企业在定价时必须充分考虑影响产品定价的各种因素，包括企业内部因素和外部因素，根据企业的营销目标和定价目标，选择合适的定价策略。在网络竞争日益激烈的环境下，企业为求得生存和发展，还必须根据影响价格变化的各种因素的变化，对价格进行适时调整，以适应市场竞争的需要。

应用实例

"AOL 高速"服务提价

从 2006 年 3 月开始，美国在线公司（American Online，简称 AOL）的包月拨号连接服务——"AOL 高速"的价格由 23.9 美元提高至 25.9 美元。如果使用"AOL 高速"服务，用户需要每月支付 25.9 美元；如果使用新的宽带连接服务，用户则需要每月支付 29.9 美元。"AOL 高速"服务的价格比 AOL 新的宽带连接服务的价格只低 4 美元，但新的宽带连接服务将使用户有更好的网络体验，尤其是在访问多媒体内容方面。

【问题】AOL 公司为什么要提高"AOL 高速"服务价格？

动手动脑

（1）在淘宝商城、京东商城、当当网、6688 网上商城、亚马逊等几家网站上，分别在化妆品类、3C 类、服装鞋帽类等大类中选择几种商品，查询其价格，并且说明其采用了哪种定价策略，将结果填入表 6-4。

（2）比较（1）中所搜集的几种商品在淘宝商城、京东商城、当当网、6688 网上商场和亚马逊上定价的高低，并将结果填入表 6-5。

表 6-4　不同网上商城所售不同商品价格汇总表

商品名称与规格	网　站	价　格	定价策略
	淘宝商城		
	京东商城		
	当当网		
	6688 网上商城		
	亚马逊		

表 6-5　不同网上商城所售同一商品价格汇总表

价格 商品	淘宝商城	京东商城	当当网	6688 网上商城	亚马逊

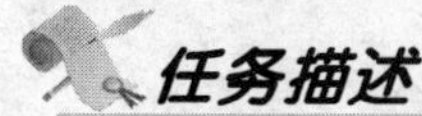

任务描述

本工作任务要求学生为网上店铺中所销售的商品制订价格策略，通过灵活的定价策略达到销售的目的。

任务情景

网上商品销售吸引消费者的一个重要原因就是其价格低廉，同时，灵活多样的定价方式也能够使卖家更好地满足顾客多样化的需求。那么，应该如何应用有效的价格策略使卖家获得更多的销售机会和更大的竞争优势呢？

任务实施

1．价格比较

首先，登录淘宝网，查询与你的网上店铺所销售的商品完全一样的其他卖家的销售价格和销售量，进行记录；其次，根据顾客的购买行为特征，分析其他卖家的销售价格区间和定价特点；再次，以上述分析结果为参考，为自己的店铺所售商品制定合理的价格。

2．价格策略的运用

第一，运用低价策略。首先，根据查询结果，将低价格区间记录下来，在成本允许的情况下，使自己的商品价格处在该价格区间内。由于淘宝网提供价格排序的查询方式，因此，可以通过较其他同类商品价格低 1 分钱的手段，使自己的商品在查询结果中处于靠前的位置，尤其是处在查询结果按照价格排序的第一页，以此来获得更多的关注和点击次数。

第二，运用拍卖价格策略。选择一件网上店铺所销售的商品（如二手图书），按照拍卖的方式进行发布，设置起拍价格和每次加价幅度，但起拍价格和加价幅度不宜过高。发布后登录后台进行查询，待拍卖时间结束，若有买家竞价，则该商品销售给出价最高者；若无买家竞价，可继续发布。

第三，运用捆绑销售定价策略。在网上店铺所售的商品中选择 2～3 种商品，如几本不同的杂志，进行捆绑销售。将该组商品作为一件商品进行发布，给出这一组商品的价格，此价格应略低于单件商品的价格总和。

此外，在条件允许的情况下，可以尝试运用其他定价策略，比如差别定价策略、价格折扣策略等。这些价格策略的实施需要卖家使用淘宝网提供的软件工具，比如“促销助手”（该工具的标准版的价格为 10 元/月）。运用促销助手，卖家可以设定优惠折扣、优惠的商品、优惠的时间以及优惠人群，从而能够实现差别定价。

3．价格策略的调整

在网上店铺中，针对之前不合理定价的商品，在其未销售之前，对其价格进行调整。另外，当有买家要求降低价格且该要求能够被接受时，在买家下订单且未付款时，为其调整价格。比较以上两种方式下的价格调整的不同之处。

4．撰写定价策略分析报告

定价策略分析报告内容及格式如下：

××网上店铺定价策略分析报告

一、定价策略制订依据的分析

1．定价目标

2．成本分析

3．竞争对手的定价策略分析

4．消费者需求因素

二、定价策略的运用

1．定价策略的选择

2．定价策略的实施

3．实施中出现的问题及解决办法

任务要求

（1）以小组形式完成，在所开设的网上店铺中为所售商品制定价格，可以针对不同的商品采取不同的价格策略，至少采取两种以上的价格策略。

（2）以书面报告的形式，完成网上店铺定价策略分析报告。

（3）在课堂上阐述所运用的定价策略及其制订依据，并进行讨论。

任务四　设计网络营销渠道

知识基础　网络营销渠道设计的基本理论

完成本任务所需要的知识基础包括网络营销渠道的特点、类型和建设，网络直销，网络间接营销渠道及双道法等。

网络营销渠道是企业借助互联网将产品从生产者转移到顾客手中的过程。网络营销一方面要求企业了解顾客需求，向顾客介绍企业产品信息，提供样品或进行产品展示；另一方面为顾客提供网上订购便利，实现货款结算和产品实体的转移。因此，网络营销渠道不仅包括网络信息传播和信息沟通系统，还包括网上订货系统、货款结算系统和物流系统。

一、网络营销渠道的特点、类型和建设

1．网络营销渠道的特点

与传统营销渠道相比，网络营销渠道有以下 4 个方面的特点：

（1）直接性　在网络营销中，企业产品信息传递、购销、储运、货款支付等中间环节都可以由企业借助互联网来完成，资金流转可借助银行的网上结算系统来完成，商品实体流转可以利用第三方物流体系或通过建立企业自己的物流体系来完成。也就是说，企业只要建立网站或利用其他网络销售平台，就能实现产品的直接销售。

（2）便捷性　网络营销的基础是互联网。顾客借助互联网直接获得产品信息，与企业达成交易协议；同时借助网上支付系统完成货款支付。而企业利用自己的配送体系或公共物流配送体系完成商品实体的转移；还可通过网站上的 FAQ，解决顾客在产品使用中产生的问题。因此，与传统营销渠道相比，网络营销渠道更为便捷，顾客足不出户就能实现商品采购。

（3）高效性　网络营销借助互联网的高效信息沟通系统，直接向目标市场传递产品信

息；同时利用公共资源实现产品实体的转移和货款结算，减少了中间环节，有效地降低了营销成本，提高了营销效率。

（4）专业化 网络间接销售渠道的中间商是传统营销渠道中间商的发展，它不仅具有传统营销渠道中间商的一般功能，而且又融入了网络信息技术，故中间商的交易效率和专业化程度较高，规模效益的发挥也不再受经营场地的限制。

2. 网络营销渠道的类型

互联网的发展改变了营销渠道的结构。从总体上看，网络营销渠道可分为网络直销渠道和网络间接营销渠道两种类型。与传统分销渠道不同，网络直销渠道与网络间接营销渠道都是零级分销渠道。

（1）网络直销渠道 网络直销渠道不借助任何中间商，商品直接从生产者转移给消费者或使用者。网络直销渠道一般适用于大型商品及生产资料的交易。

（2）网络间接营销渠道 企业除利用自己的网站进行网络直销外，还必须积极利用网络中间商来销售自己的产品，这种借助网络中间商将商品销售给消费者或使用者的营销渠道就是网络间接营销渠道。电子中间商是网络间接营销渠道中唯一的中间环节。网络间接营销渠道一般适用于小批量商品及生活资料的交易。

3. 网络营销渠道的建设

由于目标对象不同，其需求也存在差异，因此，企业必须根据客户的特征建设网络营销渠道。在 B2B 模式下，购买方比较集中且交易量大、交易次数少，网上销售渠道的建设关键是构建良好的订货系统，方便企业客户进行选择；而企业之间结算的实现相对容易，较大的交易量适用于专门配送，因此，对结算系统和配送系统要求不高。在 B2C 模式下，消费者较为分散且购买次数多、数量少，因此，网络营销渠道建设的关键是结算系统和配送系统。企业应尽量提供多种安全可靠的结算方式供消费者选择，使消费者能够在信任的支付环境下进行支付；同时，通过建立完善的配送系统，保证消费者及时收到所购商品；而对于订货系统，则应简单明了，方便顾客选购即可。因此，企业必须从目标对象的角度设计营销渠道，只有采用容易被目标对象接受、信任的方式才能吸引更多的目标对象，实现企业的营销目标。

二、网络直销渠道

1. 网络直销渠道概述

在网络直销中，生产企业通过建设自己的网络营销站点，使顾客直接从网站订货；通过与网上银行等电子商务服务机构合作，实现支付结算，解决资金流转问题；通过与专业物流公司合作或自建物流系统，实现商品实体的转移。

应用实例

戴尔（Dell）公司的网络直销

戴尔公司网站（www.dell.com）具有在线直接销售功能，允许顾客自己设计和组装电脑。顾客通过点击“个性化配置”按钮就可进入系统配置器，在这里，顾客可以在线定制或升级组件，添加电子产品、附件和软件，添加服务和延长保修期等。顾客可先确定自己能够接受的价格标准，参照这个标准自行选择合适的配置，每当顾客更改了配置或选择项目后，系统将自动更新产品的总价，方便顾客随时查询。在顾客确认配置无误后可将订单存入购物车，公司在接到顾客提交的订单后，将电脑部件组装成整机。

真正按顾客需求定制生产并在极短的时间内完成，速度和精度是考验戴尔的两大难题。戴尔在其直销网站上，提供了一个跟踪和查询顾客订货状况的接口，供顾客查询已订购的产品从发出订单到送到顾客手中的全程情况。

【问题】戴尔公司网络直销成功的关键因素有哪些？

2．网络直销渠道的优势

（1）提高沟通效率　网络直销实现了企业与顾客的直接沟通，提高了沟通效率，使企业能够更好地满足目标市场的需求。

（2）降低价格　网络直销减少了营销人员的数量，降低了企业的营销成本，使产品能以较低的价格销售。

（3）提高营销效率和促销的针对性　通过各种网络工具，比如电子邮件、网络社区等，营销人员可以随时了解并满足顾客需要，有针对性地开展促销活动，提高了营销效率。

（4）提高服务质量　企业通过网络及时了解用户对产品的意见和建议，并且可针对这些意见和建议提供技术支持和服务，迅速解决顾客在使用中遇到的问题，提高服务质量。同时，通过交互式沟通，企业还可以与顾客建立良好的互信关系，满足顾客的心理需求。

（5）有利于企业的价格控制　与其他分销模式相比，网络直销使企业有能力有效运用价格的差异性和一致性来控制产品价格、规范市场运作、消除中间商对产品价格的影响。

✍ 动手动脑

有人认为随着网络营销的发展，直销渠道将会完全代替间接营销渠道，你认同这种观点吗？为什么？

3．网络直销渠道的不足

在网络直销中，产品的信息沟通、所有权转移、货款支付和实体流转等是相分离的，任何一个环节的失误都将直接影响产品的销售。与发达国家相比，我国的市场经济发展还不成熟，市场化运作机制还不完善，社会化信用体系还没有完全建立，特别是与网络直销密切相关的电子支付系统和物流配送系统还有待进一步发展，这些都会影响网络直销活动的顺利进行。国外一些企业网络直销的成功，在很大程度上得益于完善和发达的市场体系。

三、网络间接营销渠道

在网络间接营销渠道中，融入互联网技术后的中间商具有较强的专业性，能够根据顾客需求为销售商提供多种销售服务，并且收取相应费用。目前，高技术、专业化、单一中间环节的电子中间商大大提高了网上交易效率，并且对传统中间商产生了冲击。

1．电子中间商与传统中间商的比较

在网络营销中，电子中间商发挥着连接产品销售者和顾客的桥梁作用。一方面，帮助

顾客选购产品并提供相应的服务，满足顾客需求；另一方面，帮助销售者及时掌握产品销售情况，完成商品交易，降低交易成本。电子中间商与传统中间商主要有以下 5 个方面的区别：

（1）存在前提不同　传统中间商的存在前提是生产商为降低产品销售成本，实现产品在更大的范围内销售或进行普遍分销；而电子中间商是中间商职能和功效在新的领域的发展和延伸。

（2）交易主体不同　传统中间商通过产品购销与生产商和顾客进行交易，是连接生产与消费的中间环节，兼有物流、信息沟通、所有权转移和支付等功能；而电子中间商作为独立主体存在，不直接与生产商和顾客进行商品交易，只为交易双方提供交易信息、交易媒介和交易场所等，其功能是促进商品交易的实现。

（3）交易内容不同　传统中间商直接参与商品交易活动，并且提供产品实体、产品供求信息和交易资金等；而电子中间商作为网络营销的一种交易媒介，主要提供信息交换场所和虚拟交易平台，不参与具体的商品实体、资金交换等交易活动，商品交易由买卖双方直接达成。

（4）交易方式不同　传统中间商通过产品购销参与交易活动，通过购销差价获得收益。电子中间商主要是进行信息交换，提供虚拟交易平台，不参与商品实体交易；并且通过提供信息服务和虚拟社区租赁取得收益。

（5）交易效率不同　通过传统中间商实现商品交换至少需要两次交易活动，一次是中间商与生产商间的交易活动，中间商获得商品所有权；另一次是中间商与顾客间的交易活动，中间商销售商品，取得收入。此时，中间商的信誉、实力和交易效率直接影响产品的销售。而电子中间商不参与商品交易，只利用自己的信息平台为交易双方提供交易信息和服务，帮助消除生产商和顾客之间的信息不对称现象，促进商品交易，提高交易效率。

2. 电子中间商的类型

电子中间商在产品搜索、提供产品信息和虚拟社区等服务方面具有明显优势，但在产品实体分销方面却难以胜任。目前，电子中间商主要提供信息服务和虚拟社区中介功能，其类型包括以下 8 种：

（1）目录服务　目录服务是指利用互联网上目录化的 Web 站点，提供菜单驱动进行搜索。目前，这种服务是免费的，将来可能收取一定的费用。

（2）搜索服务　与目录服务不同，搜索站点为用户提供基于关键词的检索服务。搜索站点利用大型数据库分类存储各种站点介绍和页面内容。搜索站点不允许用户直接浏览数据库，但允许用户向数据库添加条目。

（3）虚拟商业街　虚拟商业街是指在一个站点内链接两个及其以上的商业站点。虚拟商业街定位于某一地理位置和某一特定类型的生产商和零售商，它们在虚拟商业街销售各种商品、提供不同服务。站点的主要收入来源于其他商业站点对其的租用。

（4）网上出版　网络信息传输的及时性和交互性特点，使网络出版 Web 站点能够向顾客提供大量有趣或有用的信息，满足顾客的需求。目前出现的联机报纸、联机杂志均属此类型。丰富的信息内容和免费服务，使大量网民访问网上出版站点，为出版商带来大量互联网广告收入或提供产品目录收入，促进了该类网站的发展。

（5）虚拟零售店（网上商店）　与虚拟商业街不同，虚拟零售店拥有自己的货物清单，并且向顾客销售产品。通常的虚拟零售店是专业性的，其直接从生产商进货，通过网络直接销售给顾客，比如亚马逊网上书店、当当网等。目前，虚拟零售店主要分为电子零售型（E-Tailers）、电子拍卖型（E-Auction）和电子直销型（E-Sale）。

（6）站点评估　站点评估是指一些网站或网络评估机构根据各网站的经营情况和顾客对网站的评价或投诉情况，按照一定的标准或指标，进行等级评定。从事网络营销的企业越来越多，企业间的资信状况参差不齐，站点评估不仅可以帮助顾客选择信誉好的站点，降低交易风险，而且也能够促进企业信用和服务质量的不断提高，改善社会信用环境。通常一些目录和搜索站点也提供站点评估服务。

（7）电子支付　电子支付系统是实现网上交易的重要支持系统。电子支付工具从其基本形态上看是电子数据，它以金融电子化网络为基础，通过网络系统以传输电子信息的方式实现支付功能。电子支付工具包括电子信用卡系统、数字化电子现金系统、电子资金传输/电子支票系统。电子支付服务商通过提供支付服务收取佣金。

（8）虚拟市场　虚拟市场是指某些网站为符合条件的产品提供网上展示和销售的场所。顾客可根据产品信息在虚拟市场中进行选购。虚拟市场的提供者一般不销售商品，只提供空间租赁和网站管理服务。

3．智能代理

智能代理在智能代理软件的帮助下，根据顾客的偏好和要求，预先为用户自动进行初次搜索，并且依据用户自己的喜好和别人的搜索经验自动学习和优化搜索标准。用户可以根据自己的需要选择合适的智能代理站点为自己提供服务，同时支付一定的费用。

动手动脑

传统分销渠道的中间商会消失吗？

四、双道法

在网络营销活动中，无论是网络直销还是网络间接销售，都存在一定的局限性。企业为扩大产品覆盖面，促进产品销售，通常采用双道法。所谓双道法，是指企业同时采用网络直销渠道和网络间接销售渠道，以实现产品最大限度的销售。

网络直销的销售业绩受网站知名度和访问量的限制，一些知名度较低、访问量小的企业要想在短期内通过网络直销扩大产品销售几乎是不可能的。借助知名度较高的电子中间商的网站，通过开辟网上零售店等间接销售渠道，可以扩大产品销售，提高产品知名度。从长期发展来讲，企业有必要建立自己的网站来进行网络直销。建立双通道营销渠道是许多企业的最佳选择。

应用实例

美特斯邦威的网络渠道探索

2011 年初，美特斯邦威的淘宝旗舰店正式上线运营，其主要销售美特斯邦威旗下品牌的各类服装。与此同时，美特斯邦威公司正式推出其独立的 B2C 电子商务平台——邦购网。美特斯邦威相关负责人表示，公司将以电子商务作为价值链的垂直整合平台，探索服装业销售模式的变革，从而赢得未来市场。在目前人工、劳动力、原材料及商业地产租金成本急剧增长的情况下，品牌服装企业利用网店销售，可以极大地节省开设门店的租金，有效地控制生产成本，但其能否成功运营并且保持长久发展，还是个未知数，尤其是如何处理网络营销渠道与传统营销渠道、网络直销渠道与网络间接营销渠道之间的关系，这需要长期的探索和实践。

【问题】（1）美特斯邦威采用了什么样的网络营销渠道策略？

（2）在应用该网络营销渠道策略时，应当注意哪些问题？

任务描述

本工作任务要求学生为网上店铺中所销售的商品制订合适的渠道策略，通过网络营销渠道建设更好地实现营销目标。

任务情景

网上店铺的开设决定了我们选择了网络间接营销渠道作为商品销售的主要渠道，而以淘宝网为平台则决定了我们选择了一个受众最多、市场最大、同时也是竞争对手最多的网络中间商。在这个平台上，我们只有根据客户的需求完善营销渠道，才能更好地实现营销目标。

任务实施

由于在淘宝网开设网上店铺，订货方式可以不予考虑，关键的步骤是设置支付方式和物流配送方式。

1．设置支付方式

淘宝网提供了多种支付方式以供买卖双方选择，包括支付宝支付、网银支付、信用卡支付、找人代付以及快捷支付。顾客可以根据自己的实际情况直接选择合适的支付方式进行支付。此外，卖家还可以设置其他支付方式：第一，在店铺首页或商品信息页面标注自己的银行账号，接受没有网上银行或信用卡的客户的直接汇款。第二，在店铺首页或商品信息页面标注自己的邮政地址，以便客户可以采用邮局汇款方式支付。这两种支付方式都是先付款后发货，对客户来说存在一定的风险，因此，在客户有需要时可以采用，但是以安全性为先来考虑，应当首先推荐支付宝支付方式。第三，在有条件的情况下，尝试设置货到付款方式。在加入消费者保障计划或者通过淘宝商城认证后，卖家可以在淘宝网的软件服务订购中心购买“货到付款服务”（该服务收取 1%的佣金，商城卖家免费），即在发布除虚拟物品和不支持消费者保障服务类目的商品时，直接设置货到付款，通过与物流配送系统的相互配合，完成支付和收款。

2．设置物流配送方式

销售虚拟物品的店铺，可以直接通过网络发货，不需要与物流公司合作，因此，其在发布商品时，直接设置“卖家承担运费”。销售实体商品的店铺，在商品发布时，设置平邮、快递、EMS 等几种发货方式以及相应的运费金额，根据客户的选择，为其提供不同的发货方式。由于目前客户往往选择快递发货，因此，应当预先选择一家信誉高、服务好的快递公司（如果销售量较大，可以与之签约并定期结算，以降低成本），在客户下订单之后，通过快递公司将商品送达。同时，还应当考虑为同城客户提供更加便利的物流配送方式，比如送货上门、自取等。

3．撰写营销渠道策略分析报告

营销渠道策略分析报告内容及格式如下：

××网上店铺营销渠道策略分析报告

一、网店营销渠道策略制订依据的分析

1．网店营销渠道建设目标

2．产品特征

3．消费者特征

4．竞争对手分析

二、网店营销渠道策略的运用

1．订货系统的设计

2．结算系统的设计

3．物流配送系统的设计

任务要求

（1）以小组形式完成，在所开设的网上店铺中为商品设置支付方式和发货方式，有条件的小组或成员可以尝试设置货到付款方式。

（2）以书面报告的形式，完成网上店铺营销渠道策略分析报告。

（3）在课堂上阐述所应用的网店营销渠道策略，并进行讨论。

任务五　开展网络营销促销

知识基础　网络营销促销策略的基本理论

完成本任务所需要的知识基础包括网络营销促销的基本含义和实施程序、网络营销促销的形式以及网络广告等内容。

一、网络营销促销的基本含义

1．网络营销促销的概念

网络营销促销简称网络促销，是指企业利用现代网络技术向虚拟市场传递有关产品和服务的信息，以激发消费者的需求、引起消费者的购买欲望和购买行为的各种活动。网络营销促销策略是网络营销策略的重要组成部分，是产品策略、服务策略、价格策略和渠道策略的重要补充。

2．网络营销促销的特点

网络营销促销与传统营销促销的目的都是通过产品展示和介绍，引起顾客的兴趣和注意力，激发顾客的购买欲望，促进产品销售。但两种促销模式所借助的信息传播方式和顾客参与程度不同，它们存在着较大的区别，见表 6-6。

表 6-6 传统营销促销与网络营销促销的比较

形式 要素	传统营销促销	网络营销促销
时空观念	受时间和空间的限制	突破了时间和空间的限制
信息沟通方式	单向传播信息	双向互动、实时沟通
促销目的	增加产品销售	注重沟通
消费群体和消费行为	普通受众，大众消费	网民，追求个性化

与传统营销促销相比，网络营销促销具有以下特点：

（1）网络营销促销是通过互联网传递产品和服务信息的　这些信息包括新产品上市、产品性能、功效、价格调整等。网络营销促销以现代信息技术为基础，并且随着信息技术的进步而不断改进。

（2）网络营销促销是在虚拟市场中进行的　网络营销促销以互联网为传播媒介，突破了时间和空间的限制，信息传播面广、速度快、效率高。

（3）网络营销促销是在高度透明的市场中进行的　互联网虚拟市场的产生，为所有的企业提供了一个公平竞争的平台。顾客能够方便地搜集相关产品信息并加以比较，选择满意的商品，任何虚假、欺诈或价格差异都能够被顾客辨识出来。

（4）网络营销促销注重沟通　媒体信息处理技术为网络营销促销提供了双向的、快捷的、互动式的信息传播和沟通平台，使买卖双方有条件充分表达各自的意愿，从而有效地促进了交易协议的达成。

二、网络营销促销的实施程序

网络营销促销的实施分为以下 7 个阶段：

（1）确定网络营销促销对象　网络营销促销对象选择的主要依据是目标市场的特征。网络营销促销对象主要包括产品的使用者、产品购买的决策者、产品购买的影响者。

（2）确定网络营销促销目标　网络营销促销的最终目标是实现产品销售。

（3）设计网络营销促销的内容　为刺激目标市场的需求和购买欲望，设计内容新颖、具有吸引力的促销内容是网络营销促销成功的关键。

（4）确定网络营销促销组合方式　网络营销促销的形式主要有 4 种：网络营销站点推广、网络广告、网上销售促进和网络公共关系。网络营销促销组合是各种促销形式的有机结合。不同企业和产品，有不同的网络营销促销对象，确定有效的网络营销促销组合方案是保证促销效果的重要手段。

（5）制订网络营销促销预算方案　任何促销方式都需要企业支付一定的费用、付出一定的代价。编制促销预算是控制促销费用、提高资金使用效率的重要手段。编制促销预算必须首先解决 3 个问题，即确定网络营销促销的目标、明确促销对象、建立促销组合。

（6）评价网络营销促销效果　评价促销效果是检查促销绩效、评价促销组合有效性的重要手段，是改进促销方案的依据。

（7）网络营销促销方案的改进　为提高网络营销促销绩效，企业应根据市场的变化不断改进促销方案，建立更为有效的促销组合。

三、网络营销促销的形式

1．网络营销站点推广

网络营销站点推广是指企业通过对网络营销站点的宣传推广，以吸引顾客访问，树立企业网上品牌形象，促进产品销售。网络营销站点推广是一项系统性的工作，需要企业制订推广计划并遵守效益/成本原则、稳妥慎重原则和综合性实施原则。

目前，网络营销站点推广主要根据网站的特性，采取搜索引擎注册、建立链接、发送电子邮件、发布新闻、提供免费服务、发布网络广告等方式，以提高站点的访问率。详细内容请参考本书项目七。

2．网络广告

网络广告是指广告主以付费方式运用网络媒体传播企业或产品信息，宣传企业形象的活动。网络广告具有传统广告的 5 大要素，即广告主、广告费用、广告媒体、广告受众和广告信息。网络广告的类型很多，根据形式的不同可以分为旗帜广告、电子邮件广告、文字链接广告等。

3．网上销售促进

销售促进是一种短期的宣传行为。网上销售促进与传统促销方式比较类似，是指企业利用有效的销售促进工具，刺激顾客购买和使用产品。网上销售促进主要有以下 7 种形式：

（1）有奖促销　有奖促销是指企业对在约定时间内购买商品的顾客给予奖励。有奖促销的关键是奖项对目标市场具有吸引力。有奖促销能帮助企业了解参与促销活动的群体的特征、消费习惯和对产品的评价。

阅读资料

麦考林的圣诞有奖促销

上海麦考林国际邮购有限公司（www.m18.com）在 2008 年的圣诞节前后推出以“圣诞狂欢送”为主题的有奖促销活动。消费者只要在麦考林网站购买任意产品，都有机会参与此次活动。在活动期间，公司每天会抽出 3 名免单大奖和 200 名红包大奖，如图 6-5 所示。

图 6-5　麦网的圣诞有奖促销页面

（2）打折促销　打折促销是在网络促销活动中，为显示网络销售低价优势以激励网上购物，或者为调动顾客在网站购物的积极性、烘托网站的购物气氛以促进整体销售而采取的对所销售的全部或部分产品同时标出原价、折扣率或折扣后价格的促销策略，如图 6-6 所示。

（3）返券促销　返券促销是指网上商店在销售过程中，规定顾客在网站购物达到一定限额后，赠送相应的购物券，以鼓励顾客再次进行购买的促销活动。返券促销的目的是鼓励顾客重复购物。

（4）电子优惠券促销　电子优惠券是优惠券的电子形式，它是指以各种电子媒体（包括互联网、彩信、短信、二维码、图片等）制作、传播和使用的促销凭证。电子优惠券有别于普通纸质优惠券的特点，主要是制作和传播成本低、传播效果可精准量化。顾客可以从网上下载、打印电子优惠券或直接填写优惠表单，到指定地点购买商品时即可享受一定优惠，或者以所下载的电子优惠券上约定的价格购买优惠券所指定的商品。

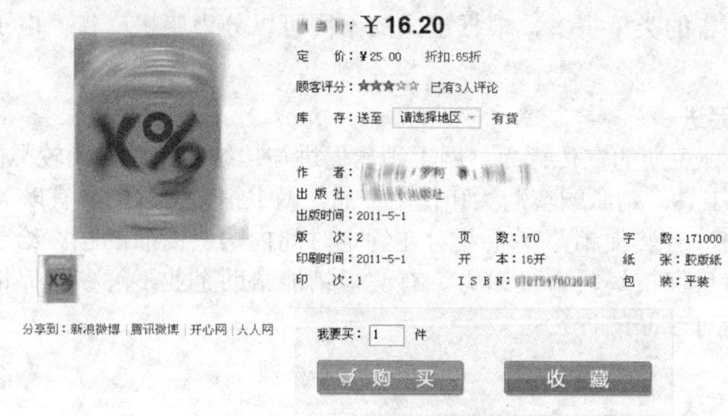

图 6-6　打折促销页面

阅读资料

新型电子优惠券

通过网络下载、打印并在现场消费时使用的优惠券，是传统的电子优惠券，其并未改变纸质优惠券的实质。目前，以数据或代码形式存储并使用的优惠券，被广泛用于各大 B2C 电子商务网站，比如凡客诚品、京东商城、当当网等，其是新型电子优惠券。新型电子优惠券有短信优惠券、彩信优惠券等多种形式，可以由顾客通过手机等移动通信终端进行下载、储存、使用，进一步简化了顾客使用电子优惠券的流程，降低了优惠券的使用成本，扩大了优惠券的发放范围。

动手动脑

（1）请尝试打印麦当劳或肯德基的电子优惠券，并且在消费时使用。

（2）电子优惠券促销与返券促销有哪些区别？

（5）网上赠品促销　网上赠品促销是指顾客在网上购物时，企业以“赠品”的形式向顾客提供优惠，从而吸引其购买产品的促销活动。网上赠品促销可以帮助企业提升品牌形象和网站的知名度；鼓励顾客经常访问网站以获得更多的优惠信息；根据目标顾客索取赠品的热情程度，总结和分析营销效果和产品本身的反馈情况等。

（6）网上积分促销　网上积分促销是指企业在网站上预先制定积分制度，根据网站会员在网上的购物次数、购物金额等积累的积分为其提供一定的优惠或奖品，从而激发其购买积极性的促销活动。企业通过积分促销活动，能够与客户建立长期的关系，比如中国移动积分商城（如图 6-7 所示）。

图 6-7　中国移动积分商城页面

（7）网上联合促销　由不同的商家联合进行的促销活动称为联合促销。网上联合促销往往是由跨媒体、跨领域的企业联合开展的，其力图实现产品或服务的优势互补、互相提升品牌价值等效应。

应用实例

可口可乐与魔兽世界的联合促销

2005 年 4 月 15 日，可口可乐中国公司与网络游戏运营商第九城市在上海联合启动了“可口可乐——要爽由自己、冰火暴风城”的活动。这是国际大饮料企业与国内领先的网络游戏运营商间首次的全方位的市场对接。这次活动拉开了可口可乐历时两个月的全国大规模市场推广活动的序幕。在全国超过 50 个城市的近 3 亿名消费者都有机会参与此次活动并赢取可口可乐提供的 4000 万个惊喜，包括新型时尚的笔记本电脑、限量版魔兽世界经典英雄人物玩偶和配饰及免费在线游戏时间等众多网络时代炫酷奖品，如图 6-8 所示。可口可乐与第九城市此次优势互补的两方合作模式突破了快速消费品行业传统的营销模式。其结合新兴的网络平台，在积极倡导“适度娱乐、健康生活”的网络时代全新理念下，为年轻的消费者带来具有震撼力的全新网络体验，以创新的方式与年轻人进行有效的沟通和联络。

图 6-8　可口可乐与魔兽世界的联合促销活动页面

【问题】可口可乐中国公司与网络游戏运营商第九城市开展联合促销活动的基础是什么？

4．网络公共关系

公共关系是指企业通过与利益相关者，包括供应商、顾客、雇员、股东、社会团体、政府等，建立良好的合作关系，为企业的经营和发展营造良好的社会环境。网络公共关系是指企业以互联网作为媒体和沟通渠道，与企业利害关系人建立的良好公共关系。

应用实例

"封杀"王老吉

2008 年 5 月 18 日晚，在中央电视台"爱的奉献"大型赈灾晚会上，加多宝集团副总经理代表该公司向四川灾区捐款 1 亿元。第二天，中国最大的网络论坛——天涯社区上便出现了一个题为《让王老吉从中国的货架上消失！封杀它！》的帖子。"作为中国民营企业的王老吉，一下就捐款 1 亿元，真的太狠了。网友一致认为：不能再让王老吉的凉茶出现在超市的货架上，见一罐买一罐，坚决买空王老吉的凉茶！"

帖子非常简短，但却引来许多网友的关注，帖子也被网民们转载到越来越多的论坛上。这篇平实却很有煽动力的帖子，不但导致了网友疯狂的转载，更直接鼓动起了网民对王老吉的购买热情。于是，王老吉在多个城市的终端都出现了断货的情况。

【问题】简述网络公共关系对企业经营的作用和影响？

（1）网络公共关系的目标　网络公共关系的目标包括：第一，与网上新闻媒体建立良好的合作关系。网络新闻媒体有两类，一类是传统媒体利用互联网发布媒体信息，主要是将传统媒体的内容数字化，即将传统媒体内容格式转换成能够在网上下载和浏览的格式，供上网者浏览；另一类是新兴的网络媒体，其不以传统媒体为依托。企业应加强与网络新闻媒体的有效沟通，与之建立良好的合作关系，为企业的发展营造良好的媒体环境。第二，宣传和推广产品。企业借助互动式沟通渠道，即在网站建立类似社区性质的新闻组、公告栏和论坛等，让顾客参与产品的设计和开发、与顾客一起讨论热点问题，从而达到传播企业理念、树立企业形象、促进产品销售的目的。

（2）网络公共关系的形式　企业的公关人员应寻找甚至创造一些有益的宣传信息并选择合适的载体进行信息传播。网络公共关系活动的形式主要有以下 5 种：

一是站点宣传。一些网站并没有直接开展广告与促销活动，而是通过细致、精心的服务，赢得网络公众的认可。

二是网络新闻的发布。公关人员可以利用网络，以较低的费用，快速将新闻传播出去。企业可以利用自己的站点、新闻组或邮件列表等方式发布新闻。

三是站点栏目的赞助。企业的赞助对象一般有会议、公共信息、政府或非盈利性的活动等。企业通过对这些活动的赞助，使访问者通过赞助页面直接链接到企业指定的页面，从而提高企业的知名度。

四是网络论坛的参与或主持。网络服务商的网络论坛经常举办一些专题讨论会，以吸引公众参与。参加与企业有关的专题论坛并积极发表意见或帮助参与者解决问题，可以提升企业的形象和知名度。

五是安排事件。企业可以通过安排一些特殊的事件，吸引公众对企业及其产品的注意，这些事件包括举办新闻发布会、讨论会、展览会、竞赛、周年庆祝活动等。

应用实例

摩托罗拉 V8 手机的传播

摩托罗拉为了宣传和推广其 V8 手机，在国内一些网站社区中推出一个题为“最新版手机的八大 BT 用法”的帖子，以另类的思维展示新款的摩托罗拉 V8 手机，标新立异地演示了 V8 的许多古怪的用法。比如把 V8 当成随看随夹的书签、桌面摆设的便条夹、活血化淤的刮痧匙等，热闹且创意十足。此帖子在各个论坛中迅速传播开来，同时也成为公司同事间互发轻松邮件时的流行附件。

【问题】（1）这种产品的推广方式有什么特征？

（2）你能从中获得哪些启示？能否尝试为某件产品开展一次类似的公共关系活动？

（3）建立良好的沟通渠道　网络营销站点的一个重要功能就是为企业与企业相关者建立沟通渠道。通过网站的交互功能，企业可以与目标顾客进行直接沟通、了解顾客对产品的评价和没有被满足的需求、加强顾客对企业的认识和了解，从而培养忠诚的顾客。

动手动脑

（1）登录京东商城、当当网、淘宝网、亚马逊等网站，分别收集 2～3 种不同的网络促销方式，在课堂上进行展示。

（2）试分析不同的网络促销方式的效果有哪些差别。

四、网络广告

随着网络信息技术的高速发展，互联网作为一种全新的广告媒体，以其传播速度快、效果好、针对性强的优势，成为了增长最快的广告媒体。与传统的四大媒体（报纸、杂志、电视、广播）广告和户外广告相比，网络广告具有得天独厚的优势，是实施现代营销战略的重要手段之一。

1．网络广告的概念

广告是通过一定的传播媒介向目标受众传达特定信息的活动。与电视广告、报纸广告一样，网络广告只是广告的一种形式，它与其他广告形式的区别是传播媒介不同。所以，网络广告是基于网络媒体的一种广告形式。

网络广告又称在线广告、互联网广告等，是指以网络作为广告媒体，采用多媒体技术设计、制作并通过网络传播的广告形式。网络广告的传播内容是经过数字技术进行艺术加工和处理的信息。广告主通过互联网传播广告信息，使广告受众对其产品、服务或观念等认同和接受，并且诱导受众的兴趣和行为，以达到推销产品、服务和观念的目的。

网络广告起源于美国。1994 年 10 月 14 日，美国著名的 Wired 杂志推出了网络版 Hotwired，其主页刊载了 AT&T 等 14 个客户的旗帜广告。我国第一个商业性网络广告出现在 1997 年 3 月，由 Intel 和 IBM 公司投放在 Chinabyte 网站上，广告表现形式为 468 像素×60 像素的动画旗帜广告。

2．网络广告的特点

（1）网络广告与传统广告的比较　从时间、空间、反馈效果等方面对网络广告与平面广告（如报纸）、电视广告等传统广告形式进行比较，见表 6-7。

表 6-7　网络广告与传统广告的比较

广告形式 / 比较因素	平面广告	电视广告	网络广告
时间	制作周期长，对播报时间的限制大	制作周期长，对播报时间的限制大	制作周期短；可 24 小时无间断地接纳读者，突破了时间限制。
空间	受版面限制	受画面限制	突破空间限制，自由度大
反馈效果	及时反应能力弱	及时反应能力弱	交互式服务，反馈手段便利、及时，可提供细致的追踪报告
检索能力	差	无	独特的检索手段，保证资源可多次被利用
宣传形式	文字、图像	图像、声音、文字	多媒体技术，文字、画面、声音相结合，实现动态宣传
读者群素质	特定群体	一般公众	中专以上学历者居多
读者投入度	一般	一般	高度集中
可统计性	不强	不强	强，统计结果及时、准确
价格	中	高	因发布网站与位置的不同，存在较大差异

（2）网络广告的优点　与其他广告形式相比，网络广告的优点主要表现在以下 7 个方面：

第一，互动性和纵深性。网络广告信息传播是互动的。网民可以根据需要，主动获取他们认为有用的信息，填写并提交在线表单信息；广告主也可以随时得到用户的反馈信息，并且与网民进行在线交流。

第二，实时性和快速性。互联网快速的信息传播功能使以互联网为媒介的网络广告具备了较强的实时性和快速性。在刊播网络广告时，广告主可以根据需要及时更改广告信息。由于网络广告的制作周期较短，所以形式简单的网络广告能在极短的时间内制作完成并发布。

第三，准确跟踪并衡量广告效果。借助互联网，网络广告商通过监视广告的浏览量、点击率等指标，能够精确地统计广告的传播情况，判断大致效果，这使广告主能够及时跟踪和了解广告受众的反应，分析用户和潜在用户的需求。

第四，传播范围广。网络广告信息传播不受时间和空间的限制，网民在任何时间、任何地点，只要登录相关页面，就能浏览广告信息，并且与广告主进行有效沟通。

第五，可检索性。网络广告可以供用户主动检索。借助于搜索引擎，网民可以在网上检索自己需要的任何信息。

第六，针对性强。广告主一般选择特定的网站发布网络广告，而每一网站一般都有特定的访问者，因此，广告主在投放网络广告时，能够针对目标受众做到有的放矢，并且根据目标受众的特点、兴趣和品位确定广告信息、广告形式和广告表现。

第七，灵活多样的投放形式。多媒体性是网络广告的一大特点。网络广告将文字、图像、声音、三维空间、虚拟视觉等因素有机地组合在一起，实现了形式多样的灵活投放，从而提高了广告的传播效果。

（3）网络广告的不足　互联网作为现代信息传播的主要媒介，尽管具有信息量大、时效性和交互性强等特点，但仍难以取代传统媒介。以互联网为媒介的网络广告也存在一些明显的不足。

一是网络广告相互干扰性强。在一个网页中同时显示多种形式的网络广告，使广告信息之间存在干扰。并且互联网上的广告信息繁杂，只有通过网民积极主动地筛选和接收，才能体现出它们的价值。

二是网络广告的可信度低。与报纸、电视、广播等传统媒体相比，网络的虚拟性大大降低了其作为媒体的可信度，这也使网络广告成为可信度较低的广告形式。

三是网络技术对网络广告的过滤。网民为了减少网络广告产生的干扰，往往通过技术手段过滤网页中的广告。目前，一些主流的浏览器都具有这种功能，用户通过相关设置即可达到过滤弹出式广告、浮动广告等的目的。

3．网络广告的形式

最初的网络广告就是网页本身。随着网络信息技术的发展，网络广告的形式也越来越多。常见的网络广告形式有以下 9 种：

（1）旗帜广告　旗帜广告（Banner 广告）是以 GIF、JPG 等格式建立的图像文件，其可以定位在网页中的不同位置，如图 6-9 所示。

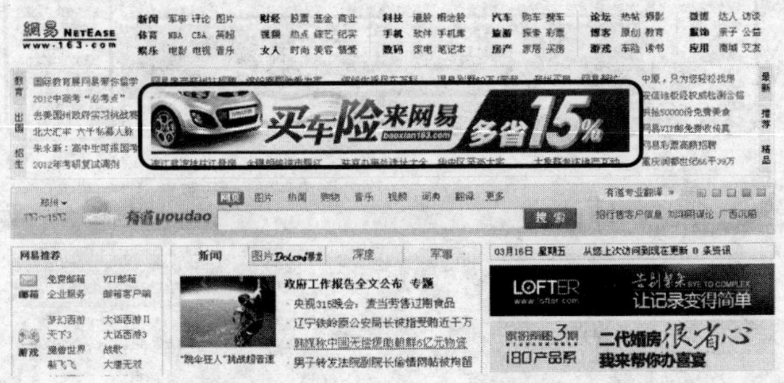

图 6-9　网易首页中的旗帜广告

应用实例

QQ 中的旗帜广告

旗帜广告除了可以定位在网页中的不同位置外，还可以定位在互联网的应用软件中，比如即时通信应用软件 QQ。用户在使用 QQ 软件聊天时，终端窗口中会出现一个广告条，而且会自动轮换播放广告，如图 6-10 所示。QQ 是中国网民使用频率较高的网络软件，这样一个拥有大量用户的软件是一个极好的广告媒体。

图 6-10　QQ 中的广告

软件与广告的结合，被视为软件发行的一个重要渠道。软件设计者通过加入网络广告来获得收入，而用户通过浏览广告省下了购买软件的费用。随着在线软件广告的发展，人们越来越意识到了它的优越性。

【问题】你在应用 QQ 软件时是否注意过页面上的广告？这类广告是如何吸引用户的注意力的？

（2）文字链接广告　文字链接广告是一种对浏览者干扰较小、效果较好的网络广告形式。文字链接广告位的安排非常灵活，可以出现在页面的任何位置、可以竖排也可以横排，每一行就是一个广告，点击文字就可以进入相应的广告页面。图 6-11 展示了新浪网首页中的文字链接广告。

图 6-11　新浪网首页中的文字链接广告

（3）电子邮件广告　电子邮件是网民经常使用的互联网工具之一。电子邮件广告针对性强、费用低、广告内容不受限制。电子邮件广告一般采用文本格式或 Html 格式。文本格式广告，通常是指把一段广告信息放置在新闻邮件或经许可的 E-mail 中，或者设置一个 URL 以链接到广告主的网站主页或提供产品和服务的特定页面上。Html 格式的电子邮件广告可以插入图片，与网页上的旗帜广告基本相同。由于许多电子邮件系统的兼容性不强，所以网民有时看不到完整的 Html 格式的电子邮件广告，影响了广告效果。相比之下，文本格式的电子邮件广告因兼容性好，广告效果也比较好。

（4）插播式广告和弹出式广告　插播式广告（Interstitial Ads）是在两个网页内容显示切换的中间间隙显示的广告，也称为过渡页广告。插播式广告有各种尺寸，有全屏的也有小窗口的，有静态的也有动态的，其互动的程度各不同。

弹出式广告（Pop-up Ads）的一种形式是在已经显示内容的网页上出现具有独立广告内容的窗口。其一般在网页内容下载完成后弹出，直接影响访问者浏览网页内容，因而会引起受众的注意。

弹出式广告的另一种形式是隐藏式弹出广告（Pop-under Ads），即广告信息隐藏在网页内容下，网页刚打开时不会立即弹出，当用户关闭网页或对网页进行操作（如移动、改变窗口大小）时，广告页面才会弹出。

插播式广告和弹出式广告共同的缺点是可能引起浏览者的反感。为此，许多网站都限制了弹出式广告的规格（一般只有 1/8 屏幕的大小），以免影响访问者的正常浏览。

（5）赞助式广告　赞助式广告（Sponsorship Ads）不仅仅是一种网络广告形式，还是一种广告传播方式，它可以是旗帜广告形式中的任何一种。常见的赞助式广告包括：内容赞助式广告，即通过广告与网页内容相结合，向网民传播广告信息；节目/栏目赞助式广告，即结合特定专栏/节目发布相关广告信息，比如一些网站上常见的“旅游文化”、“软件天地”、“奥运专题”等；节日赞助式广告，即结合特定节日发布的广告，比如“3・15”宣传等。

（6）分类广告　分类广告（Classified Ads）是指广告商按照不同的内容划分标准，将广告信息以详细目录的形式进行分类，以供有明确目标和方向的浏览者进行查询和阅读。由于分类广告带有明确的目的性，所以受到许多行业企业的欢迎。

（7）在线互动游戏广告　在线互动游戏广告（Interactive Games Ads）是一种新型的网络广告形式，被预先设计在网上的互动游戏中。在一些页面游戏开始、中间、结束的时候，广告可能随时出现。广告商还可以根据广告主的要求，定制与广告主产品相关的互动游戏广告。

随着家庭计算机上网的普及，在线电脑游戏作为一种新型的娱乐休闲方式受到越来越多网民的欢迎，娱乐性强的电脑游戏对许多网民有很大的吸引力，因此，网上游戏广告极具市场前景。

（8）搜索引擎广告　搜索引擎广告（Search Engine Ads）是指广告商通过向搜索引擎服务提供商支付费用，在用户进行相关主题词搜索时，在结果页面的显著位置上显示其广告内容（一般为网站简介及网站的链接）的广告方式。具体形式包括搜索引擎排名、搜索引擎赞助、内容关联广告等。搜索引擎广告借助搜索引擎的强大流量实现广告信息的传播，如图 6-12 所示。

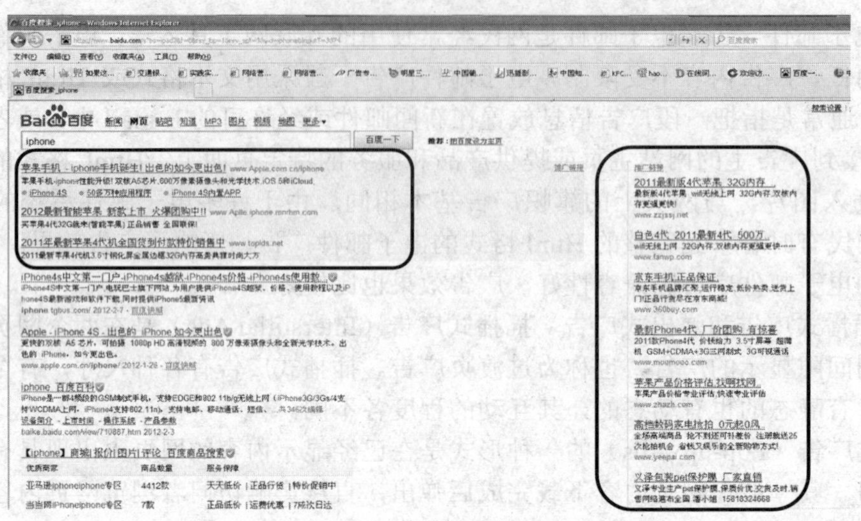

图 6-12　百度上的搜索引擎广告

（9）翻页广告　翻页广告（Tear Page Ads）是将平面的网页立体化，把广告内容放在页面的右上角或左上角，以一个类似被翻开的书页的三角形的形式表现出来，如图 6-13 所示。访问者通过点击该翻页的区域浏览广告内容。翻页广告立体感突出、视觉冲击力强。

图 6-13　盛大某游戏翻页广告

阅读资料

富媒体广告

富媒体是指具有动画、声音、视频或交互性的信息传播等多媒体组合的媒介形式，包括 HTML、Java scripts、Interstitial 间隙窗口、Flash 等。富媒体不是一种具体的媒体形式，而是目前在网络上被广泛应用的一种高频宽资料技术。

富媒体广告是一种基于富媒体技术的网络广告，其特点是利用富媒体技术将占用空间大的广告文件在流量大的门户网站上流畅播放。富媒体广告能表现出更多更精彩的广告内容，如图 6-14 所示。

图 6-14　富媒体广告

4. 网络广告的计费模式

一个网络媒体（网站）包含成千上万个页面，确定网络广告所投放的位置和价格的首要因素是特定的页面以及浏览的人数，这就如同平面媒体（如报纸）的“版位”、“发行量”，或者通信媒体（如电视）的“时段”、“收视率”。网络广告的计费模式主要有以下 5 种：

（1）每千人成本　每千人成本（Cost Per Mille，简称 CPM）是指在广告投放过程中，广告每显示 1000 次的费用。每打开广告所在的页面一次就表明广告显示了一次，即创造了一个“印象”。

（2）每行动成本　每行动成本（Cost Per Action，简称 CPA）是广告主为每个访问者对网络广告所采取的行动所付出的成本，其对用户的行动有特别的定义。

（3）每点击成本　每点击成本（Cost Per Click，简称 CPC）是按照对网络广告的一次点击进行计费的。CPC 是目前采取较多的一种网络广告计费方法，适合各个行业的各个类别的网站使用。

（4）每订单成本或每次交易成本　每订单成本（Cost Per Order，简称 CPO）或每次交易成本（Cost Per Transaction，简称 CPT）是根据网络用户点击广告后形成一个订单或一次交易计费，也就是通常所说的按照效果计算的网络广告计费模式。

（5）其他计费模式　其他计费模式包括每次引导费用（Cost Per Lead，简称 CPL），即特定链接、注册等引导活动成功后付费的计费模式；每销售成本（Cost Per Sales，简称 CPS），即以实际销售产品的数量来计算广告费用；月租，按照固定收费模式来计费。

动手动脑

试分析上述几种网络广告计费模式的利弊。

应用实例

凡客诚品的每销售成本（CPS）模式

2009 年年底，易观国际公布的一项服装业网络广告调查报告显示，网络服装直销企业凡客诚品2009年广告刊例总价为18.96亿元，而凡客诚品当年的广告投入仅为2亿元，相当于以2亿元换得了近20亿的广告展示机会。产生如此巨大差额的原因在于凡客诚品采用了每销售成本的广告投入模式。每销售成本是指广告主根据广告带来的直接销售量与网站进行结算，其广告价格与每一个订单直接挂钩。在实际操作中，凡客诚品应用了专业的广告联盟和自建的VANCL联盟，各类网站都可以加入联盟，在自己的页面中展示凡客诚品的广告。当访问者对凡客诚品的广告产生兴趣，点击进入凡客诚品的网站并在网站上产生购买行为时，凡客诚品便会按照预定的比例与网站分成。每销售成本模式对于广告主而言，风险低、投放效果明确，因而为凡客诚品带来了丰厚的回报。

【问题】每销售成本的应用需要具备哪些条件？

5. 网络广告运作

（1）网络广告策划　网络广告策划是根据互联网特征和网民的特点，对投放网络广告所进行的运筹和规划。网络广告策划过程具体包括以下6个步骤：

1）确定网络广告的目标。广告目标的作用是通过信息沟通使顾客对品牌的认识、情感、态度和行为产生变化，从而实现企业的营销目标。在产品和服务的生命周期的不同阶段，企业的营销目标不同，广告目标也不同。比如，在产品的成长期，企业的营销目标是把市场做大，广告目标是增进顾客对产品和服务的认识和了解，广告内容则以产品信息为主。

2）确定网络广告的目标受众。与传统广告相同，网络广告受众应是企业的目标市场。只有让目标市场参与广告信息活动、了解并接收广告信息，才能使广告有效地实现其目标。

3）确定网络广告预算。广告预算是实施广告活动、达到广告目标的资金保障。确定网络广告预算首先要确定整体促销预算。企业应通过目标市场情况及所要达到的广告目标来确定网络广告预算。网络广告既要有足够的力度，也要以够用为度。

4）进行广告信息决策。企业应根据广告的目标确定广告信息和诉求重点，设计并制作网络广告。不同的广告创意需要不同的广告表现和信息，广告创意的确定通常由企业和广告代理公司共同参与完成。

5）选择网络广告发布的渠道及方式。网络广告发布的渠道及方式直接影响广告效果。网络广告发布的渠道和形式很多，企业应根据自身情况及网络广告的目标来进行选择。

6）检测和评价网络广告效果。实现预期的广告效果是广告主的希望，也是广告主支付广告费用的动力。网络广告效果的检测和评价不仅是对前一阶段广告投放效果的总结，也是下一阶段广告策略调整和改进的重要依据。利用网络技术和信息技术，网络广告效果的检测和统计可以更加准确。常用的检测和统计指标包括广告的浏览数、点击率和回应率等。

（2）网络广告发布　网络广告的发布方式主要有以下8种，广告主可以根据自身的需求，选择其中的一种或几种。

一是企业主页。企业主页不仅是企业形象的展示场所，也是宣传产品的良好工具。实际上，在网络上做广告，企业最终都要建立并宣传自己的主页。网络广告的其他形式，比如黄页、企业名录、免费的网络服务广告等，都只是提供了一种快速链接至企业主页的方式，主页才是企业在网络上进行广告宣传的主要形式。

二是门户网站。网络内容服务商（ICP），比如新浪网、搜狐网、网易等，为网民提供了大量免费的信息服务，包括新闻、评论、财经等，因而受到网民的关注并被网民浏览。这些网络服务商的网站则成为了网络广告发布的主要阵地，而网络广告形式以旗帜广告为主。

动手动脑

试搜集新浪网和搜狐网的最新广告报价，了解其网站上所发布的网络广告的主要形式及网络广告市场行情。

三是在线目录。在互联网上，有一些专门提供查询检索服务的网络服务商，比如Yahoo、Infoseek、Excite 等。这些站点按类别划分信息，以方便网民检索和查询。这些站点的页面上，都会留出一定的位置发布广告。与其他网络广告相比，在线目录广告针对特定网民提供相关的广告信息，容易受到正在查询相关信息的网民的关注。

四是企业名录。为获得大量的访问者，一些网络服务提供商（ISP）或其他中介机构将一些企业信息融入它们的主页中。广告主可以以文字链接的形式在这些网站上建立链接，起到广告宣传作用。

五是电子报纸或电子期刊。随着互联网应用的普及，一些报纸和杂志，如美国的《华尔街日报》、《商业周刊》，中国的《人民日报》、《文汇报》等，纷纷建立自己的网站，发行电子报纸或电子期刊，并且同纸质报纸或期刊一样，也为广告主提供广告发布服务。

六是新闻组。一些企业通过在与企业产品服务相关的新闻组上发表自己的公告，有效地传播了广告信息，并且引起了成员关注，从而获取了成员的意见和建议。

七是友情链接。与企业目录链接不同，友情链接本着平等、互利的原则，实现双方交互链接。建立友情链接应考虑网站的访问量、网站在搜索引擎中的排名位置、相互之间信息的互补程度及链接的位置和具体形式等因素。

八是电子邮件和电子邮件列表。电子邮件广告是指广告主将广告信息以 E-mail 的方式发送给有关的网上用户。

网络广告发布的渠道和方式的选择，应根据企业诉求对象的特点和广告的目标及网上用户的情况来进行。

阅读资料

网络广告发布的误区

网络广告发布的误区主要表现在以下 3 个方面：

第一，只考虑购买网站的首页。一般来讲，网站首页的访问量比较大，可产生大量的页面阅读次数（Pageview）。但访问网站首页的网民多有主题不明确、目的性不强的特点，从而在客观上造成广告缺乏针对性，导致广告的成本效益不理想。实际上，首页广告的点击率是最低的，而选择内容与自己业务密切相关的分类页面投放广告，则能够过滤掉那些对企业来说缺乏商业价值的访问者，提高广告的成本效益。

第二，在站点选择上，以网站访问量（Pageview）为主要衡量标准。目前，我国知名的门户网站有新浪网、网易、搜狐网等，它们的区别不仅仅表现在内容上，还表现在所吸引的用户人数、用户类别和用户特征上。广告主在选择网站时，应首先考虑网站的特点和网站的访问者与企业目标市场的一致性，其次才是网站的访问量。

第三，广告投放的量越大，广告效果就越好。与传统媒体相比，网络广告的平均费用较低。在广告投放上，广告主相信在某个页面上投放的量越大，收到的广告效果就越好。事实上，目前，我国的网络广告主要按照每千人印象成本来计算价格，广告效果会随着广告投放量的增加而上升，但两者并不成线性关系，却符合边际效益递减规律。控制广告投放量不仅可以降低广告开支，还能有效提高广告投入的成本效益。

任务描述

本工作任务要求学生为网上店铺制订合适的促销策略、实施网络促销活动、发布网络广告，争取实现成功交易。

任务情景

淘宝网上有数百万个卖家同时销售着上亿种不同的商品，这给我们的网上店铺带来了强大的竞争压力。为了获得更多浏览者的关注，进而成功地完成交易，我们必须利用各种促销手段来宣传产品、刺激购买，进而培养稳定、忠诚的顾客群。

任务实施

1. 开展网上销售促进

第一，设置网上赠品促销。先选择几种不同的商品，然后在网上商铺进行商品发布时，在商品信息中说明若购买此商品，则送某件赠品，比如买图书赠送书签、买服装赠送小饰品等，或者在店铺首页发布顾客购物达到一定金额可以赠送某件赠品的信息，同时将赠品作为商品发布在网上店铺中。

第二，设置会员制促销。在网上店铺首页的店铺说明或其他位置，发布“在本店购物即可成为会员，会员顾客可以享受九折优惠；购物三次以上的顾客可以享受八折优惠”的信息，以鼓励顾客多次购买。

第三，设置打折促销。在商品信息发布页面标出“现在购买，可享受八折优惠”等信息，并且在顾客下订单之后，登录后台的交易管理系统为其修改价格，给予其折扣。如果购买了淘宝网的“促销助手”，可直接设置优惠的商品、优惠的折扣、优惠的时间及优惠人群。

第四，设置优惠运费。首先，在网上店铺首页发布信息，提示顾客购物达到一定的金额，可以享受运费的优惠，比如“满百包邮”等；其次，针对网上店铺内的某一件商品，在发布该商品时，在商品信息中标出购买多件可以享受运费优惠的信息，比如袜子等商品设置“满十件包邮”的优惠。

2. 开展网上公共关系

首先，应用店铺装修软件，对自己的网上店铺进行装修，给顾客留下良好的印象；其次，在店铺首页设置简单的客户服务信息，比如营业时间、发货时间、客服电话等，同时设置问候语；再次，在阿里旺旺设置礼貌的自动回复，比如“欢迎光临小店。本店正在进行满百包邮活动，如有需要请及时与客服联系，祝您购物愉快”等；最后，在交易完成之后，对客户进行评价时，给予其较高的评分和鼓励性的评价语，比如“感谢您的购买，祝您购物愉快”；同时，对客户给本店的评价进行回应，比如“欢迎您再次光临”等，进一步巩固顾客的良好印象。

3．发布网络广告

尝试制作一则简单的网络广告，包括网上店铺的名称、主营业务、经营特色或所售商品等信息，选择阿里旺旺、QQ、微博、论坛、电子邮件中的一种或几种渠道进行发布。

4．撰写促销策略分析报告

促销策略分析报告内容及格式如下：

××网上店铺促销策略分析报告

一、网上店铺促销目标

二、网络促销策略的应用

1. 赠品促销
2. 打折促销
3. 会员制促销
4. 优惠运费

三、网络促销活动的效果分析

任务要求

（1）以小组形式完成，在所开设的网上店铺中开展网络促销活动，设置 2～3 种不同的促销方式。

（2）以书面报告的形式，完成网上店铺促销策略分析报告。

（3）将网上店铺的促销活动制作成 PPT，在课堂上进行展示并讨论。

项目小结

知识基础一：网络营销产品策略的基本理论

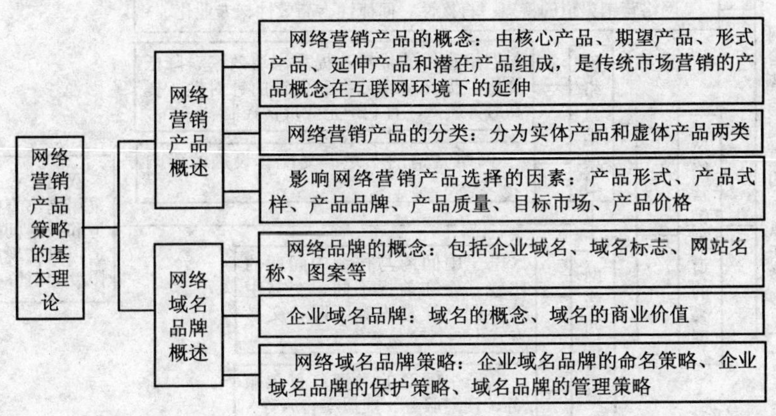

知识基础二：网络营销服务策略的基本理论

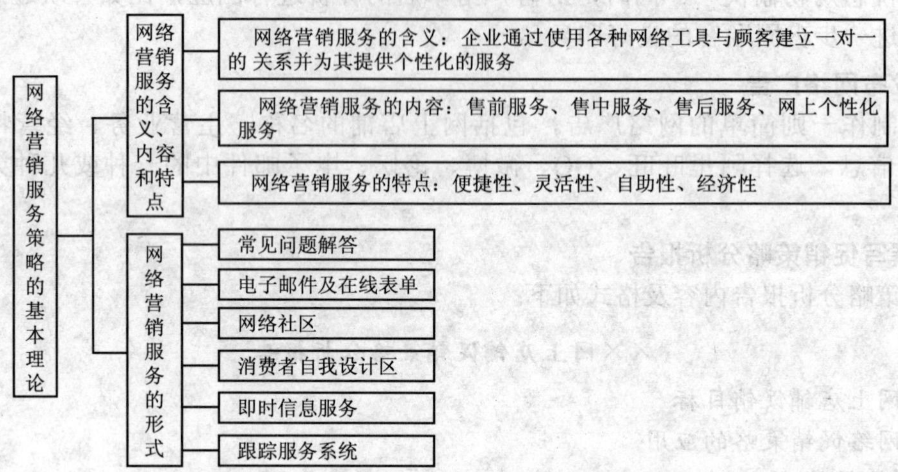

知识基础三：网络营销价格策略的基本理论

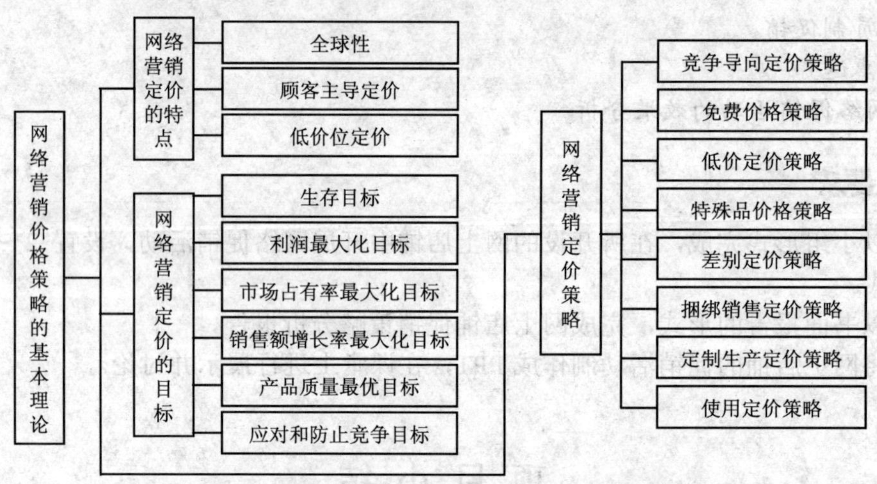

知识基础四：网络营销渠道策略的基本理论

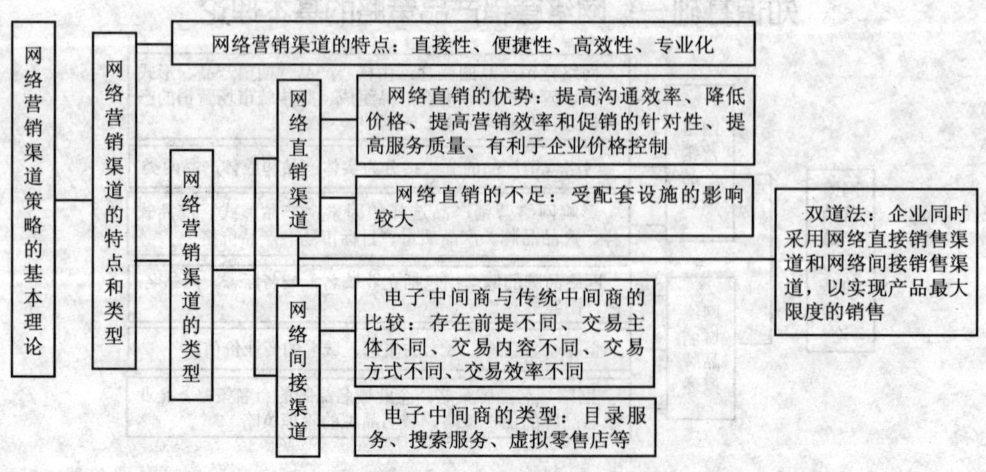

知识基础五：网络营销促销策略的基本理论

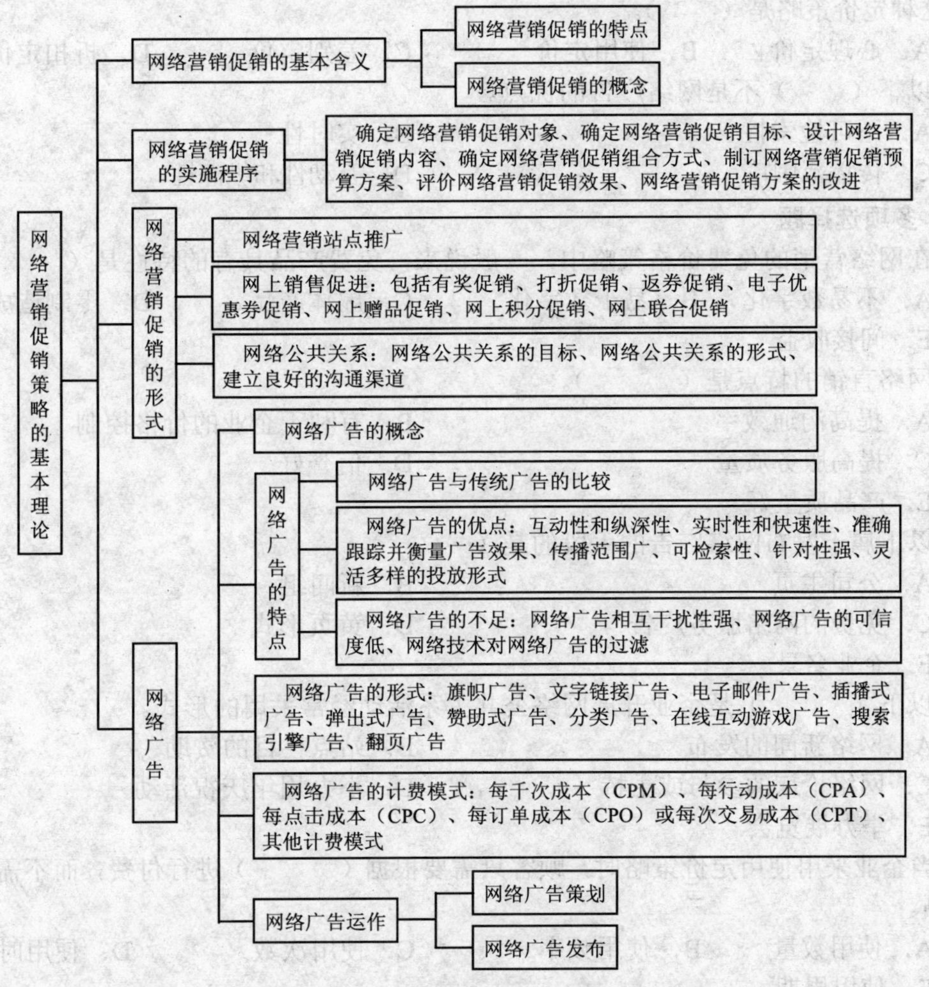

课后练习

一、单项选择题

1. 服装类产品易于在网上销售的原因是（　　）。
   A．数字化的产品
   B．个性化的产品
   C．便于消费者从网上取得信息即可作出购买决策的产品
   D．网络营销费用远低于其他销售渠道费用的产品

2. 当当网推出“搜索比价”销售，说明其网络营销定价目标为（　　）。
   A．维持生存　　B．追求利润最大化
   C．追求市场占有率最大化　　D．应对和防止竞争

3. 美特斯邦威在淘宝网开设官方旗舰店，同时又成立了邦购网，其渠道模式为（　　）。

A．网络直销　　B．双渠道　　C．多渠道　　D．网络间接营销

4．某网站采用会员制度，将会员分成不同等级，会员购买产品时根据等级支付不同的价格，这种定价策略是（　　）。

A．心理定价　　B．使用定价　　C．差别定价　　D．折扣定价

5．以下（　　）不是网络广告的优点。

A．不可检索性　　B．实时性

C．传播范围广　　D．互动性和纵深性

二、多项选择题

1．在网络营销的免费价格策略中，一般说来，免费产品具有的特性是（　　）。

A．不易数字化　　B．易于数字化　　C．虚体产品　　D．零制造成本

E．间接收益

2．网络直销的特点是（　　）。

A．提高沟通效率　　B．有利于企业的价格控制

C．提高服务质量　　D．信誉好

E．产品质量好

3．以下属于发布网络广告的手段的是（　　）。

A．公司主页　　B．新闻组

C．免费的网络服务广告　　D．黄页形式

E．企业名录

4．以下（　　）是企业开展网络公共关系活动经常采用的形式。

A．网络新闻的发布　　B．站点栏目的赞助

C．网络论坛的参与或主持　　D．举办周年庆祝活动

E．举办展览会

5．当企业采用使用定价策略时，顾客只需要根据（　　）进行付费，而不需要完全购买产品。

A．使用数量　　B．使用频率　　C．使用次数　　D．使用时段

E．使用周期

三、简答题

1．企业应该如何实施网络域名品牌策略？

2．网络营销定价目标有哪些？

3．简述网络直销渠道的概念、优点与不足。

4．举例说明网上销售促进的主要形式。

5．简述网络广告的特点。

四、案例分析题

“麦包包”的“快”字诀

“麦包包”是淘宝网上著名的“淘品牌”，其前身是一家专做箱包贴牌生产的企业。2007 年，随着企业开始向自主品牌转型，“麦包包”建立了自己的 B2C 网站，并且在淘宝网上成立了官方旗舰店。借助淘宝网，“麦包包”凭借质优价廉的商品和优质的服务，短时间内积累了较高的人气和规模上万的购买用户。同时，它进一步发挥淘宝网受众面广的优势，将独

立的 B2C 平台和品牌通过淘宝双双推向市场，成为中国最大的箱包 B2C 公司，年销售额将近 4 亿元。从传统行业到互联网品牌的崛起，以“快”为核心的商业模式是“麦包包”成功的关键。

快速扩张：利用渠道优势扩展自主品牌。在转型之初，由于资金缺乏，“麦包包”选择了先做大牌的网上渠道商。其凭借在传统箱包行业多年的关系，获得了金利来、皮尔卡丹等十几个国际名牌的网上销售权。在扮演渠道商这一角色的过程中，“麦包包”通过授权代理商等多种途径向下延伸自主品牌，不仅使“麦包包”这个平台迅速扩张，也为自主品牌的延伸铺平了道路。目前，“麦包包”有 40 多个细分品牌同时在线销售，单品达到 1 万多种，而自主品牌的销量占总销量的 70%。

快速时尚：提供全覆盖产品。根据消费者的不同层次的需求，“麦包包”从年龄、品种、地域和风格上做市场细分，以快速推出新产品为主要策略，采用多品牌战略，基本覆盖不同目标消费者对箱包的全部需求。

快速营销：发挥多重渠道的出货功能。在营销策略上，“麦包包”利用自己的 B2C 平台和淘宝旗舰店的双重营销平台功能，吸引大量买家，并且通过与麦考林、当当网等网上商城合作，稳稳占据着各大线上的箱包销售领导者地位。在销售推广中，“麦包包”选择了返利网站这一成本低、效果稳定的渠道，为消费者提供 10%～15%的返利优惠，并且将返利网站上的流量快速引入官方平台，为企业带来了极高的投资回报。同时，“麦包包”开通了官方博客和麦芽糖时尚论坛，官方博客以图文并茂的形式向受众传播品牌理念，麦芽糖论坛则直接加强了其与顾客间的情感沟通，提高了消费者对品牌的黏着度。

快速供应链：开发订单驱动新系统。“麦包包”设计了一套基于网络订单驱动生产管理的供应链管理模式，即 M2C（工厂至终端）模式，使从采购、生产、仓储到物流配送等各个环节都由网络订单驱动。这种模式加快了各环节的反应速度，有效地降低了库存。目前，“麦包包”平均每月的库存占比不超过 1%，库存周期也由原来的 12 周缩短到 6 周。麦包包的一款产品从放上网页、客户下单一直到物流，其订单的处理时间不超过 10 分钟。这一供应链系统使“麦包包”不仅仅作为一个网上销售平台，同时还扮演着网络营销专家的角色。它不是简单地为供应商提供一个产品销售渠道，而是利用自身庞大的数据库，将消费者的点击情况、销售情况、购物后的反馈等信息传递给合作伙伴，让他们了解市场状况、掌握消费者行为的变化。快速供应链不仅很好地支撑了其“快速时尚”的定位和“快速营销”的手段，也使其与上下游合作伙伴保持着良好的联动关系，实现了多方共赢。

【问题】（1）“麦包包”的网络营销策略有哪些特征？

（2）“麦包包”营销模式是否适用于其他行业或产品？为什么？

项目七　实施网络营销站点推广策略

知识目标

- 掌握搜索引擎营销的方式
- 掌握 E-mail 营销的形式及过程
- 掌握交换链接、网络社区、微博、新闻组等推广工具的使用方法

实训目标

- 会使用搜索引擎推广站点
- 会使用 E-mail 推广站点
- 会使用交换链接、网络社区、微博、新闻组等其他工具推广站点

问题导入

提升网站影响力的微博链接

团购是 2011 年最为热门的网络购物形式，众多的团购网站使整个市场变得分散。要想在数千家团购网站中脱颖而出，企业必须采取更为积极的推广手段。嘀嗒团就借助新浪微博实现了推广目标。微博链接是允许用户使用微博账号登录及访问第三方网站并分享内容的一种方式。这种方式可以直接用微博账号登录相关网站，扩大用户的范围。它可以帮助第三方网站获得高质量的微博活跃用户，同时，便捷的分享功能能够提高网站的信息传播力。2011 年 5 月，嘀嗒团的新浪微博举办了 3 次返券及抽奖活动，网友可以通过两种方式参加抽奖活动，一种是通过微博链接的方式，即利用新浪微博账号登录嘀嗒团参与抽奖；另一种是嘀嗒团的注册会员在个人设置中绑定新浪微博账号参与抽奖。抽奖之后，用户会获得 1 元的嘀嗒团的返券，关注嘀嗒团的新浪微博还可以多获得一次抽奖机会；同时，用户可以根据自己的意愿，将参与嘀嗒团抽奖的信息快速分享到新浪微博中，邀请其他用户参与此活动。短短 1 个月，嘀嗒团的全体 26 个官方微博账号增长了约 35 万新粉丝，得到 63 万新注册用户和 2.5 万微博流量导入。3 次抽奖活动的参与人数总计达到 10 万人，很好地实现了其推广网站的目标。

【问题】

（1）嘀嗒团为什么要选择微博链接这种方式来推广网站？

（2）微博链接给嘀嗒团这一团购网站带来了哪些影响？

【点评】嘀嗒团通过微博链接的方式，将消费者聚合在其微博中，借助网友的力量实现网站的传播。合理的网站推广策略能够帮助企业实现其与网络消费者的交流和沟通、维护双方良好的关系、持续不断地塑造企业的网上品牌形象。

任务一　开展搜索引擎营销

知识基础　搜索引擎和搜索引擎营销

完成本任务所需要的知识基础包括搜索引擎的含义、分类和搜索引擎营销。

2011 年年底，我国搜索引擎的用户规模达到 4.07 亿，在网民中的渗透率为 79.4%，是 2011 年仅次于即时通信的第二大网络应用。搜索引擎是网民用来获取网络信息的最重要的渠道和最有效的网站推广工具。

一、搜索引擎

1. 搜索引擎的含义

搜索引擎是指根据一定的策略，运用特定的计算机程序搜集互联网上的信息，在对信息进行组织和处理后，为用户提供检索服务的系统。搜索引擎的实质是使用特有的程序将互联网上的所有信息进行归类，以帮助网民在浩如烟海的信息海洋中搜寻到自己所需要的信息。

2. 搜索引擎的分类

搜索引擎按工作方式主要可分为 3 类，即全文搜索引擎、目录索引类搜索引擎和元搜索引擎。

（1）全文搜索引擎　全文搜索引擎是指在从互联网上提取各个网站的信息（以网页文字为主）而建立的数据库中，检索与用户查询条件相匹配的相关记录，然后按一定的排列顺序将结果返回给用户。全文搜索引擎是真正意义上的搜索引擎。

全文搜索引擎按搜索结果又可细分为两种，一种是拥有自己的检索程序（俗称为“蜘蛛”程序）并建立有网页数据库的搜索引擎，比如百度等，如图 7-1 所示；另一种是租用其他搜索引擎数据库并按照自定的格式排列搜索结果的搜索引擎，比如 Lycos 引擎，如图 7-2 所示。

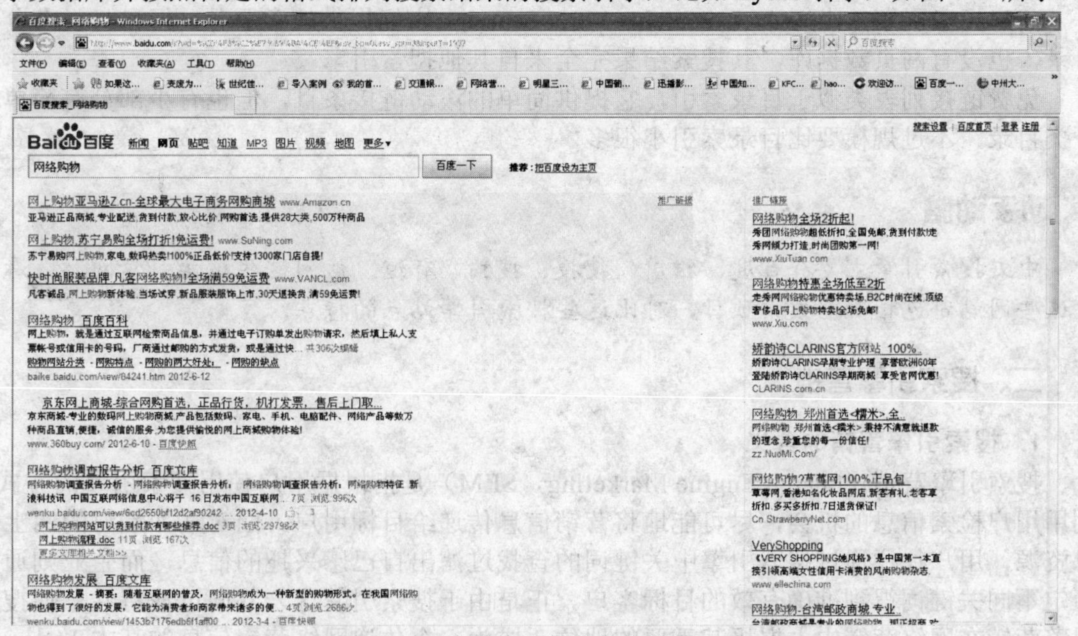

图 7-1　百度搜索引擎的搜索结果页面

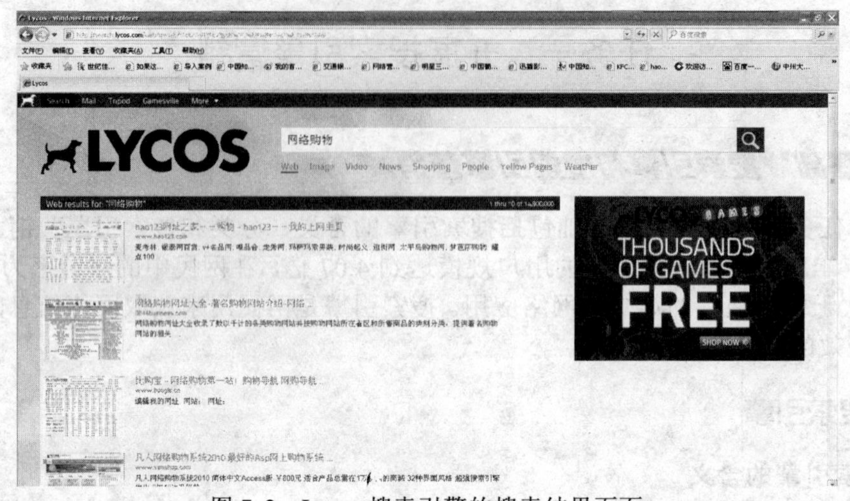

图 7-2 Lycos 搜索引擎的搜索结果页面

（2）目录索引类搜索引擎　目录索引类搜索引擎就是按照目录分类的网站链接列表。用户可以不用关键字进行查询，仅靠分类目录就可找到需要的信息。目录索引的搜索功能是建立在目录分类的基础上的，其不属于严格意义上的搜索引擎，具有代表性的搜索引擎如 Yahoo、新浪等。

（3）元搜索引擎　元搜索引擎是指在接受用户查询请求时，同时在其他多个引擎上进行搜索，并将结果返回给用户，比如 InfoSpace、Dogpile、Vivisimo 等。元搜索引擎在搜索结果排列方面，有的直接按来源排列搜索结果，例如 Dogpile；有的则按自定的规则将结果重新排列组合，例如 Vivisimo。

除以上 3 种外，搜索引擎还有集合式搜索引擎、门户搜索引擎和免费链接列表。

集合式搜索引擎与元搜索引擎类似，区别在于它并非同时调用多个搜索引擎进行搜索，而是由用户从提供的若干个搜索引擎中选择一个。

门户搜索引擎，比如 AOL Search、MSN Search，它们提供搜索服务，但自身没有分类目录，也没有网页数据库，其搜索结果完全来自其他搜索引擎。

免费链接列表类似于目录索引，它提供简单的滚动链接条目，但也有少部分有简单的分类目录，不过规模要比目录索引小很多。

动手动脑

中文搜索引擎主要有百度、雅虎、搜搜、搜狗、有道。访问这些搜索引擎网站，看一看这些网站都包括哪些搜索项目，对比这些搜索引擎站点的特点。

二、搜索引擎营销

1. 搜索引擎营销的含义

搜索引擎营销（Search Engine Marketing，SEM）是指根据用户使用搜索引擎的方式，利用用户检索信息的机会，尽可能地将营销信息传递给目标用户。面对浩如烟海的网上信息资源，用户往往通过搜索引擎中关键词的查找过滤出自己感兴趣的信息，而企业则通过锁定不同关键词得到准确有效的目标客户。正是由于搜索引擎这一双向过滤特性，使搜索引擎营销在网络营销中占据极其重要的地位，成为一个传递网络营销信息的基本工具。搜索引擎营销的主要工作就是扩大搜索引擎在营销业务中的比重，并且通过对网站进行搜索优化来挖掘潜在客户，帮助企业实现更高的销售转化率。

2. 搜索引擎营销的基本过程

搜索引擎营销得以实现的基本过程是：企业将信息发布在网站上，成为以网页形式存在的信息源；企业的营销人员，通过免费注册搜索引擎、交换链接或付费的竞价排名、关键字广告等方式，使自己的网站网址被各个搜索引擎收入到索引数据库中；用户利用关键词进行检索（对于分类目录则进行逐级目录查询）；检索结果列出相关的索引信息及其网页链接地址（URL）；用户对检索结果进行判断，选择有兴趣的信息，并且通过点击网页链接地址进入信息源所在网页。这样便完成了企业从发布信息到用户获取信息的整个过程。

3. 搜索引擎营销的目标层次

搜索引擎营销的直接目标是以最小的投入、最大限度地获得来自搜索引擎的访问量和商业价值。其具体目标包括被主要的搜索引擎/分类目录收录，并且在被搜索引擎收录的基础上获得好的排名，提高用户对检索结果的点击率，将浏览者转化为真正的顾客，从而实现销售收入的增加。在图 7-3 中，从下到上，搜索引擎营销的目标依次提高。

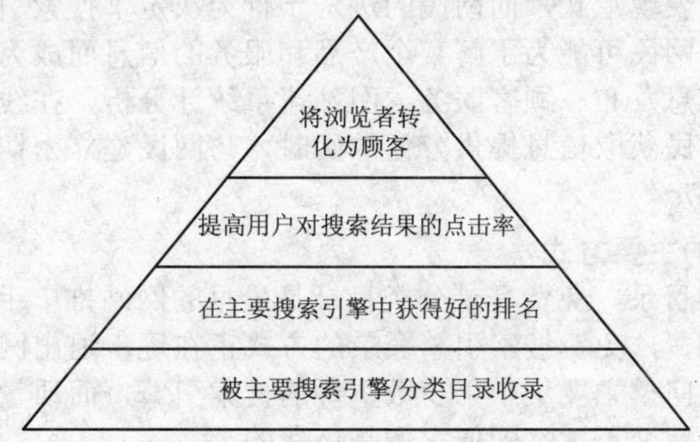

图 7-3　搜索引擎营销的目标层次结构

4. 实现搜索引擎营销目标的基本要素和基本任务

根据搜索引擎营销的基本原理，实现搜索引擎营销的最高层次目标需要有 5 个基本要素和 5 项基本任务。

（1）实现搜索引擎营销目标的 5 个基本要素　根据搜索引擎营销的基本原理，实现搜索引擎营销目标需要 5 个基本要素，即信息源（网页）、搜索引擎信息索引数据库、用户的检索行为和检索结果、用户对检索结果的分析判断、用户对选中检索结果的点击。

研究搜索引擎营销和营销信息传递过程，提高营销信息传递的效果，成为搜索引擎营销的基本任务和内容。

（2）搜索引擎营销目标实现所需要完成的 5 项基本任务　为了实现搜索引擎营销目标，需要完成以下 5 项基本任务：

首先，构造适合于搜索引擎检索的信息源。信息源被搜索引擎收录是搜索引擎营销的基础，也是网站建设之所以成为网络营销基础的原因。企业网站中的各种信息是搜索引擎检索的基础。为获得更多有价值的信息，用户在检索后还会进入信息源所在网页或网站。为吸引访问者，信息源的构建不仅要站在搜索引擎友好的角度考虑，还应站在网民的角度考虑，这对建立以网络营销为导向的企业网站尤为重要。

其次，创造网站/网页被搜索引擎收录的机会。完成网站建设并在互联网上发布，并不意味着搜索引擎营销目标的实现。网站如果不能被搜索引擎收录，网民便无法通过搜索引擎检索网站中的信息，网络营销信息也难以广泛传播。因此，让尽可能多的网页被搜索引擎收录是网络营销的基本任务之一，也是搜索引擎营销的基本步骤。

再次，提升网站信息在搜索结果中的排名。提升企业信息在搜索结果中的排名可以吸引更多的检索者关注，从而保证了营销传播的效果。当网民输入某个关键词进行检索时，搜索引擎会反馈大量的检索结果，如果企业信息出现的位置靠后，被网民关注的机会将大大降低，搜索引擎营销的效果也就无法保证。有关调查显示：60%～65%的人会点击名列搜索结果前 10 位的网站；20%～25%的人会考虑点击位列 11～20 的网站；3%～4%的人会点击在搜索结果中位列 21～30 的网站。

然后，以搜索结果中有限的信息获得用户的关注。通过对搜索引擎检索结果的研究发现，并非所有的检索结果都含有丰富的信息，网民通常并不点击并浏览检索结果中的所有信息，而是通过对搜索结果进行分析，点击一些与检索要求相关性最强或最能引起其关注的信息。这就要求营销人员研究每个搜索引擎搜集信息的方式及其针对性，选择合适的关键词和描述语言。

最后，为用户获取信息提供方便。网民通过点击搜索结果进入相关的网站/网页，是搜索引擎营销效果的基本表现形式，而网民的进一步行为决定了搜索引擎营销是否能够最终获得收益。在网站上，网民可能为了解某个产品和服务的信息而成为注册用户，因此，搜索引擎营销应与网站信息发布、顾客服务、网站流量统计分析、在线销售等其他网络营销工作密切联系，在为网民获取信息提供方便的同时，与网民建立密切的关系，力争使其成为企业的顾客或潜在客户。

5．搜索引擎营销的主要方式

（1）免费登录分类目录　免费登录分类目录是最早的网站推广手段。目前，部分重要的搜索引擎都已开始收费，免费搜索引擎登录的方式正在逐步退出网络营销舞台。相关调查统计显示，网站的访问量主要集中于少数重要的搜索引擎，而质量低、访问量小的搜索引擎对开展网络营销的意义不大，即便它们是免费的。

（2）收费登录分类目录　收费登录分类目录与免费登录分类目录不同，只有缴纳费用的网站才会被其收录。一些搜索引擎提供的固定排名服务，一般也是在收费登录的基础上开展的。这类搜索引擎营销与网站设计本身没有直接关系，排名次序取决于所缴费用的多少。

随着搜索引擎收录网站和网页数量的增加，网民通过分类目录检索信息的难度也在不断增大；同时，由于大量的信息没有被搜索引擎收录，这也使得一些有价值的信息无法被检索到，从而影响分类目录搜索引擎的营销效果。

（3）关键词广告　关键词广告也被称为“关键词检索”，是在搜索引擎的搜索结果中发布广告的一种方式。与一般的网络广告不同，关键词广告出现的位置不是固定在某些页面上的，只有当网民检索到企业所购买的关键词时，广告才会出现在搜索结果页面的显著位置上。

不同的搜索引擎有不同的关键词广告显示方式，有的搜索引擎将付费关键词检索结果列在搜索结果列表的最前面，而有的则列在搜索结果页面的专用位置。关键词广告分为关键词图片广告（输入关键词，在搜索结果页面中间出现图片形式的广告）、关键词文字广告（输入关键词，在搜索结果页面中间出现文字形式的广告）、关键词右侧赞助商广告（输入关键词，在搜索结果页面右侧出现赞助商的文字形式的广告）等几种形式。

关键词广告作为网络广告的一种特殊形式，其投放形式比较简单且可以随时投放；一般采用按点击收费的计价模式，费用可以控制；关键词广告信息出现的位置可以进行选择；更重要的是，关键词广告定位准确，可以引导潜在用户直达任何一个其期望的目的网页。

网站提供的即时单击链接和随时修改关键词等相关信息服务，进一步提高了关键词广告的吸引力和营销效果，促使其逐渐成为搜索引擎营销的常用形式。

应用实例

百度的竞价排名

竞价排名是百度的一种按效果付费的网络推广方式。企业在购买该项服务后，通过注册，可提交一定数量的与产品相关的关键词，其推广信息就会率先出现在网民相应的搜索结果中。企业一般按照网民点击的效果，即实际点击量（潜在客户访问数）向百度支付费用。每次有效点击费用从几毛钱到几块钱不等，这是由企业产品的竞争激烈程度决定的。企业以竞价方式获得搜索引擎的排位。在采用搜索引擎推广时，关键词的选择至关重要。

【问题】在采用搜索引擎推广时如何选择关键词？

（4）自然排名　自然排名是指通过搜索引擎优化和提高网站设计质量，使关键词获得较高的自然排位。相对于竞价排名来说，自然排名稳定、持久，企业无需按点击次数付费，并且长期开展的费用低于竞价排名费用。与竞价排名相比，自然排名更容易获得网民的信任，点击率更高。

阅读资料

搜索引擎优化

搜索引擎优化（Search Engine Optimization，SEO）简称搜索优化，是指针对搜索引擎对网页的检索特点，通过了解各类搜索引擎抓取互联网页面、索引和确定其对某一特定关键词的搜索结果排名等技术，对网页内容进行相关的优化，以适合搜索引擎的检索原则，从而使搜索引擎收录尽可能多的网页，并且这些网页在搜索引擎自然检索结果中排名靠前，达到网站推广的目的。

随着搜索引擎检索原则、排名规则的不断变化，检索结果的排名也在变化，搜索引擎优化已成为搜索引擎营销中越来越复杂的工作。

网站设计对搜索引擎友好，搜索引擎所反馈的结果才更能吸引用户点击，网站才可以获得更多的访问量，从而取得最好的营销效果。

网站设计对搜索引擎不友好表现在多个方面，最糟糕的是使得搜索引擎无法检索信息，或者返回的检索信息让用户看起来没有吸引力。造成网站对搜索引擎不友好的主要原因是：大量采用图片形式，没有可以检索的文本信息；网页没有标题，或者标题中没有包含有效的关键词；网页正文中有效关键词比较少；网站导航系统让搜索引擎“看不懂”；部分数据库信息对搜索引擎“保密”。

为了保证搜索引擎对网站更加友好，让网站在搜索结果中更容易被用户发现并点击，企业需要从网站设计阶段就开始注意适应搜索引擎的特点，营造对搜索引擎友好的环境，即提供适合于搜索引擎检索的关键词并出现在合适的位置上，指引搜索引擎去进一步分析网站的内容并尽可能多地获得其他网站的链接等。

（5）网页内容定位广告　基于网页内容定位的网络广告是搜索引擎营销模式的进一步延伸，其广告载体不仅包括搜索引擎的搜索结果网页，还包括提供这种服务的合作伙伴的网页。

搜索引擎在网络营销中的重要地位受到越来越多企业的认可。随着搜索引擎营销方式的不断演变，企业应根据环境的变化选择合适的方式来实施搜索引擎营销推广工作。

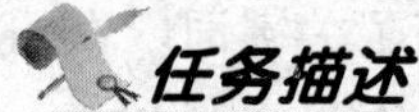

任务描述

本工作任务将使学生了解几大常用搜索引擎提供的服务，会使用搜索引擎推广商业站点，会制订搜索引擎推广方案。

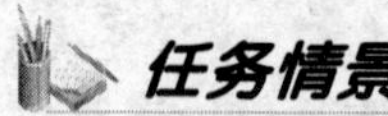

任务情景

经统计，网站 60%的访问量来自各类搜索引擎，因此，当我们的网上店铺刚开始经营，面临无流量、无访问、无顾客的状况时，应当考虑通过科学的利用各大搜索引擎来进行网站推广。

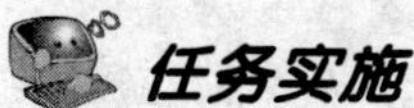

任务实施

1．确定网上店铺的关键词

根据对网站特色与店铺经营范围的分析，为网上店铺选定几个关键词。关键词应能够基本准确地描绘出网站的基本内容、主营产品和服务、经营特色等。

2．在免费登录分类目录中进行登录

利用搜索引擎，查询并选择一家免费登录分类目录，如第一分类目录（http://www.dir001.com/），点击“网站提交”，如图 7-4 所示。在打开的页面中，填写淘宝网上店铺的域名、网站关键词、网站描述等基本信息并提交，如图 7-5 所示。待审核通过后，即可在该分类目录中查询到网上店铺。

图 7-4 第一分类目录首页

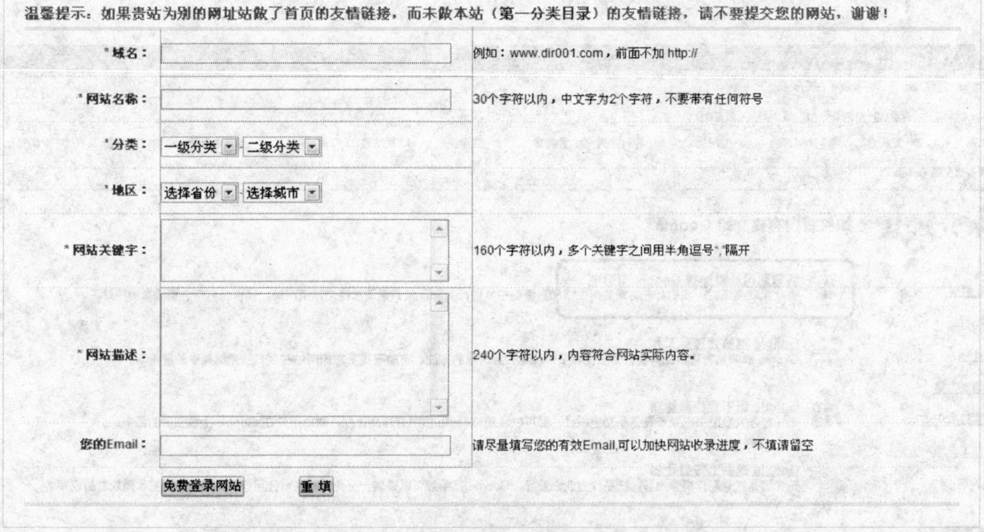

图 7-5　第一分类目录“网站提交”页面

3. 向搜索引擎提交网址（以 Google 为例）

首先，访问 Google 首页，在首页中点击“Google 大全”链接，在打开的“Google 大全”页面中，点击“面向网站拥有者”栏目下的“将您的内容提交给 Google”，如图 7-6 所示。其次，在打开的页面中选择“将您的网址添加到 Google 索引中”，如图 7-7 所示。再次，在打开的页面中将网址添加到文本框中，待填写评论及验证码后点击“添加网址”，则成功地将站点网址提交给 Google 搜索引擎，如图 7-8 所示。

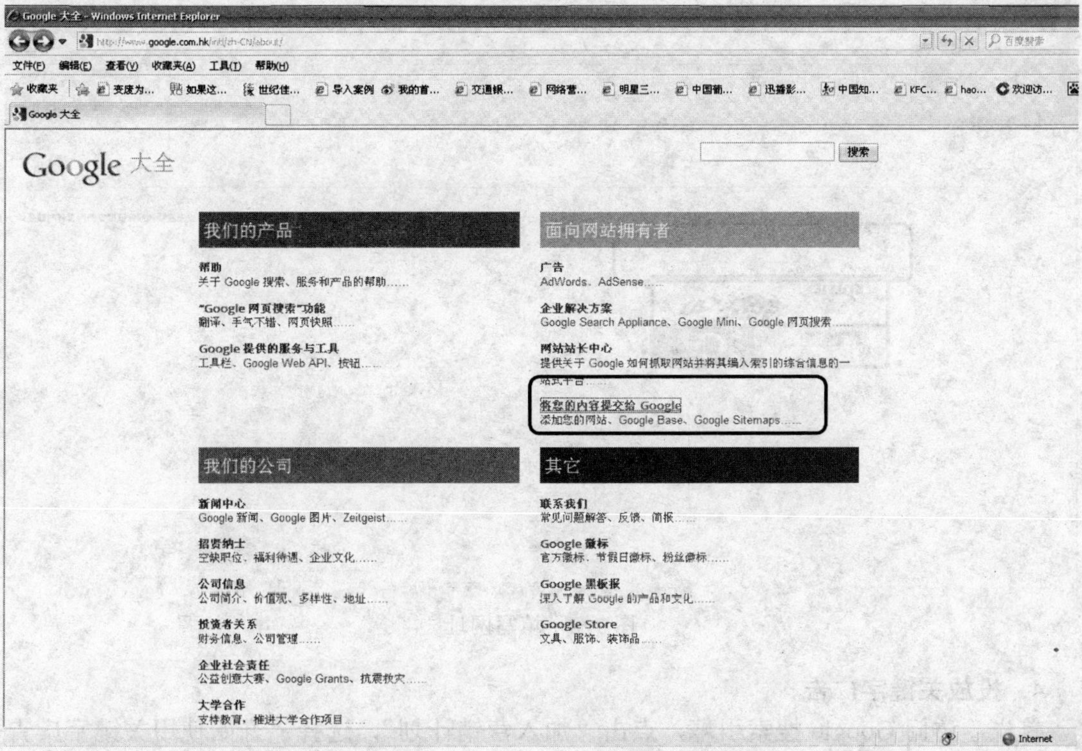

图 7-6 “Google 大全”页面

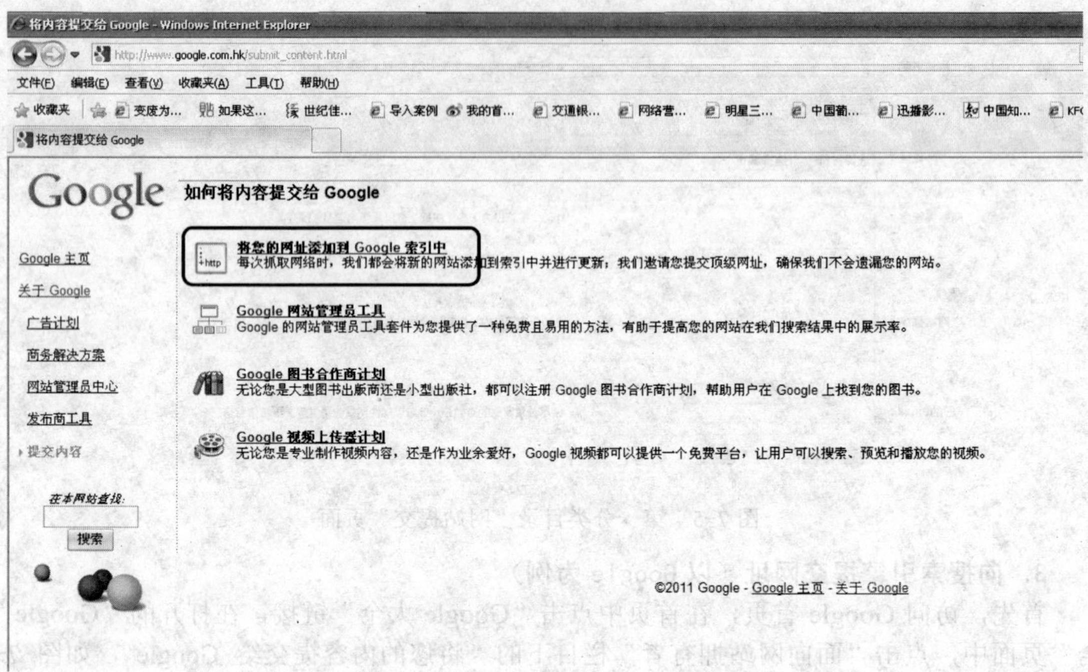

图 7-7 选择“将网址添加到 Google 索引中”

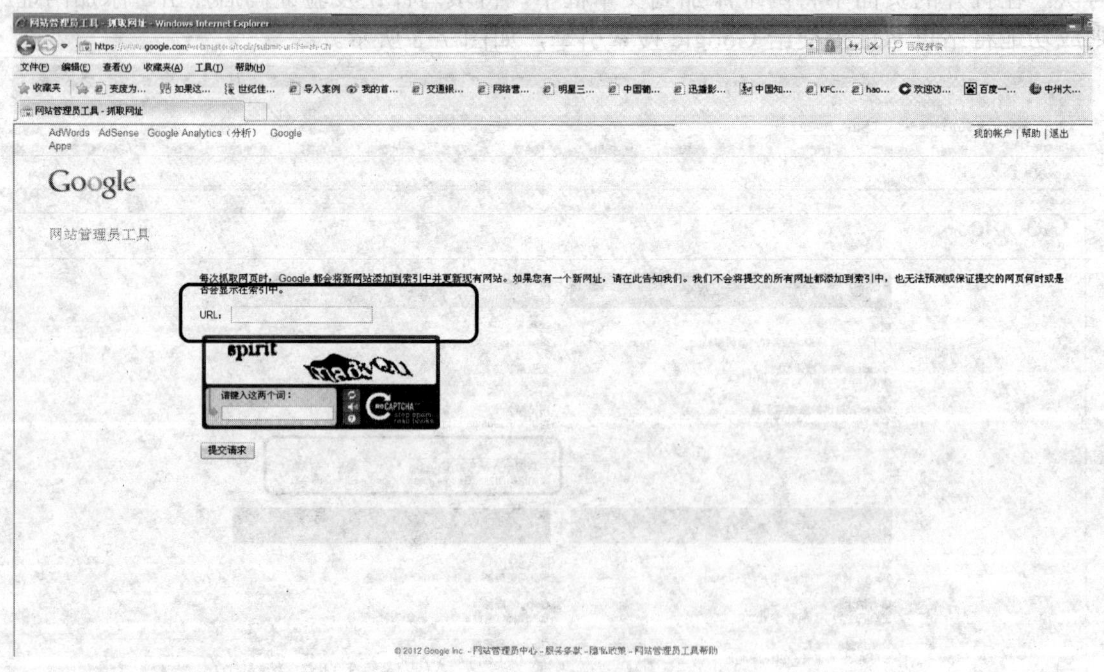

图 7-8 填写网址

4．投放关键字广告

首先，访问 Google 搜索引擎，点击“加入营销计划”，选择“开始使用关键字广告”，如图 7-9 所示；在打开的页面创建谷歌账户，如图 7-10 所示。

图 7-9　谷歌搜索引擎的关键字广告申请页面

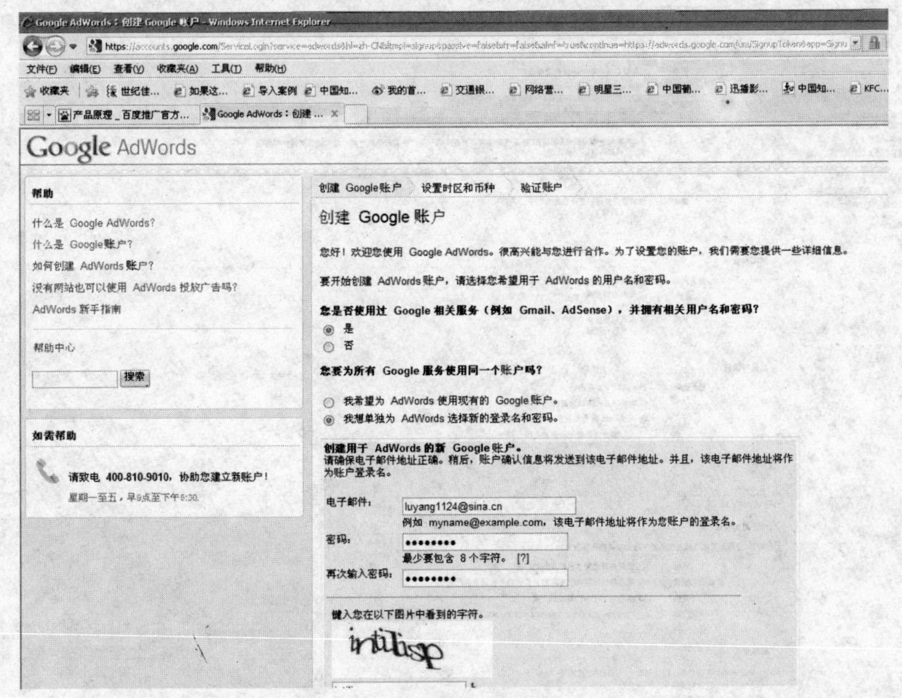

图 7-10　创建谷歌账户页面

其次，登录账户后，进入“广告系列”页面，点击“制作首个广告系列”，如图 7-11 所示；在打开的页面中，设置地理位置，选择语言，设置出价和预算信息等，如图 7-12 所示。同时，可以在相应的高级设置选项中进行更具体的设置，如广告附加链接、添加社交广告等。填写完成后，点击“保存并继续”。

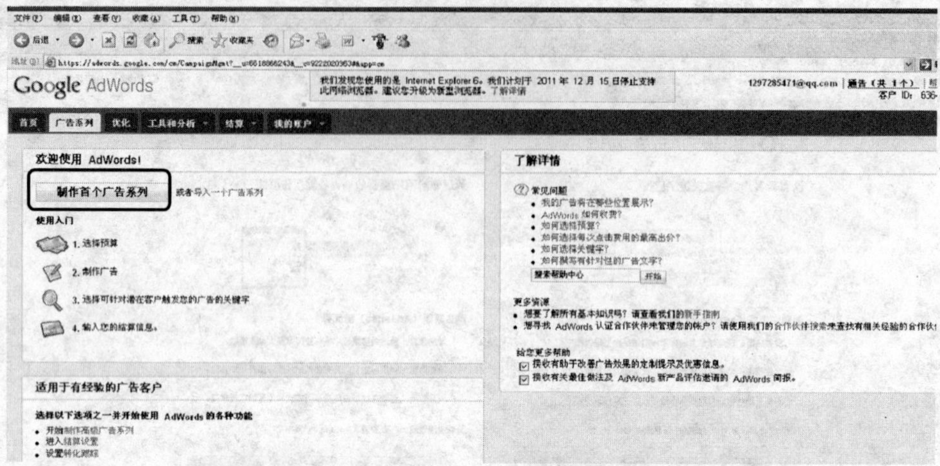

图 7-11 制作广告系列页面

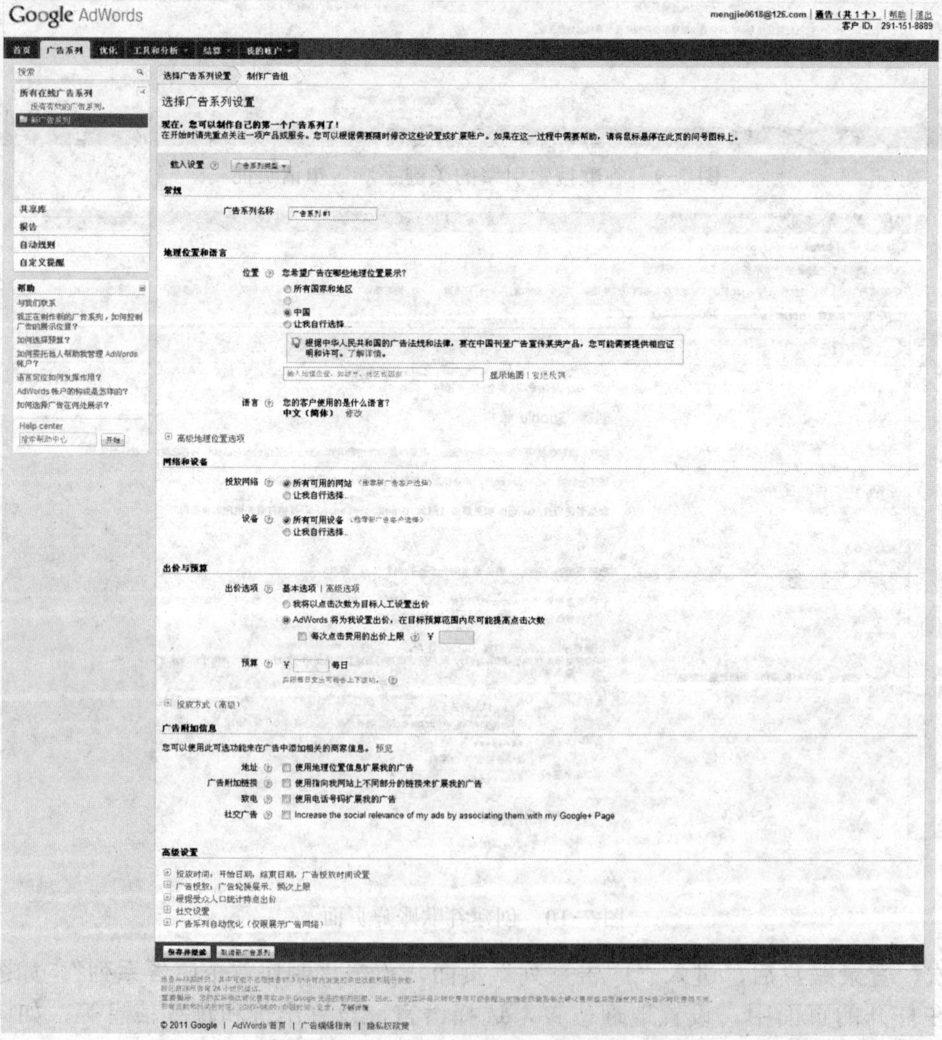

图 7-12 选择地理位置、语言及出价和预算页面

再次，制作广告组，即设置多个或一组关键字，形成广告组。在相应的对话框中填入“标题”、“广告内容描述”及“显示网址”等信息，填写完成后，进行关键字设置，选择最能表现本网店经营特色的词语进行添加。完成后，点击“保存并继续设置结算”，如图 7-13 所示。

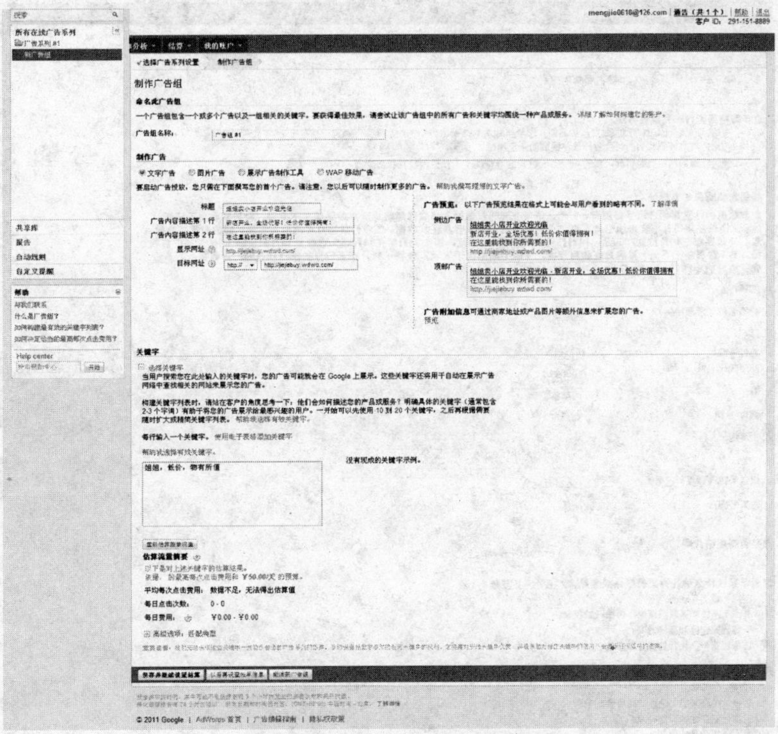

图 7-13　制作广告组页面

最后，进行结算。在“我的账户”中选择合适的付款方式，并用银行卡或银行转账的方式支付预付款，如图 7-14 所示；点击“继续”，待阅读谷歌的广告计划条款后，进入账户设置页面，填写账单邮寄地址，完成后，点击“保存并启动账户”，如图 7-15 所示。在向谷歌支付款项后，关键字广告就将被投放在谷歌搜索引擎上。

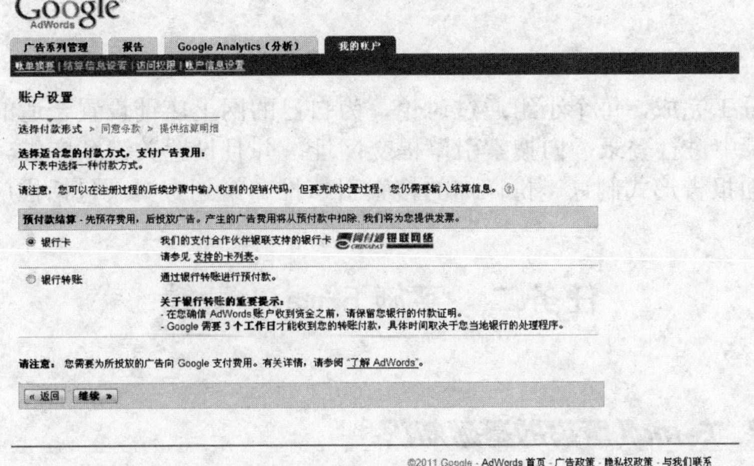

图 7-14　结算页面

Google AdWords

广告系列管理 | 报告 | Google Analytics（分析） | 我的账户

账单摘要 | 结算信息设置 | 访问权限 | 账户信息设置

账户设置

选择付款形式 > 同意条款 > 提供结算明细

请参阅使用银行卡付款的方法。

- 在"结算"标签上，访问"付款"页，然后输入您希望划入 AdWords 账户的金额。
- 然后，您将转到我们的付款合作伙伴银联的安全网站。 网付通 CHINAPAY 银联网络
- 通过银联的网站完成付款，您的AdWords账户应会在两个工作日内收到相应款项。

提供您的账单邮寄地址。

获取收据的注意事项（请务必阅读）：1.请填写准确的收据抬头和收据邮寄地址，如果填写不准确，会导致收据无法送达；2.请仅使用简体中文来填写此表格，英文收据抬头无法开具正式收据；3.我们会按月将已消费金额对应的收据寄送给您。（如果您在10月付款2000元，同时广告实际消费了900元，那么我们将在11月底为您寄送10月的金额为900元的广告收据。）4.您将会于下一个月的月底收到收据。（以上面的例子来说，您将于11月底至12月初收到10月的广告收据。）查看完整地址的示例。

姓名： 李杰

公司名称（发票抬头）： 姐姐卖网店

中国

地址格式： 切换到国际格式

邮政编码 [?] 450044

省： 河南省

城市/乡镇： 郑州市

街道地址： 英才街6号

电话号码（请提供区号）： 15039073837

传真号码：

您是否有促销代码？ ▶点击此处

您最常通过什么途径为您的产品或服务*做广告*？（可多选）

- ◎ 在线 - 通过互联网
- ◎ 离线 - 通过非互联网媒体，如报纸或收音机
- ◎ 平均分配在线和离线时间
- ◉ 这是我第一次为我的业务做广告

您最常通过什么途径*销售*您的产品或服务？（可多选）

- ◉ 在线 - 在网站上
- ◎ 离线 - 在店铺中，通过产品目录或电话
- ◎ 平均分配在线和离线时间
- ◎ 我不销售商品或服务

点击"保存并启动账户"继续。

« 返回 | 保存并启动账户

©2011 Google - AdWords 首页 - 广告政策 - 隐私权政策 - 与我们联系

图 7-15 账户设置页面

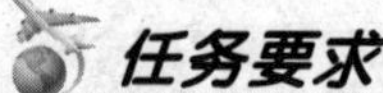

任务要求

（1）小组分工完成，每个小组通过讨论，为自己的网上店铺设置合适的关键字，在免费登录分类目录中进行登录，向搜索引擎提交网址，并且设置关键字广告。

（2）以书面报告形式制订一份详细的搜索引擎推广策划方案（包括推广目标）。

任务二 实施 E-mail 营销

知识基础 E-mail 营销的基础知识

完成本任务所需要的知识基础包括 E-mail 营销的含义及特点、E-mail 营销的基本形

式、E-mail 营销的过程。

一、E-mail 营销的含义及特点

1. E-mail 营销的含义

E-mail 营销是在网民事先许可的条件下，通过电子邮件的方式向目标顾客传递有价值信息的一种网络营销手段。E-mail 营销包括 3 个必不可少的基本因素，即网民许可、电子邮件传递信息、信息的价值。

阅读资料

邮件列表

邮件列表是一种建立在普通电子邮件基础之上的服务。企业使用普通邮件服务时，给一个客户发送信息，就在邮件编辑窗口中指定一个用户的地址；若同时向很多客户发送信息，就必须在邮件编辑窗口的收信人地址中指定多个邮件地址。邮件列表可以把收信人地址组织起来，并且设定一个公共地址，所有发向这个公共地址的 E-mail 都会自动转发给加入这个邮件列表的收信人。

邮件列表的类型分为公开、封闭、管制 3 种。公开的邮件列表是指任何人都可以在列表里发送信件，例如公开的论坛；封闭的邮件列表是指只有邮件列表里的成员才能发送信件，例如同学通讯录、技术讨论；管制的邮件列表是指只有经过邮件列表管理者批准的信件才能发送，例如产品信息发布、电子杂志等。

电子邮件列表对企业的网络营销有多方面的作用。首先，企业可以通过邮件列表发布新产品信息，为客户提供产品的技术支持，与客户沟通，从中搜集反馈信息；其次，电子邮件列表可以为企业主页发布更新通知；第三，电子邮件列表可以发送或订阅电子杂志；第四，电子邮件列表可用于产品的邮购跟踪、产品目录的发放与索取、与广告商沟通等活动。

2. E-mail 营销的特点

与传统的直邮广告、电话营销等直复营销方式相比，E-mail 营销的优势显著，主要表现在以下 6 个方面：

（1）成本低　成本低是 E-mail 营销的重要特点。无论是用户许可的 E-mail，还是垃圾邮件，其成本都比传统的直邮或电话营销成本低；而与手机短信息（SMS）营销相比，E-mail 营销的信息承载量更大。

（2）促进顾客关系　E-mail 营销对顾客关系的促进效果比较明显。例如向用户提供电子刊物，电子刊物和用户之间不仅是单向的信息传递，同时，电子刊物也在网站和用户之间建立起一个互相交流的渠道，使用户和网站之间保持长期的联系。

（3）点击率高　E-mail 营销可以为用户提供个性化的服务信息。用户拥有主动的选择权，可以根据自己的兴趣预先选择有用的信息，因而对接收到的信息关注程度高、点击率高。

（4）反应迅速，缩短营销周期　几秒钟到几小时就可以完成数以万计的电子邮件发送

工作，一个营销周期可以在几天内全部完成。

（5）相对保密性　与媒体广告、公共关系等其他市场活动相比，E-mail营销并不需要大张旗鼓地制造声势。信息直接发送到用户的电子邮箱中，不容易引起竞争对手的注意，除非竞争者的电子邮件地址也在邮件列表中。

（6）针对性强　E-mail营销可以有针对性地向潜在用户发送电子邮件。与在其他媒体上不加定位地投放广告相比，E-mail营销费用大大降低。

阅读资料

垃圾邮件

中国互联网协会在《中国互联网协会反垃圾邮件规范》中所称的垃圾邮件，包括下述属性的电子邮件：①收件人事先没有提出要求或者同意接收的广告、电子刊物、各种形式的宣传品等宣传性的电子邮件；②收件人无法拒收的电子邮件；③隐藏发件人身份、地址、标题等信息的电子邮件；④含有虚假的信息源、发件人、路由等信息的电子邮件。

垃圾邮件又可分为良性的和恶性的。良性垃圾邮件是指各种宣传广告等对收件人影响不大的电子邮件。恶性垃圾邮件是指具有破坏性的电子邮件，例如占用网络带宽，造成邮件服务器拥塞，进而降低整个网络的运行效率；侵犯收件人的隐私权，侵占收件人邮箱空间，耗费收件人的时间、精力和金钱；有的垃圾邮件还盗用他人的电子邮件地址作为发信地址，严重损害了他人的信誉；被黑客利用成为实施网络犯罪的工具等。

二、E-mail营销的基本形式

内部列表和外部列表是E-mail营销的两种基本形式。

内部列表和外部列表各有优势。重视网络营销的企业通常都建有自己的内部列表。内部列表包括企业自己拥有的各类网民的注册资料，例如免费服务用户、电子刊物用户等。内部列表是企业开展网络营销的长期资源，也是E-mail营销的重要内容。外部列表包括各种可以利用的E-mail营销资源，例如专业E-mail营销服务商和免费邮件服务商提供的E-mail营销资源和专业网站的会员资料等。

由于内部列表和外部列表在拥有网民资源方面的特点不同，所以在开展E-mail营销的内容和方法上也有很大差别，见表7-1。

表7-1　内部列表和外部列表E-mail营销的比较

比较项目	内部列表E-mail营销	外部列表E-mail营销
主要功能	顾客服务、顾客关系、品牌形象、产品推广、在线调查、资源合作	品牌形象、产品推广、在线调查
投入费用	相对固定：取决于日常经营和维护费用，与邮件发送数量无关；用户数量越多，平均费用越低	没有日常维护费用，营销费用由邮件发送数量等因素决定，发送数量越多费用越高
网民信任程度	网民主动加入，对邮件内容信任程度高	邮件为第三方发送，网民对邮件的信任程度取决于服务商的信用、企业自身的品牌、邮件内容等因素

（续）

比较项目	内部列表 E-mail 营销	外部列表 E-mail 营销
列表网民与目标市场的一致性	高	取决于服务商邮件列表的质量
获得新用户的能力	用户相对固定，获得新用户的效果不显著	可针对新领域的网民进行推广，吸引新用户的能力强
用户资源规模	一般内部列表用户数量比较少，需要逐步积累	用户资源规模大，在预算许可的情况下，可同时向大量用户发送邮件
邮件列表的维护和内容设计	需要专业人员操作，无法获得专业人士的建议	由服务商专业人员负责，其可对邮件发送、内容设计等提出建议
营销效果分析	属于长期活动，较难在短时间内正确评价每次邮件发送的效果，需要长期跟踪和分析	服务商提供专业分析报告，企业可快速了解每次活动的效果

除了上述两种基本形式之外，一些企业还会利用合作伙伴的内部列表信息来开展E-mail营销。合作伙伴的邮件列表可以看做内部列表的延伸，其一般是通过联合注册的形式实现的，故又称为联合注册列表（简称联合列表）。例如，网民在注册新浪网的免费邮箱时，会看到一项“享受新浪会员特惠服务”，其中包括几项可选的合作伙伴注册信息。网民在注册时若选中该项内容，将获得合作伙伴提供的服务。对于网民来讲，注册一次就可以获得若干个（参与联合注册的）网站提供的信息，不需要在不同的网站上分别注册；但网民在获得所注册网站提供的某种服务时，网民的注册信息也被这些网络服务商所共享。

三、开展E-mail营销的基础条件和一般过程

1. 开展E-mail营销的基础条件

开展E-mail营销需要解决3个基本问题：向哪些网民发送电子邮件？发送什么内容的电子邮件？如何发送这些邮件？解决这3个问题所采用的技术和手段构成了E-mail营销的3个基础条件，即技术基础、网民地址资源和邮件内容。

（1）E-mail营销的技术基础　E-mail营销的技术基础是指企业采用一定的技术，保证网民加入或退出邮件列表的自由和便利，并且有效地进行网民资料的管理，实现邮件发送和效果跟踪等功能。

（2）网民地址资源　在网民自愿加入邮件列表的前提下，获得足够多的有效E-mail地址资源，是确保E-mail营销绩效的必要条件。

（3）E-mail营销的邮件内容　营销信息是通过电子邮件向网民发送的，邮件的内容对网民有价值才能引起网民的关注和兴趣，从而激发他们进一步了解相关信息的欲望，最终实现产品和服务的销售。因此，有效的内容设计是E-mail营销发挥作用的基本前提。

2. 开展E-mail营销的一般过程

开展E-mail营销的一般过程包括5个步骤。第一步，企业应制订E-mail营销计划；第二步，企业根据有效计划分析所拥有的E-mail营销资源，包括内部列表和可利用的外部列表，并且选择合适的外部列表服务商；第三步，企业针对内部和外部邮件列表，分别设计相应的邮件内容；第四步，企业根据计划向潜在用户发送电子邮件信息；第五步，企业对E-mail营销活动的效果进行分析和总结，如图7-16所示。

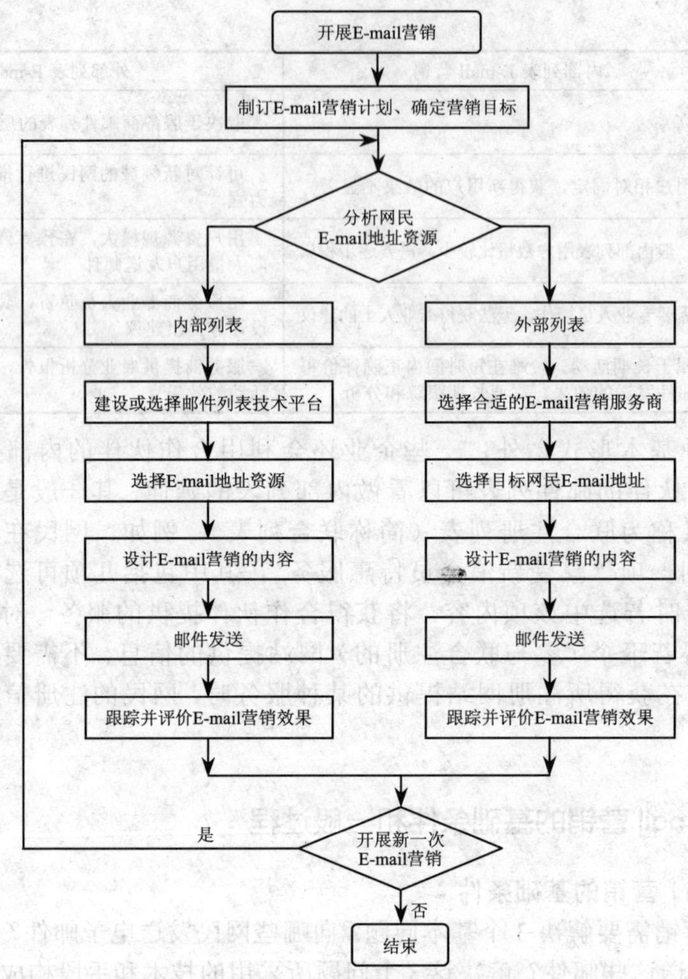

图 7-16 E-mail 营销的一般过程

应用实例

A 公司的 E-mail 营销方案

A 公司是一家旅游公司，为在“黄金周”之前进行公司旅游项目促销，公司决定采用 E-mail 营销。由于内部营销资源不足，公司决定借助专业服务商发送 E-mail 广告。通过对服务商的邮件列表定位程度、报价和提供的服务等方面的比较分析，公司最终选择新浪上海站，并且利用该网站的一份订阅数量超过 30 万、关于上海市白领生活的电子周刊作为本次 E-mail 营销的主要信息传递载体。公司计划连续 4 周投放 E-mail 营销信息，发送时间定为每周三。前两次以企业形象宣传为主，后两次针对公司新增旅游路线进行推广，并且每个星期的内容都有所不同。

E-mail 营销活动结束后，公司网站的日平均访问量迅速增加，尤其是在发送邮件的次日和第 3 日，网站访问量增加了 5 倍。

【问题】A 公司 E-mail 营销成功的关键是什么？

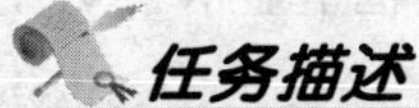

任务描述

本工作任务将使学生了解如何订阅和创建邮件列表、如何制作 E-mail 营销的邮件内容及如何使用邮件列表推广商业站点，制订 E-mail 营销推广方案。

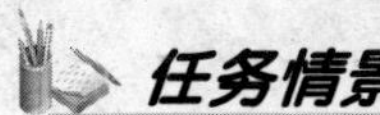

任务情景

邮件营销是一种快速、高效的营销方式，但企业应避免成为垃圾邮件广告发送者。参加可信任的许可邮件营销，通过注册会员、过往客户、电子杂志订阅用户等途径获取客户邮件地址，向目标客户定期发送邮件广告，是有效的网站推广方式。

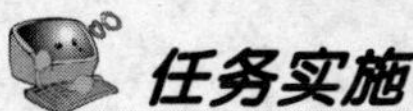

任务实施

1．订阅邮件列表（以希网网络为例）

首先，访问希网网络（www.cn99.com），注册成为希网网络的会员并登录，如图 7-17 所示。

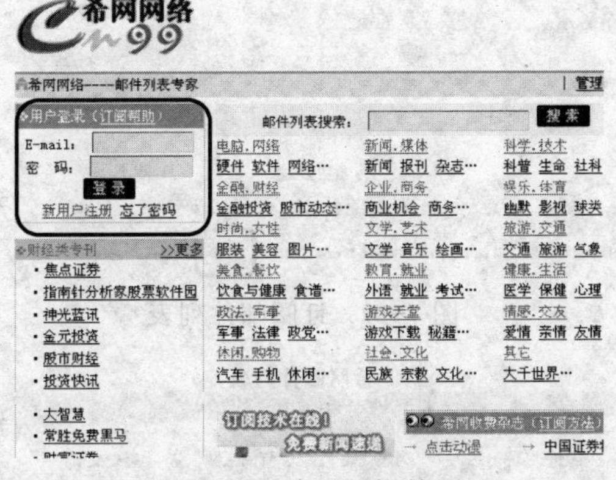

图 7-17　希网网络首页

其次，在登录希网网络的站点后，点击“订阅”按钮，在打开的页面中显示了“邮件列表分类订阅”的导航类目，按照分类目录查找感兴趣的邮件列表，如图 7-18 所示。

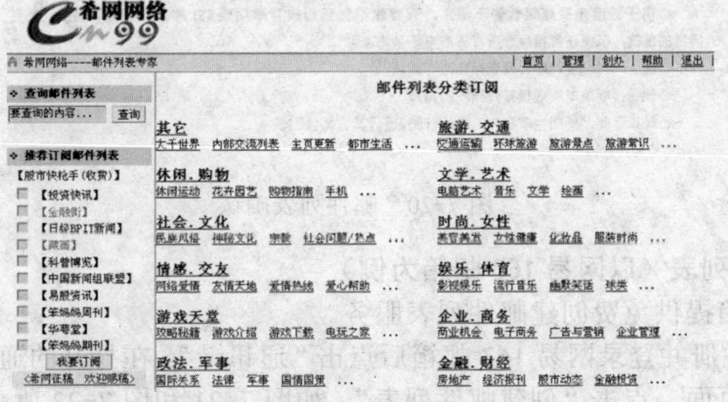

图 7-18　邮件列表分类订阅页面

再次，找到感兴趣的邮件列表后，点选邮件列表名称前的方框，使方框里显示“√”，然后点击页面下方的“订阅”按钮进行订阅，如图 7-19 所示。

最后，在点击“订阅”按钮后，在打开的页面中对所订阅的邮件列表进行确认。也可删除所订阅的邮件列表，如图 7-20 所示。

分类首页/企业. 商务/电子商务

【邮件列表】(选择需要订阅的邮件列表，然后按订阅键)

列表名称	列表类型	订阅数	发信数	发信周期	
网店大本营服务网店经营者 中国第一家为网店经营者服务的邮件列表。	公开	2087	1952	半月刊	主页
电子商务 先访问这个网站www.heepoo.com	公开	1564	188	周刊	主页
电子商务 读者朋友们，推荐一个交友网站，寂寞的人找朋友喔 http://goo.gl/0JpGF	公开	444	23	周刊	主页
卓越网购专刊 【多省钱就是多赚钱，只买对的不买贵的】本刊包括卓越网最热门商品推荐、每周特价商品信息以及最新的促销和活动信息!及时送达，为您省钱省时采购。	公开	330	110	不定期	
☑ 电子商务与网络营销 本邮件列表提供网络营销案例。	公开	122	1	周刊	
☑ 电子商务前沿 前沿性知识	公开	547	4	不定期	
电子商务 电子商务信息	公开	207	1	不定期	
SOHO创业系统资讯 传播创业理念，激发创业热情，打造财富新贵，实现创业梦想！欢迎有志者加入 21SOHO创业系统 www.21soho.tk	公开	87	1	不定期	主页
ds08 08电商订阅的杂志	公开	109	1	日刊	
电子商务二班 电子商务二班	公开	129	1	不定期	

(1 — 10)

后10条记录

共[417]条记录 第[1]页/共[42]页

请您选择以上的列表， 以zhangyuan588@163.com订阅。 订阅 退订

图 7-19 订阅邮件列表

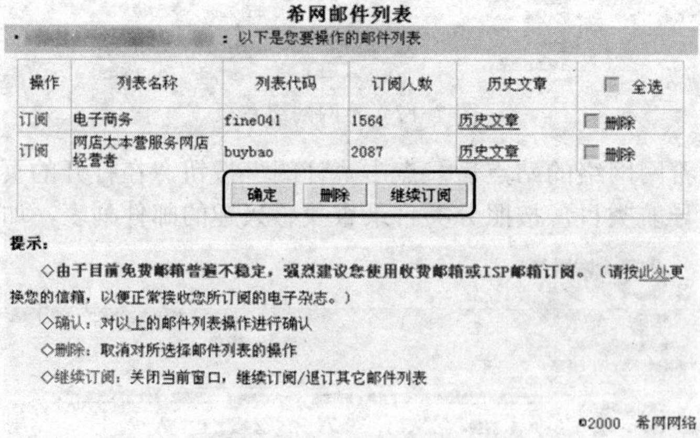

希网邮件列表

：以下是您要操作的邮件列表

操作	列表名称	列表代码	订阅人数	历史文章	全选
订阅	电子商务	fine041	1564	历史文章	删除
订阅	网店大本营服务网店经营者	buybao	2087	历史文章	删除

确定 删除 继续订阅

提示：

◇由于目前免费邮箱普遍不稳定，强烈建议您使用收费邮箱或ISP邮箱订阅。（请按此处更换您的信箱，以便正常接收您所订阅的电子杂志。）

◇确认：对以上的邮件列表操作进行确认

◇删除：取消对所选择邮件列表的操作

◇继续订阅：关闭当前窗口，继续订阅/退订其它邮件列表

©2000 希网网络

图 7-20 邮件列表确认

2．创建邮件列表（以网易 163 邮箱为例）

网易 163 邮箱提供免费创建邮件列表服务。

第一步，在注册并登录网易 163 邮箱后点击“通讯录”。在打开的通讯录页面中选择进入“邮件列表”页面，点击“创建邮件列表”，如图 7-21 和图 7-22 所示。

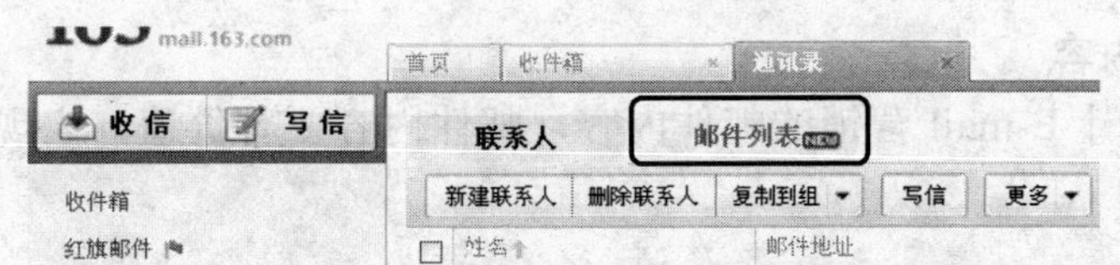

图 7-21　选择通讯录中的邮件列表

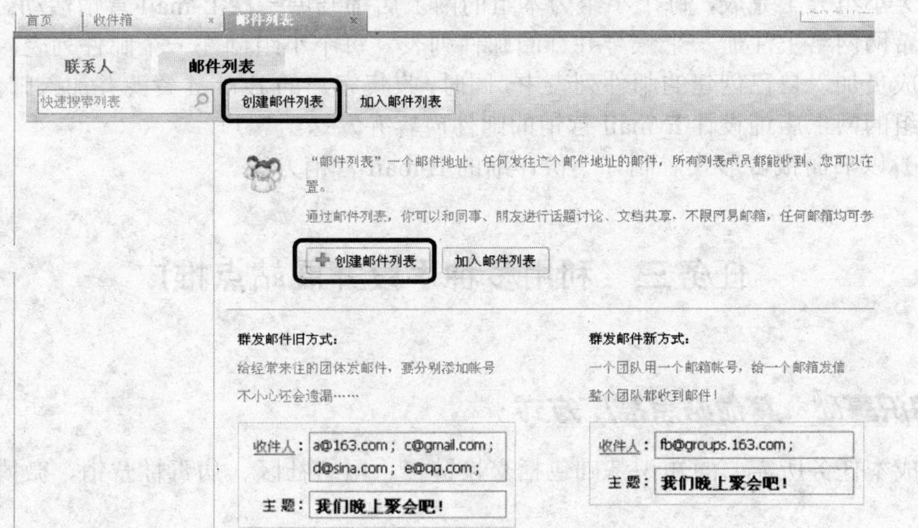

图 7-22　选择创建邮件列表

第二步，根据页面提示填写好邮件列表的名称、类别、描述等相关信息，点击"创建邮件列表"即可创建成功，如图 7-23 所示。

第三步，通过多种方式让同学加入创建的邮件列表。

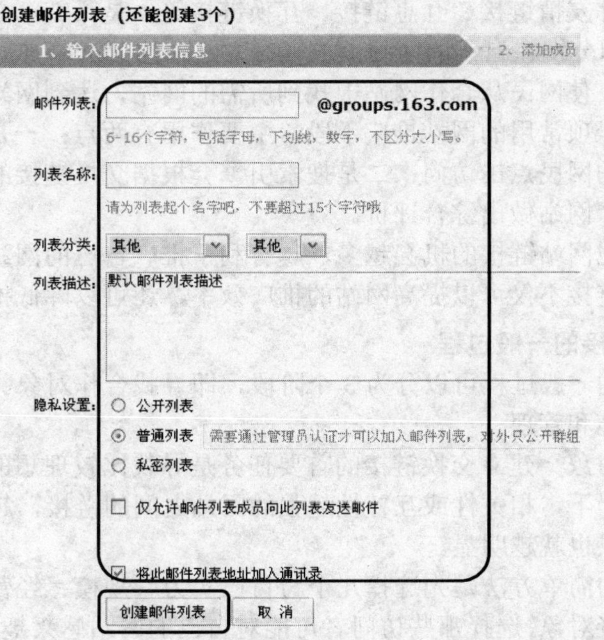

图 7-23　填写邮件列表的相关信息

3．设计邮件内容

为网上店铺设计 E-mail 营销的邮件内容，邮件内容要有价值，表现形式要图文并茂。

任务要求

（1）小组分工完成，每个小组为本组的网上店铺开展一次 E-mail 营销活动。要求每位同学在希网网络上注册一个账号并订阅邮件列表。每个小组创建一个邮件列表，并且让其他小组成员加入自己创建的邮件列表中，同时，收集客户的 E-mail 资源并加入邮件列表中；为本小组的网上店铺设计 E-mail 营销的邮件内容并发送给客户。

（2）以书面报告形式，制订一份详细的 E-mail 营销方案。

任务三　利用多种手段开展站点推广

知识基础　其他站点推广方式

完成本任务所需要的知识基础包括交换链接、网络社区、病毒性营销、微博营销、新闻组等。

一、交换链接

1．交换链接的含义

网站之间的合作是它们互相推广的一种重要方法，其中，最简单的合作方式为交换链接。交换链接，也称友情链接、互惠链接、互换链接等，是具有一定互补优势的网站之间的简单合作形式，即分别在自己的网站上放置对方网站的 LOGO 或网站名称，并且设置对方网站的超级链接，使网民从合作网站中找到所需的网站，达到网站间互相推广的目的。

交换链接作为一项常用的网站推广手段，主要作用有两点：一是通过和其他站点的交换链接，吸引更多的网民点击访问；二是搜索引擎会根据交换链接的数量以及交换链接网站的质量等，对一个网站做出综合评价。

一个网站被其他网站链接的机会越多，越有利于推广自己的网站。对于大多数中小网站来说，利用交换链接不仅可以提高网站的推广效率，还可以降低推广费用。

2．建立交换链接的一般过程

建立交换链接的一般过程可以分为 3 个阶段，即寻找合作对象、与合作对象联系和协商、交换链接的实施和管理。

（1）寻找合作对象　建立交换链接的首要任务是寻找比较理想的合作对象。在网站拥有一定访问量的前提下，相关性或互补性越强的网站之间的链接，越容易吸引访问者的注意，交换链接的效果也就越明显。

寻找合作对象的简单方法是先选择几个与自己实力、规模、经营领域最接近的网站，分析它们的交换链接对象，选择那些访问者可能对自己的网站感兴趣的网站作为备选对象；同时，分析自己网站的访问者对备选网站的兴趣，以那些双方的访问者都可能产生兴趣的网站作为首选目标。

（2）与合作对象联系和协商　找到备选合作网站后，向对方提出交换链接建议，在得到建立交换链接意向后，与对方协商有关事宜。

（3）交换链接的实施和管理　在与合作伙伴达成建立交换链接协议后，应尽快为对方做好链接并告知对方，相互邀请对方检查链接是否正确，位置是否合理。

交换链接的实质是向链接网站推广自己的网站。建立交换链接不仅有利于营造网站间的良好关系，同时也是企业在同行间确立自己地位的有效方法。

交换链接建立后，随着新网站的不断出现，企业应完善链接队伍，并且剔除那些被关闭或效果不佳的交换链接网站。

二、网络社区

1. 网络社区的含义

网络社区（Network Community）又称虚拟社区或网上俱乐部（club），其实质是在网上建立一个虚拟的社交空间，为具有相同兴趣和爱好的网民提供聚集、沟通、联络感情和网上交易的平台，其效果与咖啡厅或沙龙相似。

与一般的上网浏览不同，网络社区充分利用互联网的交互功能，实现了双向或多向的沟通和交流。在网络社区中，网民通过聊天室、留言板、群组讨论、社区通信、社区会员列表、在线聊天、网页设计等网上交流工具建立联系，社区成员通过建立网页、交换意见等方式自发地组成网上群体，并且逐渐形成一个相对稳定、兴趣相近的网上居民群体，进而吸引更多有相近爱好的网民加入。

从网站经营者的角度来看，成功的网络社区不仅可以带来稳定的流量、增加广告收入，而且也使注册会员能借此拥有独立的资讯存放与讨论空间，为社区营销创造良好的平台。

网络社区是虚拟的、自由的和全开放的，社区成员可以自由进出。社区成员越多，网络社区人气越旺，营销效果就越好。

2. 网络社区营销

网络社区营销是网络营销的重要手段之一。网络社区营销是指将具有共同兴趣和爱好的访问者吸引到一个虚拟空间中，通过成员间的相互沟通，实现营销目标。

一般来讲，一个优秀的网络社区的功能包括论坛、电子邮件、聊天室、讨论组、回复即时通知和博客。企业可以利用网络社区的功能开展营销活动。企业可利用网络社区的论坛邀请访问者或会员参与在线调查，了解顾客对产品或服务的意见，通过与社区成员交流促使其成为企业的顾客；企业可利用 BBS 或聊天室等在线解答顾客的问题，提高服务质量和顾客忠诚度；企业可利用论坛的广告免费发布区，发布产品和服务信息，促进产品销售；企业还可利用博客介绍产品和服务的功能、特点和利益，通过与参与者讨论或解答参与者问题，达到间接推广产品的目的。

企业开展网络社区营销可以利用自己网站的社区，也可以利用其他网站的社区。由于网络社区在满足网民交流需要的同时，可以为企业带来利益，潜藏着的巨大的商机，所以，许多企业都在自己的站点上开办网络社区，并且与同类的社区建立交换链接，为网络营销提供营销渠道和手段。

应用实例

“贾君鹏”引发的网络奇迹

2009 年 7 月 16 日，百度“魔兽世界”吧一个名为“贾君鹏，你妈妈喊你回家吃饭！”的帖子在短短五六个小时内被 40 万网友浏览，引来超过 1.7 万条回复，并且在接下来的 1 天时间内吸引了 800 万点击和 30 万次回复，堪称“网络奇迹”。

其实，“贾君鹏”事件是当时刚取得暴雪公司的“魔兽世界”代理权的网易公司，在停滞运营接近 2 个月的“魔兽世界”再次向网友开放之际，所开展的一次网络推广活动。北京一家传媒公司是此次活动的策划者，他们进行了 2 个月的反复思量和流程设计，动用了 4 个执行席媒介，轮班监测执行情况，总计动用 800 余名网络营销人员，注册了 20000 余个 ID，回复 10 万余条，同时，将大量的网络任务交给兼职的网民去完成，旨在唤起网友对“魔兽世界”的记忆、提升网友对“魔兽世界”的关注热度。产生轰动效应后，策划团队撤出，他们的回帖只占真正网络回帖的 3%。

此次活动的策划时机选择在“魔兽世界”易主、网易又迟迟不开服的敏感时期，并且选择了在百度的“魔兽世界”吧这一百度用户最多、影响力最强的帖吧开展，众多目光聚集于此，因此，“贾君鹏”事件所选择的网络社区是具有极强针对性的。此次事件反映出了网络社区推广的 4 条经验：第一，如何选择推广目标网站是网络社区推广取得效果的关键所在；第二，及时捕捉和利用互联网上每一个能够产生热议的焦点并迅速跟进，对借助热点事件推广自己的网站是有很大帮助的；第三，适当的炒作对网站推广有促进作用；第四，网站推广一定要激发用户的兴趣和好奇心。

【问题】作为一家网店的经营者，你能否利用“贾君鹏”事件为自己的网店进行推广？

三、病毒性营销

病毒性营销是一种常用的网络营销方法，多用于网站推广、品牌推广等。病毒性营销旨在通过用户的口碑宣传网络，使信息像病毒一样传播和扩散。

1．病毒性营销的基本原理

病毒性营销（Viral Marketing）既可以被看做是一种网络营销方法，也可以被认为是一种网络营销思想，即通过提供有价值的信息和服务、利用网民之间的主动传播来实现网络营销信息传递的目的。

病毒性营销利用用户口碑传播的原理，在互联网上实现了自愿、高效的信息传播。由于这种传播是用户之间自发的，所以几乎不需要费用。病毒性营销的核心是营销，其手段是实现信息的“病毒性”传播，其实质与病毒没有任何关系。

2．病毒性营销的形式和一般规律

（1）病毒性营销的形式　病毒性营销并没有固定的模式，其本质是通过在互联网上提供有价值的免费服务和免费信息，实现服务信息在网民间的自动传播。按病毒性营销信息载体的性质不同，病毒性营销可分为以下 4 类：一是通信服务类，即提供免费通信工具，形成用户圈，并且通过用户圈自动扩大规模，比如 QQ、免费 E-mail 等；二是优惠服务类，即转发在线优惠券、商品信息短信等；三是实用功能类，即免费使用软件、免费在线查询

（域名查询、邮政编码查询、手机号码属地查询、IP 属地查询）、在线评价等；四是免费信息类，即适合转发和下载的幽默故事、贺卡、FLASH、视频、电子书、流行歌曲等。

除以上 4 类外，还有很多营销策略都融合了病毒性营销的思想，比如网络联盟（网络会员制营销）、网上拍卖、网上商店等常见的电子商务模式。另外，一些病毒性策略也表现为用户邀请模式，如开心网在推广时所采取的用户邀请模式就是很有效的病毒性营销方案。

应用实例

开心网的病毒式营销

开心网的病毒式营销是国内社交网站做得最成功的案例。从 2008 年 3 月成立到 2009 年年中，短短一年多的时间里，开心网以独特的营销和产品成为互联网业的一匹黑马。开心网的流行完全依靠了病毒式营销，它将社交网站最传统的病毒式营销发挥到了极致。

MSN 的用户主要为白领，通过与 MSN 合作，开心网获得了 MSN 的用户数据。用户在开心网注册之后，MSN 就会自动发送邀请链接给其 MSN 好友，一旦某位好友注册，就会自动成为下一个传播节点。靠着这种爆炸式的病毒传播营销模式，开心网的用户在短短几个月内呈几何级数增长。而且，由于用户都是通过其好友邀请，注册成为开心网用户，因此，朋友圈的作用使得用户对开心网的黏性高于其他同类型论坛。在内容方面，开心网完全参考了 Facebook、Twitter 等的做法，提供朋友买卖、争车位、买房子等互动组件和投票、测试等小游戏插件，从而通过这些应用吸引白领人士成为忠实用户。

【问题】开心网的营销推广模式能够带给我们哪些启示？

（2）病毒性营销的一般规律　病毒性营销具有自身的基本规律，成功的病毒性营销策略必须遵循病毒性营销的基本思想和一般规律，这些规律概括起来主要有以下 5 个方面：

第一，病毒性营销的“病毒”有一定的界限，超出这个界限的病毒性营销就可能成为真正的病毒传播。病毒性营销的核心是“营销”，“病毒性”只是描述营销信息的传播方式，其本质是为用户提供免费的信息和服务。在病毒性营销的实际操作中，若偏离了“营销”这个核心，则可能成为真正的“病毒”，特别是利用一些技术手段来实现的病毒性营销模式。比如自动为用户电脑安装插件、强制性修改用户浏览器默认的首页、在 QQ 等聊天工具中自动插入推广信息（称为“QQ 尾巴”）等，这些已经不能称为病毒性营销，而是病毒传播。

第二，有效的病毒性营销的基本要素可归纳为 6 个方面：提供有价值的产品或服务；提供无需努力就可以向他人传递信息的方式；信息传递范围很容易扩大；利用公众的积极性和行为；利用现有的通信网络；利用他人的资源。

企业在制订和实施病毒性营销计划时，应进行必要的前期调研和针对性的检验，以确认病毒性营销方案是否满足这 6 个基本要素。

第三，成功实施病毒性营销需要以下 5 个步骤：首先，企业应开展具有独特创意的病毒性营销，精心设计病毒性营销方案。最有效的病毒性营销往往是独创的。其次，企业应制订和分析病毒性营销方案，确认病毒性营销方案符合病毒性营销的基本思想，即传播的信息和服务对用户是有价值的，并且这种信息易于被网民自行传播。再次，企业应确定信息源和信息传播渠道。为实现病毒性营销信息的自行传播，企业需要精心设计信息源和信息传递渠道，提高信息源的吸引力和传播效果。然后，企业要做好原始信息的发布和推广。

大范围信息传播是从小范围信息传播开始的，为提高病毒性营销信息的快速传播，企业应认真筹划原始信息的发布渠道，尽量将原始信息发布在用户容易发现并乐于传递这些信息的位置，比如活跃的网络社区。在必要的情况下，企业可在较大的范围内发布信息，待自愿参与传播信息的网民达到一定数量后，再让其自然传播。最后，企业应跟踪和评价病毒性营销的效果。在病毒性营销方案设计完成并开始实施之后，加强对病毒性营销的效果分析力度，不仅可以及时掌握营销信息在传播过程中所产生的市场反应，还可以从中发现营销方案存在的问题和不足，从而改进营销思路，为下一次实施病毒性营销提供参考。

第四，企业通常不需要为病毒性营销信息的传播投入直接费用，但营销者需要投入一定的物力、财力和人力来制订营销计划、设计营销方案，从而获取外部资源或支持。因此，企业开展病毒性营销也需要编制营销预算，并且支付营销费用。

第五，要实现病毒性营销信息的自动传播，企业需要合理选择和有效利用网络营销资源，以专业的网络营销知识为基础，并且充分利用现代通信技术。

四、微博营销

1．微博的含义

微博，即微博客（MicroBlog）的简称，是一个基于用户关系的信息分享、传播及获取平台，用户可以通过 WEB、WAP 及各种客户端组建个人社区，以 140 字左右的文字更新信息并实现即时分享。最早也是最著名的微博是美国的 Twitter。2009 年 8 月，中国最大的门户网站新浪网推出“新浪微博”内测版，成为门户网站中第一家提供微博服务的网站，微博也正式进入了中文上网主流人群的视野。

阅读资料

微博市场迅速扩张

根据 CNNIC 发布的数据，截至 2011 年 12 月底，我国微博用户数达到 2.5 亿，较上一年底增长了 296.0%，网民使用率为 48.7%。微博用了 1 年的时间发展成为近一半中国网民使用的重要互联网应用。目前，新浪微博、网易微博、搜狐微博和腾讯微博是中国微博市场的主流产品，其中，新浪微博的关注度居于领先地位。未来微博的走向，主要取决于 3 个要素：首先是微博的差异化，即不同门户微博的发展是多元化的，其侧重于微博社交网络功能和社会化媒体功能；其次是微博盈利模式正在探索当中；最后是微博实名制将是未来监管的重点。

2．微博推广

微博推广是时下比较流行的一种推广方法，许多企业利用微博收到了不错的推广效果。微博推广一般采取以下 3 个步骤：

（1）选择微博平台　目前，新浪、网易、搜狐、腾讯等各大门户网站都是比较知名的微博平台。不同的微博平台的“粉丝”性质存在一些差别，比如新浪的微博用户以“80 后”居多，他们学历较高；腾讯的微博用户以“90 后”为主，他们数量大；搜狐微博类似于新浪微博，而网易微博与腾讯微博类似。所以企业在选择微博平台的时候可以根据面向的用户来做适当的选择，并不是越多越好。

（2）建设微博粉丝团“粉丝”是推广的基础，利用微博进行推广离不开“粉丝”的支持，有效的活跃“粉丝”越多，推广的效果就越好。因此，如何快速的增加“粉丝”的数量是企业要思考的问题。企业可以通过策划一些有奖活动来增加微博的活跃度，从而吸引“粉丝”。

（3）建设微博内容　企业在内容建设前，首先要对微博做一个定位，再根据这个定位来进行内容的编辑。一是保证微博信息的真实与透明，微博的宣传内容要与企业网站内容保持一致，发布虚假信息会使用户产生严重反感，这对企业品牌建设的影响是十分恶劣的。二是在内容的主题上要能吸引眼球，关注时下热门的新闻、对热门事件进行评论可以引来大量的关注。三是在内容的编辑上要花一定的心思，虽然只有短短的 140 字，但编辑好这 140 个字并不是一件容易的事。新颖的开头、简洁有序的内容与完美的结尾才能构成一条好微博，同时，在内容中适当地加入一些图片可以提高用户体验。四是在内容的编辑中巧妙地加入自己的推广信息。

应用实例

藏壶者的企业微博

藏壶者是淘宝网上一家专门销售紫砂壶的皇冠店，它的受众范围很有限，专业性较强。藏壶者开通了新浪微博后，每天都在微博上发布有关紫砂壶的信息，包括紫砂壶的产品知识、名人介绍、泡茶学问、客户故事等，以一种知识性的对话方式丰富微博的内容。在吸引关注度方面，藏壶者采取了评论的方式，即每天在微博上搜索和紫砂壶相关的话题，一旦搜索到对象就加入并且开展对话，提供对方需要的知识。凭借这样的积累，藏壶者已经拥有了 2000 多位“粉丝”，这其中有的购买了它的紫砂壶，有的申请做它的紫砂壶代理。

【问题】企业微博营销的技巧有哪些？

五、新闻组

1．新闻组的含义

新闻组（Usenet 或 NewsGroup），简单地说就是一个基于网络的计算机组合，这些计算机被称为新闻服务器。不同的用户通过一些软件可连接到新闻组服务器上，阅读其他人的消息并可以参与讨论。

利用新闻组开展网络营销的主要方法是将含有企业信息的文章张贴在新闻组相关主题下，通过新闻组传播信息，从而培育市场。例如，在相关的新闻组主题下发布企业网站的相关信息，包括网站升级通知、企业网站增加新的文章和服务内容等，并且建立链接，邀请感兴趣的网民访问企业网站及提出意见。在适当的新闻组主题下张贴或回复一些文章时，企业可以在文章中加入一些产品或服务的相关信息，例如新产品的用途、功能、利益等，当网民看到这些文章时，不但了解了企业的产品或服务，还从中得到了新的知识，从而对企业的产品或服务产生信任。

2．新闻组的命名规则

国际新闻组在命名、分类上有其约定俗成的规则。新闻组由许多特定的集中区域构成，组与组之间成树状结构，这些集中区域被称为类别。目前，新闻组包含的几种主要类别及其含义见表 7-2。

表 7-2 新闻组的类别及含义

顶级类别	中文含义	顶级类别	中文含义
comp	计算机类	talk	辩论类
sci	科学研究类	news	网络新闻类
soc	社会科学类	rec	休闲娱乐类
biz	商业类	misc	杂类

阅读资料

国内著名新闻组

新闻组与 WWW 服务不同，WWW 服务是免费的，任何能够上网的用户都能浏览网页，而大多数的新闻组则是一种内部服务，即一个公司、一个学校的局域网内有一个服务器，其根据本地情况设置讨论区且只对内部用户开放，外界无法登录。目前，对外开放的新闻组较少，但用途极大。国内外较活跃的新闻组见表 7-3。

表 7-3 国内外较活跃的新闻组

新闻组	服务器地址	新闻组	服务器地址
济南万千	news.webking.com.cn	新凡	news.newsfan.net
奔腾	news.cn99.com	宁波	news.cnnb.net
前线	freenews.netfront.net	微软	msnews.microsoft.com

动手动脑

除上述介绍的几种站点推广方法以外，还有哪些可用的站点推广方法？

任务描述

本工作任务将使学生学会使用各种站点推广工具来开展网站营销站点推广活动，提高所开设的网上商铺的浏览量和关注度。

任务情景

还在为你的网上店铺无人浏览而发愁吗？网络为大量用户提供了自由交流的平台，用户的交流和聚集是有一定规律的，他们往往以一定的网络应用工具为载体来搜集信息和访问网站。通过对网民使用这些网络应用工具的行为方式进行细致观察和分析，能够从中把握其搜索的特征，进而引导网民关注并浏览自己的网上店铺，这就是网络营销站点推广。

任务实施

1. 设置交换链接

首先，登录淘宝网的“卖家中心”，点击“店铺装修”，进入店铺装修页面。在该页面的左下角，提供了“友情链接”的模块。其次，将鼠标放在该模块上，即可看到“编辑”字样，如图 7-24 所示。点击“编辑”，打开友情链接编辑内容的对话框，如图 7-25 所示。再次，点击“添加新链接”，在对话框中输入其他小组网上店铺的地址或者其他小组在淘宝网上的会员名，即可添加链接。最后，在该页面下方的“管理已有链接”模块中，对添加的友情链接进行删除、排序提升、排序下降等操作，如图 7-26 所示。完成后，关闭该对话框，即可在店铺页面看到所添加的友情链接，如图 7-27 所示。

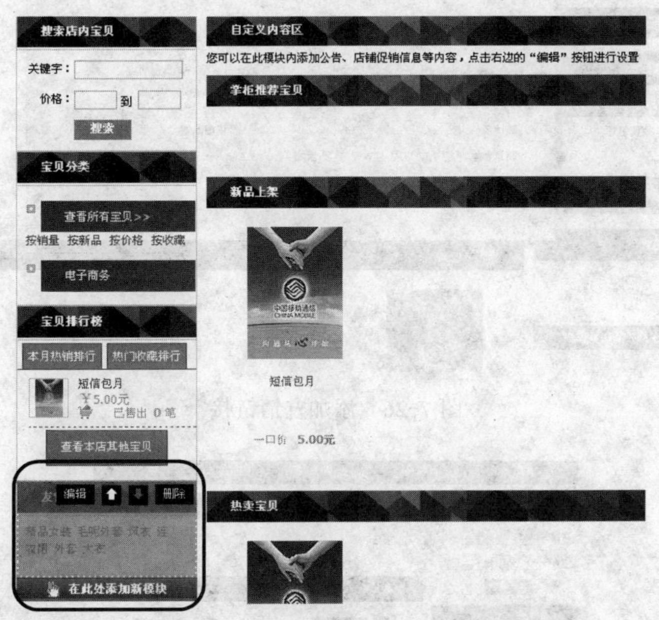

图 7-24　友情链接模块页面

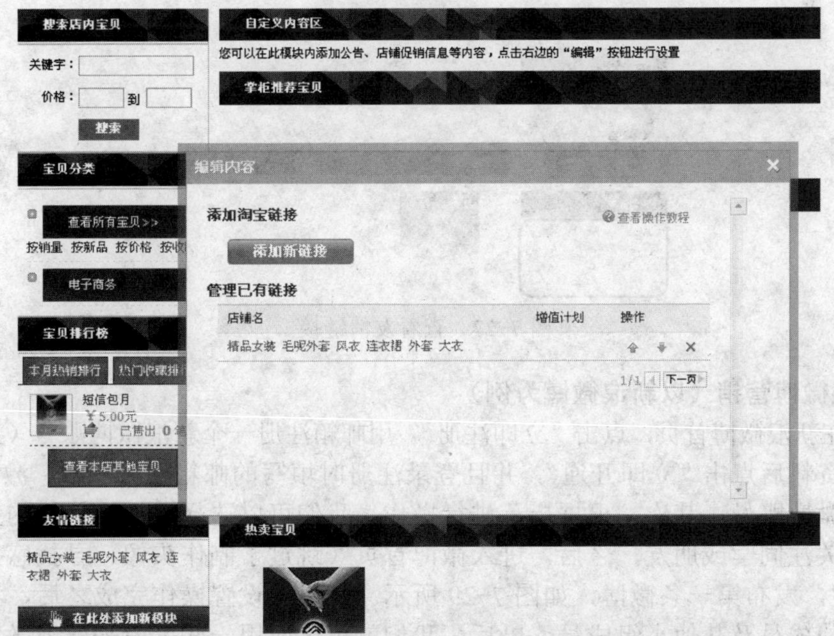

图 7-25　编辑友情链接内容页面

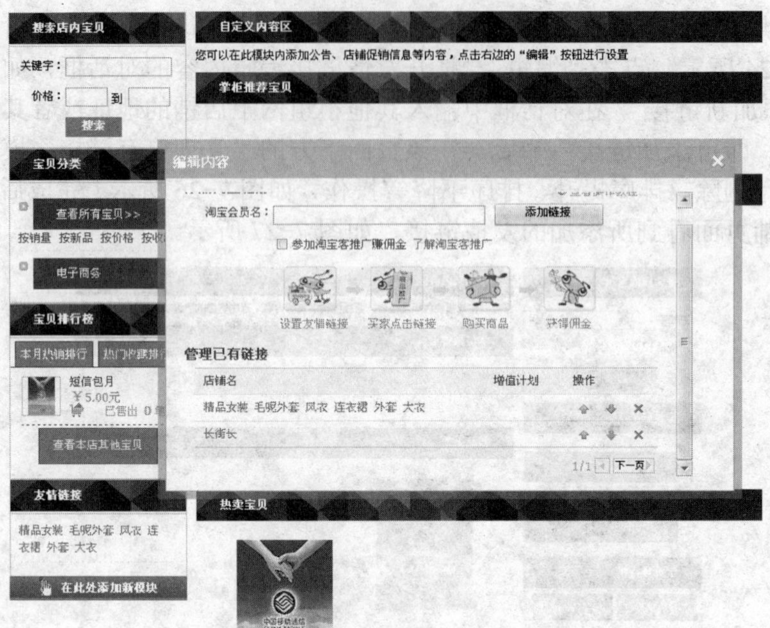

图 7-26 添加友情链接

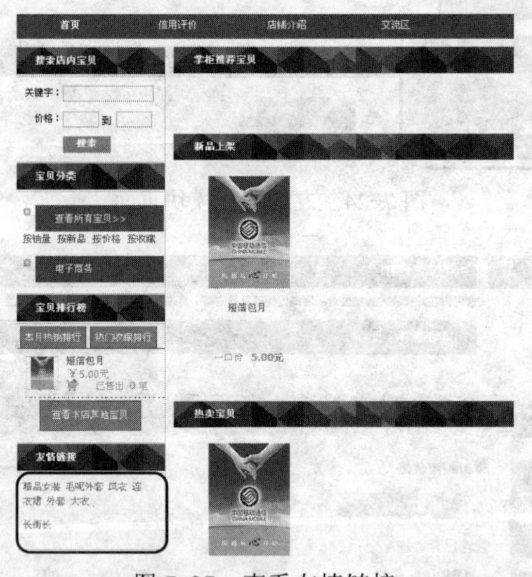

图 7-27 查看友情链接

2. 开展微博营销（以新浪微博为例）

首先，在新浪微博首页，点击“立即注册”，用邮箱注册一个新浪微博账号（见图 7-28），在填写所需资料后点击“立即开通”，并且登录注册时填写的邮箱进行激活，激活之后，即可获得新浪微博账号。其次，根据指示进行操作。我们可以选择添加感兴趣的人来进行关注，也可以关注同学或朋友，之后，进入微博首页（跳过了制作头像、寻找感兴趣的人等步骤）。再次，发布第一条微博，如图 7-29 所示。在以上设置操作完成之后，我们可以关注本小组其他成员及其他小组成员。以后，我们就可以应用一些手段来开展微博营销，比如更新微博信息以提高关注度或通过关注名人、参与评论来提高本微博的曝光率等。

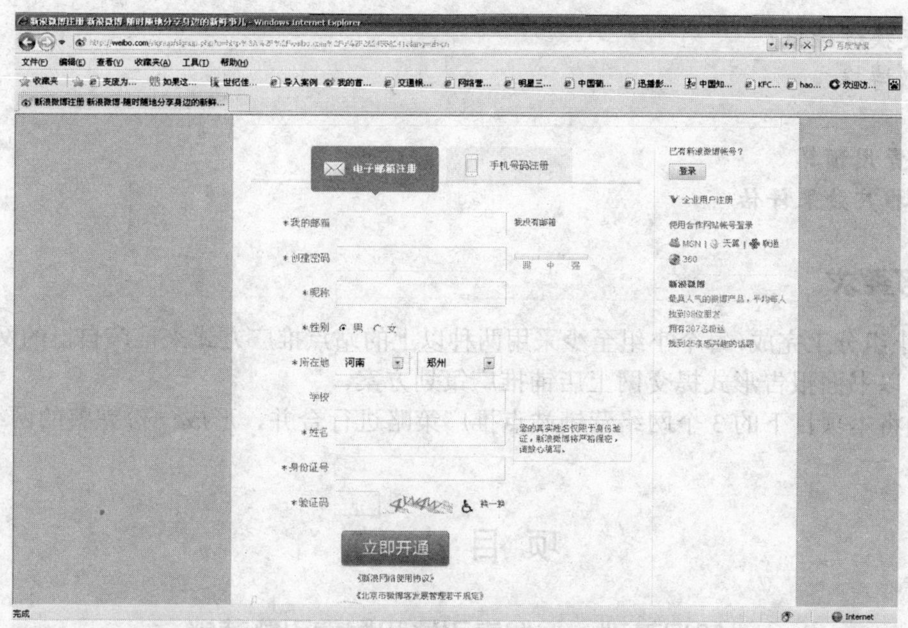

图 7-28　新浪微博用户注册页面

图 7-29　微博发布页面

3. 撰写推广方案

推广方案内容及格式如下：

××网上店铺推广方案

一、网上店铺推广目标

1. 站点推广的目标受众分析
2. 所要完成的任务
3. 推广周期

二、网上店铺推广手段

1. 搜索引擎推广
2. E-mail 推广

3. 交换链接推广

4. 微博推广

……

三、费用预算

四、推广效果评估

任务要求

(1)小组分工完成,每个小组至少采用两种以上的站点推广方式来推广自己的网上店铺。

(2)以书面报告形式提交网上店铺推广策划方案。

(3)将本项目下的3个网络营销站点推广策略进行合并,形成一份完整的网络营销推广方案。

项 目 小 结

知识基础一:搜索引擎和搜索引擎营销

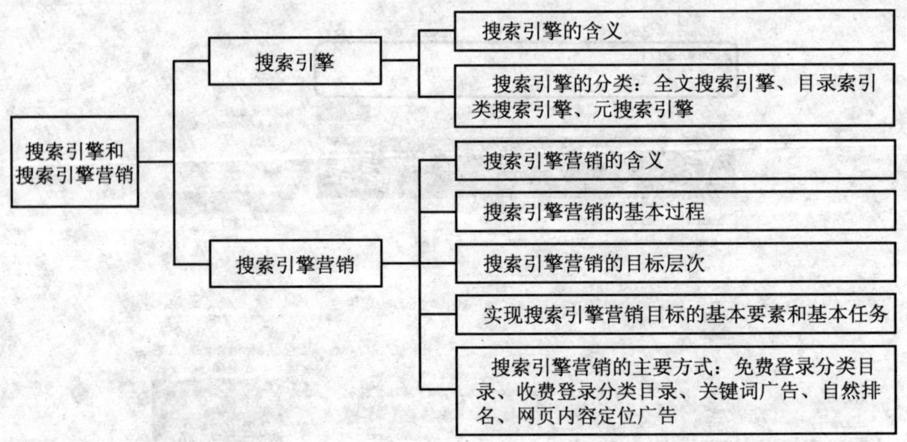

知识基础二:E-mail营销的基础知识

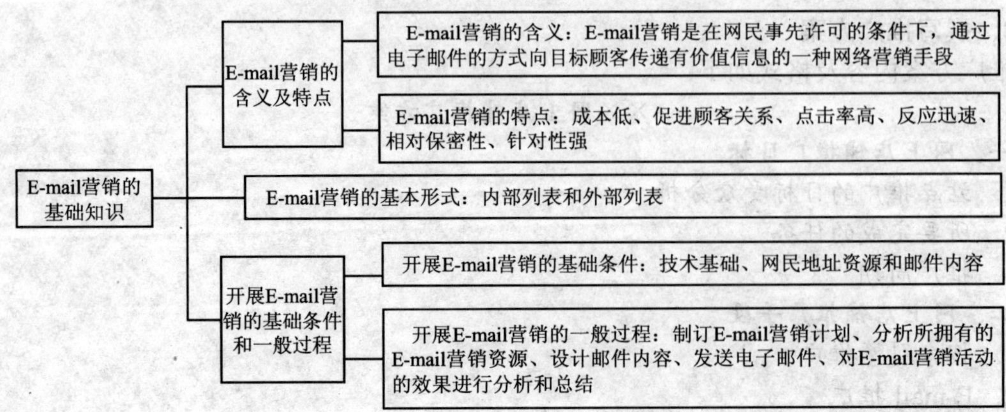

知识基础三：其他站点推广方式

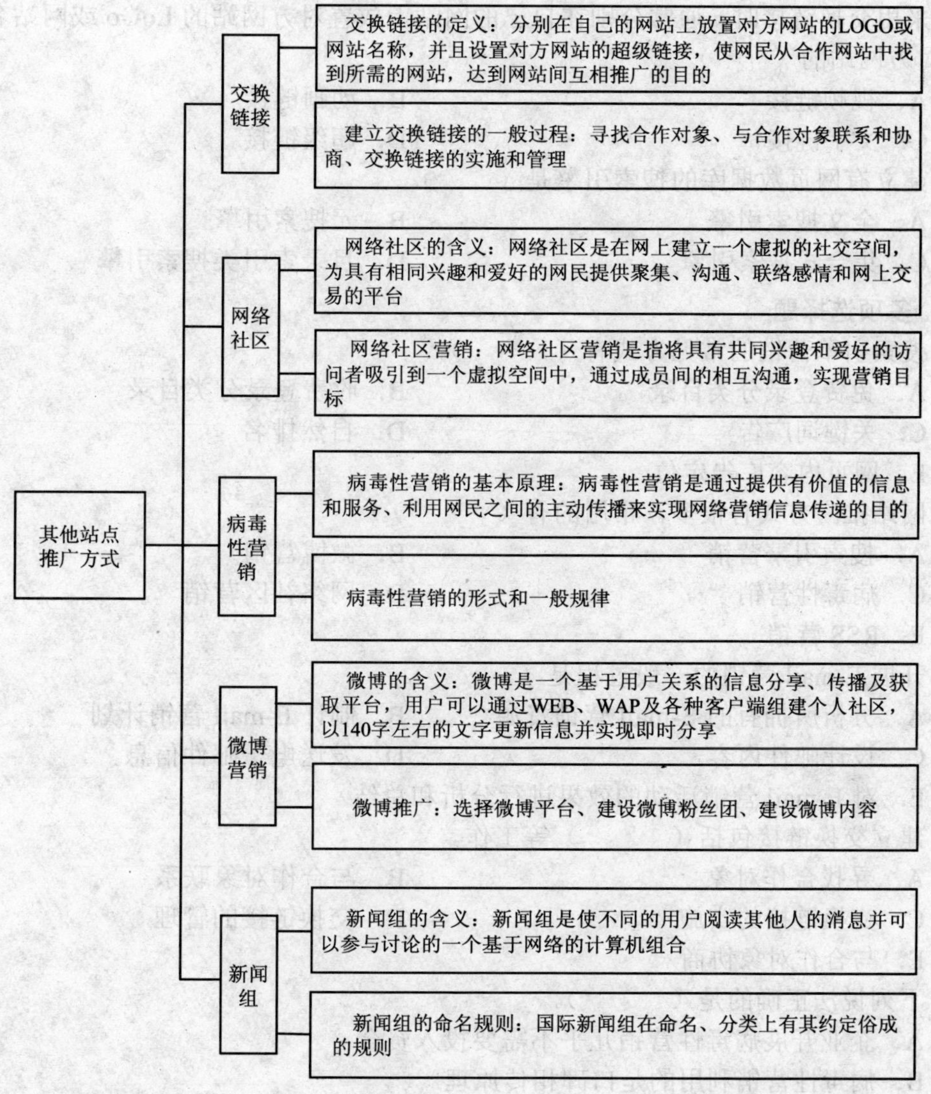

课后练习

一、单项选择题

1.（　　）是指根据一定的策略、运用特定的计算机程序搜集互联网上的信息，在对信息进行组织和处理后，为用户提供检索服务的系统。

A．搜索引擎　　B．网站　　C．RSS　　D．博客

2．E-mail 营销包括（　　）、电子邮件传递信息、信息的价值等基本因素。

A．邮件地址　　B．网民许可　　C．邮件内容　　D．邮件目录

3．E-mail 营销的基础条件包括技术基础、(　　) 和邮件内容。

A．邮件地址　　B．网民许可

C．网民地址资源　　D．邮件目录

4．采用交换链接时，通常分别在自己的网站上放置对方网站的 LoGo 或网站名称，并且设置对方网站的(　　)。

A．视频链接　　B．动画链接

C．文字链接　　D．超级链接

5．建立有网页数据库的搜索引擎是(　　)。

A．全文搜索引擎　　B．元搜索引擎

C．集合式搜索引擎　　D．目录索引类搜索引擎

二、多项选择题

1．搜索引擎营销的常见方式有(　　)。

A．免费登录分类目录　　B．收费登录分类目录

C．关键词广告　　D．自然排名

E．网页内容广告定位

2．网站推广方式有很多，常用的有(　　)。

A．搜索引擎营销　　B．微博营销

C．病毒性营销　　D．网络社区营销

E．RSS 营销

3．开展 E-mail 营销的一般过程是(　　)。

A．分析所拥有的 E-mail 营销资源　　B．制订 E-mail 营销计划

C．设计邮件内容　　D．发送电子邮件信息

E．对 E-mail 营销活动的效果进行分析和总结

4．建立交换链接包括(　　) 等工作。

A．寻找合作对象　　B．与合作对象联系

C．交换链接的实施　　D．交换链接的管理

E．与合作对象协商

5．下列说法正确的是(　　)。

A．企业开展病毒性营销几乎不需要投入资金

B．病毒性营销利用的是口碑相传原理

C．病毒性营销的本质是为用户提供免费的信息和服务

D．病毒性营销与病毒没有关系

E．病毒性营销注重通过互联网实现服务信息在网民间的自动传播

三、简答题

1．什么是搜索引擎营销？

2．简述搜索引擎营销的几种常见方式。

3．E-mail 营销的 3 个基本要素是什么？

4．简述开展 E-mail 营销的一般过程。

5．简述建立交换链接的一般过程。

四、案例分析题

腾讯网的“可口可乐火炬在线传递”

当所有的奥运合作伙伴都在为 2008 年北京奥运会临近的营销和传播绞尽脑汁的时候，可口可乐联合腾讯举办了奥运火炬在线传递活动。2008 年 3 月 24 日，当 QQ 用户习惯性地打开 QQ 时，他们会惊奇地发现若干个网友已经悄然成为奥运火炬在线传递形象大使，自己的 QQ 秀上也戴上了可口可乐颁发的丰功伟业勋章。越来越多的 QQ 用户参与到奥运火炬在线传递大使资格的争夺中，鼠标轻轻一点，QQ 用户就可以实现自己参与奥运火炬传递的愿望。这个资格将会作为 QQ 秀标签，一直保持下去。这一活动获得了巨大的传播效应，短短的 130 天内，就有超过 6200 万人在网络上传递了奥运圣火，同时吸引了 1.35 亿人的关注，短时间内达到了热度及广度的双丰收。

【问题】（1）腾讯与可口可乐的奥运火炬传递活动，采用了哪种网络营销推广方式？

（2）此次活动能够取得巨大成功的原因有哪些？

项目八　管理网络营销活动

知识目标

- 了解网络营销时机决策和投资决策的基本理论
- 了解网络营销的成本管理、效益评估和风险管理的基本理论
- 掌握网络营销策划方案的基本格式和内容

实训目标

- 会撰写网络营销策划书

问题导入

相宜本草的网络推广

相宜本草是一个拥有较好品质和口碑的国产化妆品品牌，但其产品进入市场化运作的时间较短，市场认知度还较低。为了推广产品、宣传品牌，相宜本草选择了唯伊网作为核心传播载体。唯伊网是国内一家新兴的化妆品品牌口碑社区，用户人群以年轻人为主，他们的品牌消费习惯不稳定，并且有较大的热情尝试新鲜品牌、新鲜产品。唯伊社区的用户群体与相宜本草作为化妆品领域的年轻品牌的定位相互吻合，并且相宜本草的市场价格也适合年轻态群体，这为相宜本草最终的营销效果奠定了坚实的基础。

相宜本草的网络推广分为以下 5 个步骤：首先，为顾客提供免费试用装，鼓励顾客试用新产品，促使其关注本品牌。其次，收集申请者的数据资料，包括姓名、住址、邮箱、QQ、品牌消费习惯等信息，以及使用者的反馈，以便挖掘数据。在这个过程中，相宜本草充分利用了所收集的数据资源，对潜在顾客进行电话营销和为其邮寄会员杂志，提升了顾客对品牌的好感。再次，唯伊网联合国内知名社区站点进行品牌推广，尤其是利用短信平台开展精准营销，快速提升了品牌在网络中的知名度和影响力。然后，唯伊网在论坛设置奖品，鼓励用户撰写试用评论、分享产品体验，引导顾客的正向口碑。最后，相宜本草开展博客营销，利用在网络上拥有较高知名度和影响力的试用达人博客，重点推荐活动期间优秀的网友评论，为品牌网络传播画上完美的句号。

整个营销过程结束后，相宜本草共派发试用装 2000 份，获得 4305 份有效网络申请用户资料，活动页面浏览量达 111055 次；唯伊网的相宜本草板块累计浏览达 202255 次。该推广活动直接传播受众 20 万人以上(间接传播受众 400 万人以上),线下覆盖人群 10 万人。

【问题】

（1）相宜本草的网络推广有何特色？

（2）在网络推广过程中，企业如何通过管理和控制活动来保证营销效果？

【点评】如果是一个网站的网络营销活动，再好的效果也只限于网站本身。而企业的网络营销是一个长期的过程，其传播应当是立体复合式的，需要综合利用各种资源，覆盖线上和线下受众。其实施要能突出体现营销过程中较高的执行力、控制力和管理水平。因此，随着更多跨行业、跨媒体的网络营销活动向着高覆盖、精准化的方向发展，对网络营销管理和控制的要求也应越来越高。

任务一　管理和控制网络营销

知识基础　网络营销管理

完成本任务所需要的知识基础包括网络营销实施的时机决策、网络营销实施的投资决策、影响网络营销实施的因素、网络营销的成本管理和效益评估等。

一、网络营销实施决策

网络营销的实施是一项系统工程，其不仅涉及技术问题，还涉及企业的管理、组织、战略决策和业务流程等多方面的问题，需要企业在科学决策的基础上进行组织和管理。

1. 网络营销实施的时机决策

网络营销实施的时机决策就是选择合适的时机，进入网络市场，开展网络营销。企业在开展网络营销时必须全面分析自身的经营状况和市场竞争环境，进行可行性分析、必要性分析、重要性分析和风险分析。

（1）可行性分析　可行性分析包括外部市场环境可行性分析和企业资源可行性分析。外部市场环境可行性分析主要分析企业所面对的市场环境是否成熟；目标市场是否具备接受网络营销的条件和能力，是否接受企业所提供的网络营销方式，对网上采购的意愿和要求是否强烈；网络营销市场的竞争状况如何等。企业资源可行性分析主要分析企业是否具备信息化基础；是否有相应的资金、技术和人才以满足开展网络营销的需要。

（2）必要性分析　必要性分析主要分析在目前的市场环境和竞争状况下，企业实施网络营销的必要性和紧迫性；不实施网络营销对企业经营和发展的现实威胁和潜在威胁。

（3）重要性分析　重要性分析主要分析在目前的市场环境和竞争状况下，实施网络营销是否能够有效地提高企业市场竞争力、抑制竞争对手，从而确保企业的稳定发展。

（4）风险分析　风险分析主要分析企业实施网络营销所面临的风险，包括市场观念风险，即目标市场对网上购物的观点、态度及认识与接受程度；技术风险，即企业实施网络营销所面临的新技术支持是否符合企业要求；执行风险，即企业现有的组织结构和管理水平能否满足网络营销的需要，其对网络营销的实施会产生多大的影响；经济风险，即实施网络营销对企业经济效益会产生多大的影响；政策风险，即国家法律和政策对实施网络营销会产生多大的影响。

通过上述分析可知，实施网络营销要求企业必须具备必要的内部资源条件、相应的组织结构和管理水平，以及相对成熟的网络营销市场环境；或者当企业面临重大的市场竞争威胁且不实施网络营销就可能直接影响企业的经营和发展时，企业可以根据具体情况，做好开展网络营销的准备工作，择机实施网络营销。比如，企业先注册域名，以免合适的企业域名被抢注。然后，投入资金建立企业网站、宣传企业品牌形象、开展网上调查活动等。

2．网络营销实施的投资决策

企业要想借助互联网开展营销活动，需要先搭建网络营销平台，建设网络营销系统。这些需要投资购置的网络及配套设备与技术，涉及网络营销实施的投资决策。根据国外研究，企业在软件开发上每产生 1 美元的花费，就意味着今后每年将造成 0.2 美元的运营成本以及 0.4 美元的维修成本，因此，当企业决定投资 100 万美元用于新的网络开发时，该企业必须做好在未来的 5 年里至少再投入 300 万美元的准备。由此可见，网络营销的实施是一项投资巨大、周期较长的风险性投资活动。因此，企业在实施网络营销时，必须详细分析网络营销所需的投资和所带来的经济效益。在进行经济效益分析时，常采用费用效益分析的方法，即对费用（或成本）及效益分别进行估计，然后将两者进行比较。

（1）费用　网络营销实施的主要投资是系统费用，包括购置软件和设备的费用、人力费用、外部费用等。此部分的成本识别和估算相对容易。

（2）收益　网络营销的收益估算涉及范围较广，对不同的系统表现也不一样且难以量化，但若掌握了收益的基本成分，就可以使其定量化过程相对容易。

第一类收益是人员成本的节省。此部分收益是由于应用网络营销系统使劳动生产率提高，单位产品生产的活劳动和物化劳动消耗不断降低所带来的。第二类收益是经营管理费用的节省。此部分收益是由于网络营销的实施减少了经营成本所带来的。比如，在网络营销系统控制下，企业内部物料管理优化所节省的原材料和产品的库存。第三类收益来自经营收入的增加。这类收益最难准确量化。比如，由于实施了网络营销，企业能有效地分析市场和客户的信息，合理制订生产和销售计划，控制坏账的发生，从而增加了销售量等。所有由于网络营销系统的运行而使企业增加的收入都属于这类收益。以上 3 类收益是直接收益。除此之外，企业还应考虑无形的或非定量的收益，即管理效益，这是第四类收益。管理效益通常也称间接经济效益或社会效益，是在评价网络营销实施结果时不可忽视的重要因素。网络营销实施对管理效益的影响主要表现在：促进管理层观念的转变；提高管理工作的效率和质量；促进企业管理体制和组织机构改革；改善企业内部和外部环境；重视信息导向作用，增强信息意识，注重从信息的价值中获取效益；增强企业的决策能力和应变能力及竞争实力等。企业可以结合自己的具体情况进行定性分析。

3．影响网络营销实施的因素

影响网络营销实施的因素有很多，主要包括 3 个方面：一是行业内市场竞争手段的实施情况，即除网络营销外，是否存在其他有效的竞争手段能够提高企业的市场竞争力，如产品开发等；二是企业的网络应用能力，即应用网络是否能提高企业的某些核心竞争能力，如掌握顾客需求、顾客服务、配送等；三是企业的信息技术应用能力，即企业是否能够有效地应用现代信息技术开展营销活动。

二、网络营销管理控制

企业在实施网络营销后，要想达到预定的目标，必须加强管理和控制。网络营销的管理和控制主要包括成本管理、效益评估和风险管理 3 个方面的内容。

1．网络营销成本管理

（1）网络营销成本的基本构成　了解网络营销的成本构成是网络营销成本管理的关

键。从网络营销系统整体来看，网络营销成本主要包括两部分：一是供应者成本，即企业的信息技术部门和服务部门用于对企业的信息资料和网络设施进行管理，为网络营销的实施提供系统开发和维护、信息管理，以保证系统安全、可靠和正常运行所发生的费用。二是使用者成本，即网络营销业务部门用于在营销系统建立后，开展网站建设、网页设计和更新、网站宣传和推广等业务的费用。此外，网络营销部门和技术服务部门为提高员工工作能力和素质所发生的培训费用，尽管没有直接对网络营销业绩产生影响，但作为间接费用，也应考虑记入网络营销成本。

（2）成本预算　成本管理的核心是编制成本预算，进行成本控制。在编制预算时，企业必须考虑技术进步的速度和设备的技术寿命期；随着网络的使用，网站的维护费用不断提高，维护费用预算也应相应调整；互联网的发展和网站内容多样性的要求，使得企业网站租用的空间不断扩大，租用费也要相应增加。因此，网络营销成本预算的编制应有一定的弹性。成本控制以预算为基础，根据市场的变化进行适当的调整。对于供应者成本，企业应采取项目控制，并且结合使用者使用情况加以考核；对于使用者成本，企业应在项目控制的基础上进行总额弹性控制；对于技术部门与业务部门之间因业务拓展而产生的成本增加，企业应比照市场价格进行成本控制。

2．网络营销效益评估

为了衡量网络营销目标的实现程度，企业需要对网络营销的实施效果进行评价，找出差距，发现问题，以调整营销策略和目标。网络营销效果的评价方式分为两种，一是网络营销效益评价。针对销售指标、市场占有率或经济效益等定量目标，企业应采用定量指标进行评价，通过网络营销实施的结果与营销目标之间的对比，给出评价结论；二是网络营销有效性评价。此评价方式用于评价诸如企业品牌知名度、企业形象展示、产品展示、客户沟通等目标，需要企业进行定性分析和定量考察。根据网络营销的目标选择，建立相应的评价指标体系，是有效评价网络营销效果的重要依据。

（1）经济指标　网络营销评价的经济指标主要包括以下 5 个：

网上销售收入（增长率）：通过网络实现的产品销售总额。

网上销售费用（增长率）：进行网上销售所花费的代价，包括营销人员的工资和福利、网络运行费、网站建设费用分摊、企业支付的物流费用等。

销售利润率（增长率）：销售收入与销售成本和费用的比值。

库存费用变动：网络营销对企业库存费用的影响。

整个企业成本费用变动：网络营销对整个企业成本费用的影响。

（2）市场业绩指标　市场业绩指标包括以下 5 个：

市场覆盖率（变动）：企业产品的市场覆盖指标。

市场占有率（变动）：企业产品在市场中占有的比率。

新市场拓展：通过网络营销活动，拓展新的销售市场的情况。

网上销售比率：网络营销在全部产品销售中的比率。

顾客回头率：即老顾客通过网络订购产品的情况。

（3）技术评价指标　网络营销技术评价指标主要是对网络营销平台——网站和网页建设进行的，主要包括以下 4 个方面：

第一，网站和网页设计评价。网站是网络营销的基本工具。企业网站和网页设计评价的基本指标包括网站和网页的功能是否具备，网站和网页内容是否完备，网站和网页的设计风格是否符合目标市场的审美观点，网站和网页的视觉效果是否具有吸引力等。此外还要考虑主页下载时间、有无私链、对不同浏览器的适应性等。为保证评价的公正性，可以考虑引入第三方评价。

第二，网站推广评价。网站推广是提高网络营销效果的重要手段，对其评价主要考察以下 3 个方面：一是搜索引擎的登录情况，包括门户引擎、专业搜索引擎和地方搜索引擎的登录数量及名次；二是与其他网站的链接情况，包括行业内其他网站的链接和友情链接等；三是用户数量，包括会员登录和非会员访问数量。这些评价都可以量化考核。

第三，网站流量评价。网站流量评价指标包括独立访问者数量、页面浏览情况和每个用户在网上停留的时间。一般来讲，网站访问者数量越多、页面浏览频率越高、访问者停留时间越长，网站对访问者的吸引力就越强，网站建设和推广效果就越好。

第四，综合效果评价指标。网络营销的效果往往不是具体的某一方面，而是网络营销各种职能的总和，即体现在企业整体价值的提升上。具体的综合评价指标包括：一是企业品牌价值的提升。由于网络营销突破了时间和空间的限制，企业品牌得到无限延伸，企业的品牌价值可以以较低的成本得到迅速提高，因此，企业品牌价值的提升也就成为评价网络营销效果的重要指标。二是客户满意度。其包括产品质量、性能和价格，维修服务的效率和质量、顾客意见的传递方式和反馈，沟通的效率和途径等。网络营销借助互动式沟通，使企业充分了解顾客需求，为顾客进行一对一定制服务，提高了服务效率，从而提高顾客满意度。三是企业管理水平，网络营销的实施改变了企业的组织结构和管理模式，影响企业的管理水平和工作效率，因此，提高企业管理水平也是网络营销效果的表现之一。

3. 网络营销风险管理

（1）网络营销的风险来源　网络营销的风险来源分为两大类：一类是经营性风险，包括网络营销实施的时机风险、市场风险、技术风险、管理风险等，这些风险一般可以通过加强企业经营管理、提高企业决策能力来规避和应对；另一类是非经营性风险，又称人为风险，是指由于人为破坏等因素给企业的营销活动造成损失的可能性。这类风险主要来源于计算机病毒、网络“黑客”的干扰和网络知识产权受到侵犯等。

第一，计算机病毒引起的风险。计算机病毒是指隐藏在计算机中、具有破坏性和自我复制传播能力的程序。一些病毒通过网络传播，一旦网络营销系统感染病毒，就会给企业造成一定的经济损失。

第二，“黑客”的网络犯罪引起的风险。网络“黑客”通过网络盗窃企业机密，以直接获取非法经济利益或者破坏企业的网络营销系统，会对企业造成严重危害，这也是影响企业网络安全的重要因素。

第三，由于网络知识产权受到侵犯所导致的风险。

（2）网络营销的风险控制　网络营销风险控制的核心和关键是交易的安全性。为了保证交易安全、降低交易风险，企业必须从以下 4 个方面进行风险控制：一是信息保密性。交易中的商务信息均要求严格保密。二是交易者身份确定的有效性。为交易双方确认身份是保证交易安全顺利完成的重要手段。三是不可否认性。交易一旦达成是不能被否认的，否则就会损害另一方的利益。四是不可修改性。交易协议一旦达成，交易文件就不能擅自修改，以保障交易合约的严肃性和公正性。

为了有效地实施网络营销风险控制，构建完整的网络交易安全体系，企业应采取以下

3 类措施：一是技术方面的措施，包括防火墙技术、防（杀）病毒技术、信息加密存储通信技术、身份认证技术等；二是管理措施，包括制定网络交易系统的安全管理制度、进行交易安全的实时监控、对现有的安全系统漏洞进行检查以及对员工进行安全教育等；三是社会的法律政策保障，包括出台保护网上交易的各种法律法规等。

应用实例

肯德基“秒杀门”事件

2010 年 4 月 6 日，肯德基中国公司推出了“超值星期二”秒杀活动。凭肯德基网站上下载打印的“特别秒杀优惠券”，消费者可以 32 元的价格，买到 64 元的外带“全家桶”。该活动一推出，就引发了消费者的购买热情。在活动开展一段时间后，多个城市的消费者在持优惠券换购该产品时，被告知优惠券无效。对此，肯德基给出的理由是部分优惠券非肯德基官方提供，因此兑换活动取消。由于对这一解释的不认可，不少消费者与肯德基的店员发生争执，有部分消费者到消费者协会进行投诉，甚至将肯德基告上法庭，指责肯德基欺诈消费者。该事件被称为“肯德基秒杀门”。一周之后，肯德基在其官网上向消费者发出公开信，称此次活动考虑欠周详，未能充分估计到可能在社会上引起的广泛反响，对网络安全预防经验不足，没有预料到活动开始后会出现大量经非授权途径下载的无效电子优惠券，并且就此前声明中的“假券”用词和此次活动中出现的不足之处向消费者致歉。

【问题】（1）导致肯德基此次营销活动出现风险的原因是什么？

（2）企业在网络营销活动中如何认识风险并管理风险？

任务描述

本工作任务要求学生对网上店铺的成本效益进行核算，并且为网上店铺制定合理的管理制度和风险应对机制，以规避可能出现的各种风险。

任务情景

你的网上店铺开始盈利了吗？我们要想知道目前网上店铺是否已经开始盈利，需要对一段时间内的经营状况进行成本和效益分析。同时，通过对网上店铺的经营状况进行总结，能够发现在目前的经营活动中出现的问题以及可能导致风险的因素，进而采取一定的措施来消除这些风险隐患，这样才能保证网上店铺长期稳定地持续经营。

任务实施

1．网上店铺的成本和效益分析

（1）计算网上店铺的总成本　网上店铺的总成本包括技术成本、安全成本、配送成木、客户成本、风险成本及其他成本等几个部分。

第一，技术成本。技术成本包括在网上店铺开设初期，购置计算机、数码相机等硬件设备的成本及铺设网络的开销等；还包括开始运营之后，计算机的维修、更换鼠标和键盘等配件的开销。

第二，安全成本。安全成本主要包括购买和安装杀毒软件、防火墙等的费用，以及购买U盾或网银盾或动态口令卡的支出。如果使用免费的杀毒软件或所使用的网上银行采用短信密码的方式进行交易，则此项成本可以为零。安全成本还包括学习安全技术的成本。

第三，配送成本。配送成本包括仓储成本、运输成本及人员成本等。根据网上店铺的经营方式和所经营的产品的类型，合理确定配送成本。如果所售商品为信息化产品，即没有实体形式的产品，则可以不考虑仓储成本和运输费用；如果网上店铺销售的是实体产品且采取的是代理商的方式，即从总代理或总公司直接发货，则没有仓储费用；如果采用经销商的方式且所售产品体积较大，则需要考虑租用仓库的费用和运输费用。同时，根据实际情况核算人员费用。

第四，客户成本。该项成本主要用于客户服务开支，包括上网费用、通信费等。

第五，风险成本。由于可能遇到系统瘫痪、病毒、黑客等安全问题而导致损失，因此，应对此项成本进行预估。

第六，其他成本。在网上店铺开设及运营过程中可能产生的其他支出，比如店铺的装修费用、银行转账费用、淘宝网上相关促销软件的使用费用、调研费用、交通费用等。

（2）计算网上店铺的经营效益 网上店铺的效益主要来源于销售收入，我们可以用销售收入、销售利润、纯利润等指标进行核算，还可以考虑将开展网络营销所节省的费用列入收益中。

2. 网上店铺风险管理

为了保证网上店铺运营的安全性，需要采取以下两个方面的措施：

一是技术方面的措施。为管理和控制网上店铺后台的计算机安装正版的杀毒软件和防火墙；购买网上银行的安全产品；下载支付宝的个人数字证书，安装证书并进行备份。

二是制度方面的措施。为保证网上店铺的安全运营，应当制定基本的安全管理制度，包括：网上店铺登录密码和交易密码的管理和更换应当由专人负责；对产品信息、客户信息等重要资料定期进行备份和维护；每天登录网上店铺前台，测试店铺及商品信息能否被正常浏览；尽可能杜绝不使用支付宝等支付平台的交易和资金往来等。

3. 撰写成本和效益分析报告

成本和效益分析报告内容及格式如下：

××网上店铺的成本和效益分析报告

一、成本和效益分析的目的

二、成本和效益分析（见表8-1）

1. 技术成本
2. 安全成本
3. 配送成本
4. 客户成本
5. 风险成本
6. 其他成本

表 8-1　最终成本效益核算表

成本类型	成本构成	数额/元	备注
技术成本	软件及硬件成本		
	维护成本		
安全成本	计算机安全软件成本		
	网上银行安全软件成本		
配送成本	仓储成本		
	运输成本		
	人员成本		
客户成本	上网费用		
	通信费用		
风险成本	预估可能出现的损失		
其他成本	店铺的装修费用		
	银行转账费用		
	促销软件的使用费用		
	调研费用		
	交通费用		
总计			

三、问题和建议

1. 存在的问题

2. 建议

我们应根据成本效益分析来确定网上店铺的经营状况，并且据此制定价格策略。同时，我们还应及时发现经营管理中存在的问题，并且为管理和控制网上店铺的其他营销活动提供成本依据。

任务要求

（1）以小组形式完成，每个小组为本组的网上店铺进行成本和效益分析，并且制定安全管理制度。

（2）以书面报告的形式，完成网上店铺成本效益分析报告。

（3）以书面形式，完成网上店铺安全管理制度的制定，并且保证每位小组成员均了解各项制度的规定。

任务二　制订网络营销策划方案

知识基础　网络营销策划书

完成本任务所需要的知识基础包括网络营销策划书的编制原则和步骤、网络营销策划书的格式和内容等。

一、网络营销策划书的编制原则和步骤

1. 网络营销策划书的编制原则

在编制网络营销策划书时，应当遵循以下原则：

（1）实事求是原则　由于策划书是一份执行手册，因此，其必须符合企业的实际情况、

员工的实际操作能力、环境变化和实际的竞争格局等。这要求企业在设计策划方案时，坚持实事求是的科学态度，分析企业的内部及外部环境，制订切实可行的网络营销策略。

（2）逻辑思维原则　策划的目的在于解决企业营销活动中出现的问题，因此，应当按照逻辑性思维的构思来编制网络营销策划书。首先是了解企业网络营销活动的背景，分析当前的市场状况及目标市场，制订网络营销目标，并且据此设计网络营销策略；然后是预测实施该网络营销活动所能达到的效果。

（3）简单易行原则　网络营销策划书是用于指导网络营销活动的，其指导性应当涉及营销活动中的每个人的工作及各环节关系的处理，因此，其应当具有较好的可操作性且便于推广。

（4）创意新颖原则　网络营销策划应当具有创新性。其创意应与众不同，内容新颖别致，表现手段别出心裁。创意是网络营销策划的核心所在。

2．网络营销策划书的编制步骤

编制网络营销策划书，一般按照以下4个步骤进行：

首先，明确网络营销策划的目的。针对网络营销策划所要达到的目标、宗旨树立明确的观点，作为执行本策划的动力或强调其执行的意义所在，以要求参与者统一思想、协调行动，共同努力保证策划方案的执行。

其次，分析网络营销环境。其包括对企业的内部及外部环境的分析，是营销策划的依据和基础。网络营销环境分析应当注重把握内部及外部环境的重点，描绘出环境变化的轨迹，形成令人信服的依据资料。

再次，制订网络营销目标。明确提出网络营销活动所应达到的经济目标和其他目标，最好能够量化考核。

最后，设计具体的网络营销策略。根据策划期内各时间段的特点来设计具体的网络营销策略，推出各项具体的行动方案。网络营销策略要细致、周密，可操作性强又不乏灵活性。在制订网络营销策略时，企业还要考虑成本费用的支出。

二、网络营销策划书的内容和格式

一个完整的网络营销策划方案应当包括以下5个部分：

1．前言

前言的作用在于引起阅读者的注意和兴趣。前言的文字不应过多，但应讲明编制网络营销策划书的背景、原因和目的，阐述策划的重要性和必要性，介绍策划的概略情况等。

2．目录

目录的作用是使网络营销策划书的结构更为清晰，便于阅读者方便地浏览策划书的内容。因此，网络营销策划书的目录是必不可少的。

3．正文

这是网络营销策划书的主体部分，应当包括：一是网络营销目标，即设定务实、准确、可行的网络营销目标，并且尽可能量化；二是网络营销环境分析，即客观分析外部环境和内部状况，从中准确识别问题和劣势、机会和优势；三是市场分析，即详细分析企业的市场环境，评估竞争对手的状况，进行市场细分，并且确定企业的目标市场；四是消费者分析，即分析消费者的特征、购买过程、购买行为的特征、影响消费者购买行为的主要因素等；五是网络营销战略，即设定营销的差异化与定位，对产品开发、市场扩展等未来的发展进行规划；六是网络营销策略，即设计网络营销的产品和产品组合策略，制订定价策略和定价方案，选择和管理网络营销渠道，设计和管理整合营销传播，制订网络营销推广方案；七是网络营销管理和控制，即核算网络营销成本费用，制订各项网络营销活动的预算，明确网络营销管理部门、人员及职责，制定相关的管理制度。

4．结束语

结束语主要起到与前言呼应的作用，要再次强调网络营销策划方案中的主要观点，从而突出要点。

5．附录

附录的作用在于提供客观性的证明。因此，凡是有助于阅读者对策划内容的理解、信任的资料都可以考虑列入附录。附录的另一种形式是提供原始资料，比如消费者问卷的样本等。附录也要标明顺序，以便阅读者查询。

阅读资料

网络营销策划书样本

目录

一、前言

（一）本策划方案目的

（二）整体计划概念

二、网络营销目标

（一）财务目标

（二）营销目标

三、网络营销环境分析

（一）外部环境分析

（二）内部环境分析

四、市场分析

（一）企业形象分析

（二）产品分析

（三）竞争分析

（四）市场细分和目标市场选择

五、消费者分析

（一）消费者特征

（二）购买过程

（三）影响消费者购买行为的因素

六、网络营销战略计划

（一）网络营销战略

（二）网络营销计划

七、网络营销策略

（一）产品策略

（二）价格策略

（三）渠道策略

（四）促销策略

八、网络营销推广

（一）网站整体规划

（二）网站推广方案

九、网络营销管理

（一）成本效益分析

（二）组织管理

（三）风险管理

（四）网络营销管理制度

十、方案调整

十一、附录

任务描述

本工作任务要求学生将本课程的其他工作任务进行汇总，形成一份完整的网络营销策划书。

任务情景

在系统的网络营销活动开展之前，我们需要编制一个完整的计划方案来指导各项具体的工作。这个方案应当能够覆盖网络营销活动的全过程，以便对整个网络营销过程中所要实施的项目、进程和成本等进行约束和控制。

任务实施

首先，将本课程的前几个工作任务中已经完成的各项报告进行汇总，包括网络营销环境分析报告、网络购物调研报告、网络消费者分析报告、网络营销战略、网络营销计划、网上店铺商品策略分析报告、网上店铺定价策略分析报告、网上店铺营销渠道策略分析报告、网上店铺促销策略分析报告、网上店铺推广方案、网上店铺的成本和效益分析报告等部分。

其次，将以上各部分进行调整和组合，使其前后连贯、符合逻辑性要求。

最后，撰写前言，增加封面、目录。如有需要，可撰写方案调整、附录等内容。

任务要求

（1）以小组形式完成，每个小组编写完成一份网络营销策划书。

（2）以书面报告的形式，将网络营销策划书打印后上交，并且制作 PPT 在课堂上进行交流和讨论。

项 目 小 结

知识基础一：网络营销管理

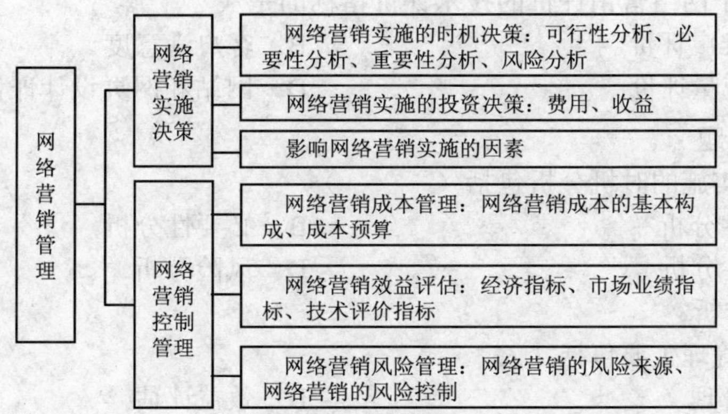

知识基础二：网络营销策划书

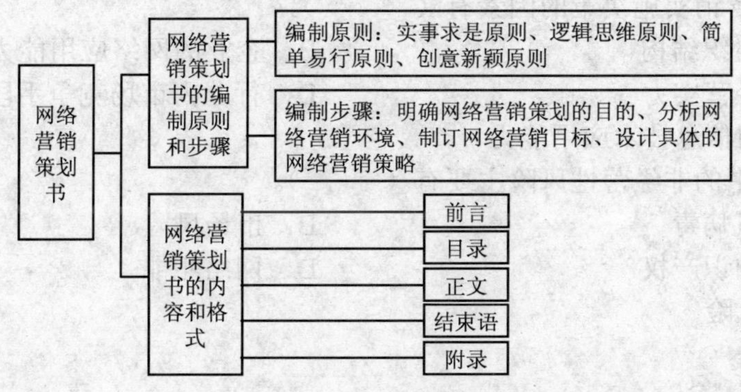

课 后 练 习

一、单项选择题

1.（　　）主要分析在目前的市场环境和竞争状况下，实施网络营销是否能够有效地提高企业市场竞争力、抑制竞争对手，从而确保企业的稳定发展。

A．可行性分析　　B．必要性分析
C．重要性分析　　D．风险分析

2．下列业务发生的费用不应计入使用者成本的是（　　）。

A．网站建设　　B．网站宣传
C．网络系统维护　　D．网页设计和更新

3．下列不属于网络营销评价的经济指标的是（　　）。

A．网上销售收入（增长率）　　B．网上销售费用（增长率）

C．库存费用变动　　D．市场占有率（变动）

4．下列不属于网络营销评价的市场业绩指标的是（　　）。

A．网站推广评价　　B．顾客回头率

C．新市场拓展　　D．市场占有率（变动）

5．下列不属于网络营销评价的技术评价指标的是（　　）。

A．网站推广评价　　B．客户满意度

C．网站流量评价　　D．网站和网页设计评价

二、多项选择题

1．网络营销实施的时机分析包括（　　）。

A．可行性分析　　B．必要性分析

C．重要性分析　　D．风险分析

E．环境分析

2．网络营销管理主要包括（　　）。

A．成本管理　　B．效益评估

C．风险管理　　D．技术管理

E．人员管理

3．影响网络营销实施决策的因素有（　　）。

A．企业组织结构　　B．企业的网络应用能力

C．企业经营实力　　D．行业内市场竞争手段的实施情况

E．企业的信息技术应用能力

4．网络投资中的非经营性风险主要有（　　）。

A．计算机病毒　　B．市场风险

C．网络知识产权　　D．网络犯罪

E．技术风险

三、简答题

1．网络营销实施的时机决策应如何把握？

2．简述网络营销的成本构成和成本管理。

3．网络营销效益评估应如何进行？

四、案例分析题

PPG倒闭的警示

2009年12月底，批批吉服饰（上海）有限公司（以下简称PPG）宣布破产，资产用于偿还拖欠的广告费。

PPG成立于2005年，通过B2C网站和呼叫中心销售男式衬衫。作为中国服装B2C行业的先行者，其早期的成长与整个外部环境的改善、企业自身的产品定位密切相关。一方面，中国网上购物环境日益改善，网络普及率及网络购物的渗透率不断提高；另一方面，中国的服装制造业日益规范和成熟，产品生产技能不断提升；同时，PPG选择男士衬衫作为切入点，产品标准化程度高，而且男士对衬衫的要求不太高、需求量大，并且男士易于接受网络购物的形式，使得PPG能迅速打开市场并带动了中国男装电子商务市场的发展。

然而，2008年年初，PPG被曝经营状况堪忧，与广告商、供应商间的债务纠纷频见报

端。到了 2009 年年底，终因资不抵债宣布破产。PPG 最终走下坡路，与其整个团队的管理运营密切相关。其中，广告成本控制不严是 PPG 运营中最大的失误。

PPG 主要选择电视、报纸、户外平面媒体进行广告投放，互联网广告投放较少，这导致公司广告费用支出过高；加之企业品牌建设落后，企业销量高度依赖高额的广告投放。据悉，2007 年 11 月，PPG 的广告费支出已达到 4 亿元。

2007 年 5 月，PPG 的一批货出现质量问题，引发大批的退货和换货现象。由于 PPG 的产品质检集中在成衣加工阶段，对采购面料的质量把控不严，最终造成产品质量缺陷。

同时，2007 年年底，PPG 推出打折网站 www.ppsale.cn，甩卖积压产品，回笼资金。打折网站的推出，一方面伤害了原消费者的情感，引发大批消费者的流失；另一方面则加剧了舆论对 PPG 运营状况的质疑，抑制了后续风险资金的注入。此外，PPG 在运营的几年中，始终未建立起一条与消费者直接沟通的信息渠道。信息渠道的缺失，使得 PPG 难以及时获取用户的反馈，调整公司的运营，最终促成了危机的爆发。

【问题】我们可以从 PPG 的网络营销活动中总结出哪些经验教训？

参 考 文 献

[1] 王宏伟．网络营销[M]．北京：北京大学出版社，2010．

[2] 钱东人，朱海波．网络营销[M]．2 版．北京：高等教育出版社，2009．

[3] 宋文官．网络营销实务[M]．北京：高等教育出版社，2008．

[4] 张卫东．网络营销理论与实践[M]．3 版．北京：电子工业出版社，2009．

[5] 甄小虎，秦琴，邬兴慧．网络营销与实训[M]．北京：经济科学出版社，2009．

[6] 冯英健．Email 营销[M]．北京：机械工业出版社，2003．

[7] 段建，王雁．网络营销技术基础[M]．北京：机械工业出版社，2006．

[8] 尚晓春．网络营销策划[M]．南京：东南大学出版社，2002．

[9] 胡国胜，郑克俊．网络营销与安全实训指导[M]．北京：清华大学出版社，2007．

[10] 符莎莉．网络营销[M]．2 版．北京：电子工业出版社，2010．

[11] 翟彭志．网络营销[M]．3 版．北京：高等教育出版社，2009．

[12] 王宜．赢在网络营销——经典案例与成功法则[M]．北京：人民邮电出版社，2008．

[13] 朱迪·斯特劳斯，阿德尔·埃尔-安萨瑞，雷蒙德·弗罗斯特．网络营销[M]．4 版．时启亮，金玲慧，译．北京：中国人民大学出版社，2007．

[14] 卓骏．网络营销[M]．北京：清华大学出版社，2008．